Capital Operation
资本运营学

田笑丰◉主编

经济管理出版社
ECONOMY & MANAGEMENT PUBLISHING HOUSE

图书在版编目（CIP）数据

资本运营学/田笑丰主编. —北京：经济管理出版社，
2011.1（2023.6重印）

ISBN 978-7-5096-1251-4

Ⅰ.①资… Ⅱ.①田… Ⅲ.①资本经营 Ⅳ.①F270

中国版本图书馆 CIP 数据核字（2011）第 000830 号

出版发行：**经济管理出版社**

北京市海淀区北蜂窝 8 号中雅大厦 11 层

电话：(010)51915602　　　　邮编：100038

印刷：北京虎彩文化传播有限公司　　　　经销：新华书店

组稿编辑：房宪鹏　　　　　　　　责任编辑：王　琼

技术编辑：杨国强　　　　　　　　责任校对：陈　颖

720mm×1000mm/16　　　　　　16.5 印张　　305 千字

2011 年 2 月第 1 版　　　　　　2023 年 6 月第 9 次印刷

定价：32.00 元

书号：ISBN 978-7-5096-1251-4

前　言

　　资本运营以一切社会资源为对象，具有极强的开放性，能打破地域、行业、部门界限乃至国家界限进行各种资源的优化配置，包括增量资本和存量资本的优化，企业内部各种资源结构的优化，金融资本、实业资本和产权资本的优化等，极大程度地满足了建立现代企业制度的要求。首先，通过兼并、收购、重组、托管等一系列方式，资本运营可以将沉淀、效率低下的各种资本变为能够增值的活化资本，甚至能够加强优质高效资本之间的强强联合，引导各种社会资本在不同部门、行业和地域之间合理流动，从而动态地调整和优化国民经济结构。其次，由于世界范围内的竞争日益激烈，中国企业面对国际大资本的残酷压力，也必须尽快提高自身竞争力，以吸取更多的社会资源，形成企业发展的良性循环，而并购、联营、分立等资本运营方式恰好可以发挥这方面的积极作用。最后，中国证监会发布的修订后的《上市公司收购管理办法》及财政部和国家税务总局联合出台的《关于企业重组业务所得税处理若干问题的通知》等文件，为资本运营的操作提供了明确的政策依据，为推动高效资本运营构建了良好的法律环境。

　　本书从政府、中介、企业三个层面分别阐述了资本运营的内容及特点。其中，第一章为概论，第二章、第三章为中介层面的资本运营，第四章至第七章为企业层面的资本运营，第八章为政府层面的资本运营。全书在结构上遵循先理论、后实践的逻辑顺序，充分考虑我国的实际情况，吸纳了国内资本运营的典型案例。本书适宜大专院校管理科学与工程、工商管理等学科相关专业的师生教、学，也适合广大的企业管理、经济管理爱好者学习相关专业知识。

　　本书第一章、第六章、第八章由田笑丰编写，第二章、第七章由朱新玲编写，第三章、第五章由余学斌编写，第四章由陈群芳编写，最后由田笑丰总纂。

本书在编写和出版的过程中得到了武汉科技大学管理学院领导、管理学院财务会计系老师们的大力支持，也得到了经济管理出版社的领导和同志们的倾心帮助，在此表示衷心的感谢！

由于作者水平有限，书中错误和不妥之处在所难免，恳请广大读者批评指正。

编　者

2010 年 12 月

目　录

第一章　概论

学习目的：通过本章学习，了解资本及其功能，理解资本运营的概念与特点，熟悉资本运营的目标；掌握资本运营与生产经营的区别与联系；了解在我国发展资本运营的必要性；掌握资本运营的基本内容和基本原则；熟悉资本运营控制的内容与指标体系。

第一节　资本与资本运营

一、资本及其功能

（一）资本

马克思在其《资本论》第一卷（1867）中指出，资本是能够带来剩余价值的价值，是能够带来未来收益的价值。其含义包括三个方面：一是资本是能够增值的价值，是实现资源优化配置、取得市场竞争优势的重要生产要素；二是资本能产生未来收益，人们通过对资本的运用，要求能够形成未来收益；三是资本可用价值形式表示，如果某项财产不能用价值衡量，那么它就不能称为资本。资本的表现形式通常有货币资本、生产资本和商品资本等。会计学中的资本，在《英汉西方经济学词典》中被解释为，股东在企业的全部出资，加上企业提留和未分配的全部利润，也即会计要素中所有者权益的范畴。从企业角度看，资本是厂商的总财富，既包括有形资本，又包括无形资本。因此，从更广义上讲，资本是能够为企业带来收益的所有资源。

资本的各种形态必须投入到某一个经营领域或多个经营领域中，即投入到某一个产业或多个产业中，同其他生产要素相互组合，才能发挥其功能，实现对资本使用价值的有效利用，并创造价值。

（二）资本的功能

出生于苏格兰的英国经济学家亚当·斯密，在其著作《国富论》中论述过资本的功能。其概括起来有四个方面：其一，资本可用于购买社会每年使用和消费的天然产物；其二，资本用于制造和准备这些天然产物，以供直接使用和消费；其三，资本能将天然产物和制成品从丰富的地方运到缺乏的地方；其四，资本能用于将天然产物和制成品分成小小的部分，以适应于想要得到的人的随时需求。概括地说资本的功能有流动、保全和增值三项。

1. 流动功能，也称运动功能

资本运动既决定着资本从价值形式到实物形态的转换，也决定着资本从一个所有者到另一个所有者、从一个地区到另一个地区、从一个产业到另一个产业的转换。

2. 保全功能

资本保全是企业为了维持原有的生产经营规模，实现企业的可持续发展对资本存量的一种要求。资本保全功能要求在企业生产经营的整个过程中不断地从收入中划出相当于资本存量下降的部分来补充资本，以保证资本的安全与完整。

3. 增值功能

资本增值是指随着企业生产经营规模的不断扩大，将增值的一部分作为积累再投入到扩大再生产中去，如此周而复始，良性循环，积累不断增加，促进企业的进一步发展壮大。

二、资本运营的概念与目标

在西方经济学中，没有"资本运营"这一概念，它是20世纪90年代在我国出现的，可以说是形成于中国的一个经济学的新名词。但近年来它在我国得到了非常广泛的运用。中国社会科学院经济研究所研究员、博士生导师仲继银撰写的《资本运作不是筐》一文中提到，"资本运作热火朝天很多年了，但是到底什么是资本运作，恐怕没有人能够真正说得清楚。云里雾里地似乎做好主业之外的事情都是资本运作。一本有关资本运作的专著里罗列了100多种资本运作的内容，整个是一个什么都能往里装的筐了。我找不到一个英文中能够跟资本运作准确对立的词汇"。曾任香港华润集团创业有限公司董事会主席，现任中粮集团董事长的宁高宁在2002年中国经济十大杰出人物颁奖典礼上曾发表演讲说："资本运营本身并没有为我们造成一些真正最终成功的企业。你在所有的成功企业特别是西方的成功企业的词典中，找不到资本运营这个词，我觉得这个词本身，已经给成长中的中国企业带来了很多误导，应该有个纠正。"

可见，诞生于中国的一个名词仍然没有得到国内学者及实务界的统一认可，这一方面可能源于中国经济理论的欠缺及实务的复杂，但从另一方面也反映出资本运营本身涉及面广、创新性强，从而导致对其认识难以一蹴而就。在我们身边，提到资本运营，大多数人会很直观地认为这是上市公司面临的经济活动，也有人会认为就是企业的资产经营。最广义的资本运营涉及投资、筹资、股利政策等所有财务管理的核心决策内容。但之所以将资本运营独立出来是因为其内容已经超出了单一企业范围，也超越了企业集团这一范畴，它融企业（或企业集团）内部的财务管理（如筹资、投资、营运资金管理、利润分配管理等）与外部的交易（兼并、收购、债务重组）于一体，汇集了一般财务管理理论（如资本结构理论、相关者利益理论等）与专门性理论（如估值理论、产权理论、外部发展优势理论等），从学科属性来看不仅是管理门类，更是从属于经济范畴。

（一）资本运营的概念

1. 资本运营的内涵

当前对资本运营的概念在含义和形式上尚未统一，在形式上常见的提法有：资本运营、资本营运、资本经营、资本运作等几种。关于资本运营的含义，代表性的观点有六种：

（1）企业资本运营就是企业外部交易性战略的运用，兼并、收购与重组是企业外部交易性战略最复杂而又最普通的运作形式，也是资本运营的核心。

（2）资本运营就是经营股权。企业从生产经营向资本经营发展，有三个问题需要考虑：一是从事资本经营的经营者最少需有五方面的收益，自身规模扩张速度非常快、能分散风险、可吸引资金、可调整投资方向和能搭便车；二是进行资本经营的关键是需对要买卖的企业进行正确评价；三是需选择正确的资本经营方式，常见的资本经营方式有实际收购与零资产收购、现金收购与现金和股权相结合收购、整体收购与部分收购、上市公司收购与非上市公司收购。

（3）资本经营是对资本的筹划和管理活动，这种界定是较宽泛的，并非将资本仅仅看作狭义的资本金，而是将一切可以利用的资源都看作是可以增值的资本，其目的在于强调资本经营理念。资本经营也不仅限于产权经营活动，还包括可以使资本得到最大增值的一切活动，如实业资本经营、金融资本经营、无形资本经营。资本经营理念贯穿于投资、生产、流通、分配等过程。

（4）所谓资本经营，是一种通过对资本使用价值的运用，在对资本做最有效的使用的基础上，包括直接对于资本的消费和利用资本的各种变化形态，为实现资本盈利的最大化而开展的活动。资本经营的途径可以是多种多样的，涵盖整个生产和流通过程，既包括证券、产权、金融，也包括产品的生产和经营。在这些使用过程中，通过资本经营也可以带来资本的增值和收益。

（5）资本运营是指以利润最大化和资本增值为目的，以价值管理为特征，通过生产要素的优化配置和产业结构的动态调整，对企业的有形与无形资本进行综合有效运营的一种经营方式。资本运营的内涵大致包括三个方面：一是资本的内部积累，二是资本横向集中，三是资本的社会化控制。

（6）资本运营是指企业遵循资本运动的客观规律，将其可以支配的各种资源和生产要素进行运筹、谋划和优化配置，以实现最大限度资本增值目标的一种运作管理方式。

综观上述定义，有两个方面基本上是一致的：第一，关于资本运营的目的，都主张以资本增值为目的；第二，都是从企业层面来讨论资本运营的，即从企业的角度来看，资本运营是把企业所拥有的一切有形和无形的存量资产变为可以增值的活化资本，通过资本市场实现重组扩张，以最大限度地实现资产增值的目标。因而对资本运营的概念可以简单地理解为，利用市场法则，通过资本本身的技巧性运作或资本的科学流动，实现价值增值、效益增长的一种经营方式。更通俗地讲就是利用资本市场，通过买卖企业与资产而赚钱的经营活动和以小变大、以无生有的诀窍与手段。

从名称上来看，运营包含了运筹、谋求和治理等含义，强调对事物的筹措和运用必须要有事先的运筹、规划和科学决策。故资本运营强调对资本的筹措和运用必须要有事先的运筹、规划和科学决策。接近的概念还有运作，由东方出版社出版的郎咸平的专著《运作》中，就是将企业竞争、扩张、危机战略等活动统称为"运作"。而经营则偏重于微观的经营管理，是以企业作为研究范畴的。鉴于不同名称的书籍对资本运营的概念所指基本相近，因而在本书中，资本运营与资本营运、资本经营等同使用。

2. 资本运营的三个层面

在中国，国有经济是主体，国有企业的运行在很大程度上都会受到国家及地方政府的干预，此时的资本运营会涉及更广泛的领域，如政府、银行等金融机构。因此，从更务实的角度看，对资本运营的概念阐述不应拘泥于企业这一微观层面，而应该将政府与金融中介等重要参与者纳入。概括言之，资本运营是以资本最大限度增值为目的，对资本及其运动所进行的运筹和经营活动。它有两层意思：第一，从宏观上讲，资本运营是市场经济条件下社会配置资源的一种重要方式，它通过资本层次上的资源流动来优化社会的资源配置结构；第二，从微观上讲，资本运营是利用市场法则，通过资本本身的技巧性运作，实现资本增值、效益增长的一种经营方式。由此可以将资本运营分为政府层面、企业层面和中介层面来进行详细讨论。

（1）政府层面的资本运营。政府资本运营是指政府对以资本为代表的社会资源的配置（重置）活动。资本在不同行业中的运行效率会有差异，即使在同一行业中不同企业对资本的利用率也难以相同。政府作为宏观调控者或者说是作为监管者，可以充分发挥其能动性进行全社会范围的资本配置。在不同发展阶段，政府进行资本配置或重置的目的与手段是不一样的，比如，在我国社会主义改造阶段没收官僚资本就是政府层面的资本重置；在美国次贷危机引发的金融危机中，一些金融企业如房地美、房利美、贝尔斯登、雷曼、美林等被政府接管，也属于政府层面的资本配置。其内容较为宏观而复杂，我们将在第八章专门介绍。

（2）企业层面的资本运营。企业资本运营是指企业对其内部管理性战略和外部交易性战略的综合、有效的运用。两者的结合点是把建立和培育企业的核心竞争能力作为根本。所谓内部管理性战略主要是指企业回购股份、分立、资产重组等运营方式，目的是巩固优势业务，培育核心能力；外部交易性战略则重点是指兼并、收购和债务重组等运营形式，旨在快速而低成本、低风险地扩张或者进入新行业，巩固和扩大自己的竞争实力。可见，建立和培育企业核心竞争能力是企业资本运营的核心。

（3）中介层面的资本运营。中介资本运营主要是针对投资银行而言的，投资银行不是一般意义上的银行，它不是以存贷款为主营业务，而是以提供金融咨询、服务为主业的金融顾问机构。国际上知名的投资银行如高盛、摩根士丹利、花旗投资和美林等，我国的投行主要是证券公司及资产管理公司和一些投资管理公司等，其核心业务就是为企业兼并、收购和重组提供专业化的咨询服务。投资银行作为企业资本运营所需专业化服务的提供者，了解相关的政策和法规，拥有较为广泛的信息来源，熟悉实现资本最优配置的原则与程序。投资银行处理的是资本本身，是资本的所有权和经营权，是资本的组合方式和运作方式。同时，投行自身的重组也是中介层面资本运营的一个主要方面，比如，在 2008 年底开始的金融危机中，美国第一大投行高盛收购雷曼兄弟的投资业务，以及美国三大投行（高盛、摩根士丹利、美林）2008 年 9 月被政府批准业务转型为银行控股公司。

在中国国企与政府之间千丝万缕的联系决定其资本运营与政府资本运营密切相关。用传统的"关、停、并、转"等行政手段进行国有企业的改造与重组，只能改变企业的外形，而不会形成真正市场化的企业行为；只有借助资本市场，通过兼并重组等资本运作手段，依靠投资银行市场化的企业改造与重组技术，建立起现代企业制度，才能从根本上解决中国的国有企业改革问题。

基于以上分析，本书将从这三个层面分别阐述。其中第二章、第三章为中介资本运营，第四章至第七章为企业资本运营，第八章为政府资本运营。

3. 资本运营的主体

资本运营的主体是指由谁来对资本进行配置或重置。从理论上讲，资本的所有者首先具备成为资本运营主体的资格，他们是资本的提供者，拥有对资本的占有权、使用权、收益权、处置权等全部产权。但在两权分离的情况下，资本的所有者会通过契约委托经营者或金融中介管理资本，此时，受资本所有者委托或聘任的经营者和金融中介，也可以作为资本运营的主体，由他们承担资本运营的责任。在发达的市场经济国家中，企业是资本运营的直接操作主体，直接承担着资本运营的收益、损失和风险；国家是资本运营的监督主体，服务、监督和规范资本运营的活动。但在我国某些领域，如石油、煤炭、房地产、钢铁等领域，政府也是以资本运营主体的身份出现的，这对发挥政府资本运营的监督主体的作用有很大程度的限制。

4. 资本运营的客体

资本运营的客体是指资本运营的对象，总体上说就是主体所拥有的资本。这里的资本可能是单一的某种形态的资本，如金融资本或者实物资本，也可能是两种形态以上的资本，如生产资本、货币资本、组织资本、土地资源、企业产权等的组合。

（二）资本运营的目标

资本的增值性决定了任何拥有或管理资本的主体都会以获取最大增值为目标，同时由于资本运动的继起性和并存性，对资本的增值要求不是短期的或间断的而应该是长期的、持续的。因此，对于企业来说，资本运营的目标是通过获取理想的利润，使资本持续增值，实现资本增值的最大化。对政府来说，资本运营是为了对全社会的资源进行最优配置，以达到最佳经济结构，从而实现社会的最大福利。衡量资本增值在财务学中并没有一个专门的指标，它主要是通过利润最大化、股东权益增长最大化来共同成就企业价值最大化，从而从根本上促进和保证资本的最大增值。

1. 利润最大化目标

这里的利润是会计范畴的概念，等于收入减去费用的差额，因此，在最大化收入的同时把费用最小化无疑可以实现利润的最大化。但利润是一个静态概念，当期的利润最大不意味着下期利润最大，相反在不合理减少当期费用（如折旧、培训费、研发费）时极易牺牲下期及以后各期的生产能力和市场份额，反而会为以后利润下降埋下隐患。同时，利润还是一个绝对概念，没有反映投入，因而利润最大不代表对资本的利用率最高。鉴于利润深得人们理解且数据获取容易，实践中较多的中小型企业将利润最大化作为其财务目标是合理的，但资本运营关注更持续健康的利润增长，同时要求资金结构动态均衡，对资本的利用极其充分，从而实现全社会（无论是国有资本还是私人资本）或整个企业范围（无论是自有资本还是借入资本）的资本最大增值。

2. 股东权益增长最大化目标

股东权益，也叫所有者权益，是指投资者对企业净资产的所有权，具体包括原始投资所形成的实收资本（也叫股本）、初始吸收资本时的资本溢价、经营过程中形成的资本公积金、从利润中提取的用于特殊用途的盈余公积金以及企业积累的未分配利润。企业实现的利润越多，从税后利润中提取的盈余公积金就越多。盈余公积金可用于弥补企业亏损，也可用于转增资本，使投入企业的资本增多。同时，当预期的利润率大于借入资金成本率时借入资金越多自有资金的利润率就越高。股东权益增长率是企业期末股东权益总额与期初股东权益总额的差额与期初股东权益总额的比值，即为本期股东权益增加率。

3. 企业价值最大化目标

企业价值是指企业的市场价值而非账面价值，是指企业在持续经营的情况下，其未来各经营期间的预期净现金流量按适当的折现率计算的现值之和。根据企业价值的含义，为实现企业价值最大化，可以从两个方面入手：一是尽可能增加未来各期的净现金流入量，二是减少企业风险从而降低折现率以增加企业价值。而兼并、收购、重组等资本运营方式在理论上是可以达到这两方面要求的。

利润最大化是基本要求，利润最大化直接有利于股东权益增长最大化，如果资本结构合理，资金利用高效，将直接促进企业价值最大化。资本运营的目的是基于更高的战略目标，谋求利润最大化可能只是其某个阶段的动机，其最终目标是资本的最大增值。

（三）资本运营的功能

结合前述资本运营概念、主客体及目标，可以归纳出资本运营的主要功能就是把一切社会资源、生产要素组织到一个具体的产业或企业中，并优化资源结构，实现资本增值的目标。资本增值能力的大小主要取决于所进入的资本结构的优化程度和对生产要素（包含潜在资本）的优化配置程度。从政府层面看，资本运营的主要功能包括：加快国有企业的改革、加快优化经济结构、提高国家的国际竞争力。从企业层面看，资本运营的主要功能包括：优化企业的资本结构；利用并购目标企业的品牌迅速获取市场，拓展销售渠道；获得先进生产技术和管理技术；进入新领域、发现新的商业机会；获取大量资金。从中介层面看，资本运营的主要功能是为政府和企业进行资本运作提供有效的媒介和桥梁。

三、资本运营与生产经营的关系

（一）区别

1. 运营方式不同

资本运营要运用吸收直接投资、发行股票、发行债券、银行借款和租赁等方式合理地筹集资本，运用直接投资、间接投资和产权投资等方式有效地运用资本，优化地配置资本，盘活存量资本，加速资本周转，提高资本效益。通过资本不断地流动到报酬率较高的地区、行业和产品上，从而获得不断增值的契机。而生产经营主要通过调查社会需求、以销定产、以产定购、技术开发、研制新产品、革新工艺与设备、创名牌产品、开辟销售渠道、建立销售网络等方式，达到增加产品品种、数量，提高产品质量，提高市场占有率和增加产品销售利润的目的。换言之，生产经营是一种内向型的经营，在既定范围内（通常指一个企业或企业集团内）自我协调自我配套；而资本运营是一种外向型、开放型经营，利用社会力量发展壮大实行全社会范围内的大配套、大协作。

2. 运营对象不同

资本运营的对象是资本，侧重于资本流动，关注的是企业经营过程的价值方面，尽量缩短物质流在企业各环节的占用时间，追求投资使用效益和资金的循环周转高速度从而实现资本增值。而生产经营的对象则是产品及其生产销售过程，经营的基础是厂房、机器设备、产品设计、工艺、专利等。生产经营侧重的是企业经营过程的使用价值方面，追求产品数量、品种的增多和质量的提高以及产品适销对路。

3. 运营风险不同

资本运营往往将资本多元化，依托多个产品或多元化经营支撑企业，减少或分散经营风险。若有投资回报率高的项目，往往倾向于与他人合作，减少投入，利益均享，风险共担，实现共赢。而生产经营往往依靠单一主导产品经营，注重产品的开发、更新换代来规避风险。若有投资回报率高的产品或项目，一般奉行"肥水不流外人田"的原则，不愿与人合作，倾向于苦练内功，自我处理。

4. 运营领域不同

资本运营主要是在资本市场（包括产权市场在内的广义资本市场）上运作，而企业生产经营涉及的领域主要是产品的生产、技术开发、原材料的采购和产品销售，主要是在生产资料市场、劳动力市场、技术市场和商品市场上运作。

5. 产生背景不同

生产经营是传统经济时代的核心经营方式，其着重于以物质性的实物生产来获得资产增值，创造企业利润；资本运营是现代经济时代的新型经营方式，实现了对原有经营方式的革命飞跃，以其特有的组合运作方式，采用多种运营手段对原有的社会资源和生产要素进行优化配置，使其实现资产的最大增值。两者之间的区别可以通过表1-1表示。

表1-1 资本运营与生产经营的区别

内容	资本运营	生产经营
运营方式	开放型经营，协作高	内向型经营，在既定范围内自我配套
运营对象	资本	产品
运营风险	多元化经营，风险分散	单一式经营，风险集中
运营领域	资本市场	商品市场、劳动力市场、技术市场等
产生背景	传统经济时代	现代经济时代

（二）联系

1. 目的一致

企业进行资本运营的目的是追求资本的保值增值；而企业进行生产经营，根据市场需要生产和销售商品，目的在于赚取利润，以实现资本增值，因此生产经营实际上是以生产、经营商品为手段，以资本增值为目的的经营活动。

2. 相互依存

企业是一个运用资本进行生产经营的单位，任何企业的生产经营都是以资本作为前提条件的，如果没有资本，生产经营就无法进行；如果不进行生产经营活动，资本增值的目的就无法实现。因此，资本经营要为发展生产经营服务，并以生产经营为基础。

3. 相互渗透

企业进行生产经营的过程，就是资本循环周转的过程，如果企业生产经营过程中供产销各环节脱节，资本循环周转就会中断；如果企业的设备闲置，材料和在产品存量过多，商品销售不畅，资本就会积压，必然使资本效率和效益下降。资本运营与生产经营是密不可分的。

总之，生产经营是基础，资本运营要为发展生产经营服务。通过资本运营，搞好融资、并购和资产重组等活动，增加资本积累，实现资本集中，目的是要扩大生产经营规模，优化生产结构，提高技术水平，以便更快地发展生产经营。如果资产运营不成功，资本得不到有效的使用，所谓的资本运营无非是一场经济游戏，暂时的繁荣只能形成所谓的经济泡沫。从资产经营与资本运营的关系也会发现，善于经营资产者不一定善于经营资本，而善于经营资本者也不一定善于经营资产。比如，比尔·盖茨是一个优秀的企业家，但我们尚未看到他在资本市场和风险投资方面的卓越表现，相反，他本人却远离股市，将大量个人资产投资于美国政府债券。索罗斯是一个优秀的资本经营者，在相当长一段时间内在金融市场上呼风唤雨，获利丰厚，但我们也未看到他在经营工商企业方面的突出成就。善于经营资本者扮演着"资本家"的角色，善于经营资产者则可以成为优秀的企业家，资本经营者与企业家的完美结合，将形成推动经济发展的一个重要动力。

四、资本运营的特点

资本运营的特点可以概括为增值性、流动性、风险性。具体分析有以下特点：

1. 资本运营是以资本导向为中心的

以资本保值增值为核心，关注资本的投入产出效率，保证资本形态变换的连续性和继起性。它把资本支配和使用看得比资本占用更为重要。它通过合资、兼并、收购等形式来获得对更多资本的支配权，获得高新技术、先进管理方法等，在降低风险的同时实现资本最大限度的增值。

2. 资本运营是以价值形态为主的

资本运营要求将所有可以利用和支配的社会资源、生产要素都看作是可以经营的价值资本，不仅考虑有形资本的投入产出，而且注重专利、非专利技术、商标等无形资本的投入产出；不仅关注生产经营过程中的实物供应、实物消耗，而且也关心价值变动、价值平衡、价值形态的变换。在资本运营过程中，严禁资本的闲置与浪费，通过各种方式盘活沉淀、闲置或利用率低下的资本存量，让资本在报酬率高或持续性增长强的行业、产品快速流动，产生最大的增值。

3. 资本运营是结构优化式的经营

这里的结构优化涉及四个方面：一是对企业内部资源结构优化，如产品结构、组织结构、技术结构、人才结构等；二是对资本形态结构优化，如实业资本、金融资本和产权资本等不同资本形态的比例；三是对存量资本和增量资本结构的优化，对于已有资本结构需要进行调整的，在追加筹资中或偿还借款时进行实现动态平衡；四是资本运营过程的优化，在资本运营中可能会涉及并购、重组程序的优化，多种并购方案的比较分析等。

4. 资本运营是一种开放式的经营

资本运营的开放式主要体现在对外部资源的获取与利用上，这些使得企业不得不面对不同企业、不同行业、不同地域甚至不同国家，更广泛的活动空间要求企业的资本运营具备一定的开放程度。

5. 资本运营是以人为本的经营

严格来说，一切管理都是依靠人来进行的，而人又是最不好进行管理的对象。因此，树立以人为本的思想，充分发挥人的价值如人的能动性和创造性，也可以看成是资本运营的另一个手段。

6. 资本运营是通过资本组合规避经营风险

由于外部环境的不确定性和人的有限理性，企业的经营风险在所难免。所谓人的有限理性是指人们不可能先知先觉地知道所有未来信息，即使有足够的信息也不一定能完全正确地进行决策。资本运营的目标是最大限度地获得资本增值，但增值的背后所隐藏的风险必须合理认识并有效规避，否则，真正的增值并没有实现。

五、资本运营在中国发展的必然性

（一）资本运营是我国经济结构调整的需要

经济结构的不合理已经严重影响了我国经济的进一步发展，对经济结构进行调整已经被我国政府提升到战略的高度。21世纪开始的五年到十年，是我国经济和社会发展的重要时期，也是进行经济结构战略性调整的重要时期。"十五"时期我国综合国力明显增强、人民生活明显改善、国际地位明显提高，但仍然存在着投资和消费关系不协调、部分行业盲目扩张、产能过剩、经济增长方式转变缓慢、能源资源消耗过大、环境污染加剧等问题。"十一五"期间，《中共中央关于制定国民经济和社会发展第十一个五年规划的建议》中，党中央提出了树立科学发展观和构建社会主义和谐社会的重大战略思想，明确了要坚持社会主义市场经济的改革方向，完善现代企业制度和现代产权制度，更大程度地发挥市场在资源配置中的基础性作用，提高资源配置效率等原则。同时再次强调，立足优化产业结构推动发展，把调整经济结构作为主线。

资本运营具有最大的开放性，它在运作过程中冲破了地域、行业、部门界限乃至国家界限进行各种资源的优化配置，力求最大限度地使用和支配资本，并尽可能地以最少的资本控制最多的资本，而且资本运营是通过结构优化来配置资源的，结构优化包括增量资本和存量资本的优化、企业内部各种资源结构的优化、金融资本与实业资本和产权资本的优化等，这与建立现代企业制度的要求正好是不谋而合的。

在国民经济结构战略调整过程中，兼并、收购、重组、托管等一系列的资本运营方式能够将沉淀、效率低下的各种存量资本变为能够增值的活化资本，其至能够加强优质高效资本之间的强强联合，以至于能够形成具有垄断能力的大资本，获得垄断优势，而且资本运营依托价值形态、资本形态的交易方式来进行，因而不受时间、空间的限制，能够最大限度地扩充交易量，引导各种社会资本在不同的地域、行业、部门之间合理流动，从而在动态中调整和优化我国的国民经济结构。作为社会经济的细胞，企业实现资本的最大增值和经济效益最大化自然会促进社会整体经济效益的稳步提高，因此资本运营的目的和经济结构调整的目的具有一致性。

（二）资本运营是发展混合所有制经济的需要

党的十六届三中全会审议通过的《中共中央关于完善社会主义市场经济体制若干问题的决定》提出，要"适应经济市场化不断发展的趋势，进一步增强公有制经济的活力，大力发展国有资本、集体资本和非公有资本等参股的混合所有制经济，实现投资主体多元化，使股份制成为公有制的主要实现形式"。这一重要政策将有力地推动国有企业改革，促进包括非公有制经济成分在内的股份制、混合所有制经济的发展。

发展混合所有制经济具有历史必然性。在市场经济条件下，各种类型的资本交叉持股、相互融合是普遍现象，而且资本的流动、联合、重组是企业获得经济效益和发展壮大的重要手段。市场经济越发达，不同资本间的重组和融合就会越频繁。我国正在建立和完善社会主义市场经济，各种类型的资本相互交汇、融合也是顺应历史潮流，有其必然性。

发展混合所有制经济有利于巩固和发展公有制经济、增强国有经济的实力。我国的实践证明，仅由单一国有资本构成的国有企业，由于产权主体虚置，无法落实经营责任，相当多的企业缺乏活力和效率。如果国有资本通过兼并、控股、参股等形式与其他性质的资本融合，就能改善国有企业的产权结构，增强国有资本或公有资本对其他资本的辐射功能，提高国有经济的控制力、影响力和带动力。

发展混合所有制经济有利于建立开放式的社会融资机制。混合所有制企业的最大优势在于实现了资本的社会化，它们在日益成熟和壮大的过程中，所具有的经济实力和积累起来的组织资本，不但有效地利用了自有的资源，而且通过兼并、重组等方式输出资本，在更大范围内实现了资源的有效配置，从而迅速增强企业的经济实力，极大地促进了企业的发展壮大。

发展混合所有制经济有利于非公有制经济的发展。到 2009 年，非公有制经济快速发展，其所创造的国内生产总值已占我国 GDP 总量的 60% 左右，吸纳的就业人数占全国城镇就业的 70% 以上。非公有制经济在我国经济中的地位可谓举足轻重，但由于其自身的局限性和市场准入政策等方面的原因，不少民营企业缺少足够的持续发展能力。通过参股公有制经济、集体经济，实施所有权与经营权的有效分离，并建立有效的激励约束机制，民营企业就能克服自身管理模式的局限，拓展出更大的发展空间，促进民营经济的进一步发展、壮大。

混合所有制经济从本质上说是一种股份制经济或以股份制为基础的经济，它表现为不同性质的资本间的参股或联合，同时还包括同一性质资本的联合或融合。而资本运营就是以获得资本增值、提高经济效益为目的，通过兼并、收购、重组、合并等多种方式对可支配的各种社会资源和生产要素进行优化配置和产业结构调整，因此在很大程度上来说，资本运营的过程就是混合所有制经济的形成过程。资本运营就是发展混合所有制经济的最佳手段，发展混合所有制经济离不开资本运营。

（三）资本运营是中国企业保持自身生存和发展的需要

中国加入 WTO 后，资本市场将逐步全面对外开放。由于中国拥有最大的潜在消费市场和独特的综合成本优势，资本市场将成为外资的优良避风港。同时，中国的外资并购法规也正在日益完善。

2002 年 9 月 28 日中国证监会发布的《上市公司收购管理办法》、《上市公司股东持股变动信息披露管理办法》和 2002 年 11 月 1 日中国证监会、财政部、原国家经贸委联合发布的《关于向外商转让上市公司国有股和法人股有关问题的通知》共同搭建起了对外商收购上市公司进行监管的基本政策和程序框架。《上市公司收购管理办法》解决了外资收购的程序和权利义务问题。《上市公司股东持股变动信息披露办法》搭建起信息披露体系。而《关于向外商转让上市公司国有股和法人股有关问题的通知》的发布从政策上允许外商受让上市公司国有股和法人股，解决了收购主体的国民待遇问题，而且对外商受让的程序、外资行业政策、外汇管理等方面都作出了明确的政策规定，彻底解决了外资收购的市场进入问题。这样，一个完整的外资收购监管法规体系已经建立起来了。特别是《关于向外商转让上市公司国有股和法人股有关问题的通知》的发布，标志着外商收购境内上市公司进入实质性实施阶段。

2002 年 12 月 1 日中国人民银行与中国证监会共同发布实施的《合格境外机构投资者境内证券投资管理暂行办法》规定了合格境外机构投资者（QFII）可以买卖上市公司挂牌交易的股票和其他证券。《关于向外商转让上市公司国有股和法人股有关问题的通知》规定了外商可以受让上市公司的国有股和法人股，其目的主要是为了鼓励上市公司的收购行为。两者的颁布和实施，共同构成了我国证券市场对外开放的新格局。

中国加入 WTO 后，外国资本对中国上市公司的国有股、法人股的收购一直很感兴趣。我国政府的有关部门也在积极推动外资收购试点工作。在《关于向外商转让上市公司国有股和法人股有关问题的通知》发布前，已经有若干外资并购案例经特批方式进行。随着《关于向外商转让上市公司国有股和法人股有关问题的通知》发布实施，众多跨国公司将会更多地采取并购中国现有企业的方式。因为在"快鱼吃慢鱼"的竞争环境中，这种并购方式能够使投资者利用现有的大量生产能力大大缩短投资周期，迅速投产，抢得商机。这样，更深层次和更广范围的外资并购即将展开。2009 年 8 月 1 日，为适应我国"十一五"规划提出的推动企业并购、重组、联合的战略要求，中国证监会正式发布了修订后的《上市公司收购管理办法》，它将为更规范的资本运营提供政策依据。因此，中国的企业在 21 世纪的今天已经完全置身于世界经济的大环境中，面对的是实力雄厚的国际大资本的残酷竞争，它们要想在世界经济中立于不败之地，必须迅速提高自身竞争力，而能够快速获得所需的各种资源、提高企业的综合实力、形成企业核心竞争力的资本运营无疑是中国企业的必然选择。

第二节　资本运营的基本内容

资本运营涉及面广，内容多样，为更好地从不同角度来理解其含义，下面介绍不同分类标准下的资本运营内容。

一、按资本运营的形态分类

按资本运营的形态，可以将资本运营分为实业资本运营、产权资本运营、金融资本运营和无形资本运营四类。具体介绍如下：

（一）实业资本运营

实业资本运营是指企业将资本直接投放到生产经营活动所需要的固定资本和流动资本中，以形成实际的生产经营能力，从事产品生产销售或者提供经营服务等具体的经济活动，以获取利润并实现资本的保值、增值。它是资本运营中最基本的运作方式。例如，武汉钢铁集团新建生产线，格林柯尔集团在江苏、安徽等地兴建工业园等就是此类。实业资本运营规模的大小取决于产品或服务的市场需求量的大小、投资收益率的高低、企业之间竞争的激烈程度、外部资源获取的难易状况、企业财务状况的好坏、企业筹资能力强弱等因素。

（二）产权资本运营

产权是指法定主体对财产所拥有的占有权、使用权、收益权和处置权的总和。占有权是指对财产的实际占用和控制，是行使所有权以及实现使用权和处置权的基础。使用权是指在法律允许的范围内，以各种方式使用财产的权利。收益权是指在不损害他人利益的情况下，可以享受在此财产的使用、转让等过程中所获得的各种利益。处置权（支配权）是指决定财产命运和归宿的权利，是产权最基本的权利。

以企业为例，企业产权是以财产所有权为基础，反映投资主体对其财产权益、义务的法律形式。一般情况下，产权往往与经营性资产相联系，投资主体向企业注入资本金，就在法律上拥有该企业相应的产权，成为该企业的产权主体。企业产权的形态，即通常所讲的产权的实物形态、产权的股权形态、产权的债权形态。产权的实物形态表现为对资产直接的实物占有。以实物占有形态存在的产权关系一旦发生变化极易导致公司财产的分裂，从而可能使公司的生产经营活动难以正常进行。产权的股权形态表现为对资产通过持有股权的形式来占有。以股权形态存在的产权具有相对独立性，股东作为公司的所有者虽然可以依法处置他拥有的作为公司产权凭证的股份，但却无权自作主张地处置公司的财产。因此，股权关系的变动往往并不影响公司财产的完整。产权的债权形态表现为经济主体将资产放贷出去后对这部分资产形成的债权占有。

产权从某种意义上可以看作是一种资本。之所以强调产权是一种资本，其意义在于将企业的经营资源从企业自身的资本、劳动力、技术等扩充到更大的范围内运作资本，使企业通过兼并、收购、租赁等产权资本运营方式，实现资本扩张，获得资本的最大增值。

产权资本运营包含两个层次：第一个层次是指资本所有者及其代理人依据出资者的所有权经营企业的产权资本，以实现资本的保值增值目标，其主要活动包括，通过改变企业的资本结构，使投资主体多元化，实现资本的扩张，如通过投资活动形成资本性权益，通过合资实现资本的扩张。第二个层次是指企业经营者依据企业的法人财产权经营企业的法人资产，以实现企业法人资产的保值增值目标，其主要活动包括，通过资产交易使资产从实物形态转变为货币形态，或者从货币形态转变为实物形态，资产交易的结果是改变了不同资产在总资产中的比例；企业进入产权交易市场进行兼并、收购、租赁活动；企业进入资本市场发行企业债券等。

产权资本运营的特征包括：

（1）重在价值层面。虽然所有的产权都以实物为载体，但产权的交易却都是着重于价值。

（2）注重产权的可转让性。与产品经营的着眼点不同，产权资本运营更关注产权的可转让性、可获得性、产权的交易成本、市场价格等，而非适销性、销售成本和产品价格。

（3）以产品经营为基础，同时为产品经营服务。杰克·韦尔奇在任期间创立的资本服务公司，一方面直接为通用电气（GE）进行产权资本运营，在海外的总投资达数十亿美元，兼并了76家公司；另一方面也从事信用卡服务、计算机程序设计和卫星发射等业务，这为GE从1991年到1996年每年营业额翻一番成为电气帝国打下了坚实的基础。

产权资本运营的对象是产权，运营的主要方式是产权交易，运营的前提条件是产权界定明确、产权交易市场规范、准确的资产评估以及完善的法律法规。产权资本运营是企业资本运营的重要方式之一。

（三）金融资本运营

金融资本运营是指企业以金融资本为对象而进行的一系列资本经营活动。金融资本主要是以有价证券为表现形式，如股票、债券等原生证券，以及企业所持有的可以用于交易的一些商品或其他种类的合约，如期货合约、期权等。金融资本具有流动性强、相对于实业资本运营来说资金额较小、收益波动大的特点，同时由于持有金融资产者众多而层次差别很大，其价格受投资者心理因素影响巨大。

企业从事金融资本运营活动时，自身并没有参加直接的生产经营活动，因此其收益不是来自于产品生产、销售行为。而是通过买卖有价证券、期货合约等进行运作，收益来自于有价证券价格的波动及其自身固定的报酬，如股息、红利等。

金融资本运营所使用的金融工具通常有三种，股票、债券、期货和期权。选择何种工具，主要考虑四个因素：其一，安全性，即风险与收益对等的程度。一般高风险意味着高收益，高收益也隐藏着高风险，企业应当根据自身的风险承受能力选择合适的金融工具从事资本运营活动。资金实力雄厚、投资经验丰富的企业可以适当选取期货等风险较高但收益也高的工具，而初涉市场、财力较弱的企业就应该选取收益虽低但比较稳妥的债券等工具。其二，收益性。主要是考虑收益率、价格、手续费、税金等因素。其三，流动性。对金融工具来说，流动性可简单地理解为变现能力。证券的变现能力取决于证券的偿还期限和受偿的金额，期限越短，金额越确定，可以理解为流动性越强。其四，便利性。这是指投资购买证券所需要的时间、交割的期限、认购的手续是否便捷，是否符合投资者的偏好等。2003年下半年，中国航油（新加坡）股份有限公司总裁陈久霖绕开董事会私自大量涉足石油期货，连续亏损，到2004年12月1日以5.5亿美元的巨额亏损而申请破产保护。这一事件的发生有多种原因，但有一点是不容置疑的，就是公司对期货的高风险性没有给予足够的重视和控制。

（四）无形资本运营

无形资本是无形资产的价值形态，是资本化的无形资产，是指特定主体控制的，不具有实物形态，对生产经营与服务能持续发挥作用，并能在一定时期内为其所有者带来经济利益的资产。

无形资本运营是指企业对所拥有的各类无形资产进行运筹和谋划，使其实现最大增值的活动。如以企业的知识产权类资产进行参股、生产许可证转让、商标转让等。可见无形资本运营过程是推广应用新的科学技术成果的过程，有利于企业通过吸收高新技术，向高新技术产品迈进；通过运用高新技术以提高产品的技术含量，增加产品的附加值。

无形资本运营的特征包括：

（1）求利性，无形资本运营能使资金以滚雪球的方式扩大。

（2）与有形资本的良性互动，保证企业的跳跃式发展。无形资本与有形资本的良性互动可用"有中生无、无中生有"来形容。"有中生无"是指无形资本虽然表现为一种非实体存在，但它的形成和发展壮大离不开有形资本的大量投入；"无中生有"是指发挥无形资本的强大增值性，以无形资本带动有形资本增值，提高资本利润率。

（3）无形资本运营的过程是整体性运筹与规划，而不是一次性的商品买卖。比如：软件供应、技术合同等不完全具有排他性，可以为不同主体同时使用，因而对交易对象、价格、方式均需整体进行构思与设计，而不能单独为某次交易确定。

海尔实施"技术领先、质量第一、永远真诚、星级服务"的品牌战略，在美国西部城市洛杉矶建立科研开发基地，1999 年举办全球性的海尔产品订货会，使得海尔品牌在全世界打响。这是中国企业开展无形资本运营获取成功的先例。当前我国知识产权保护意识和环境不尽如人意，已经被国人和政府所认识。2000 年正式命名的中南财经政法大学知识产权研究中心是我国决心改善知识产权保护环境的一个良好开始。在国际上，对无形资本运营环境的重视也日益显现，从 2001 年起，每年的 4 月 26 日被确定为世界知识产权日。可见，无形资本将越来越体现其特殊价值，无形资本运营是资本运营的新兴方式。

二、按资本运营对企业规模的影响分类

按对企业规模的影响，资本运营分为扩张型资本运营、收缩型资本运营和整合型资本运营三种。

(一) 扩张型资本运营模式

扩张型资本运营是指在现有的资本结构下，通过内部积累、追加投资、兼并收购、联营、托管等方式，使企业实现资本规模的扩大。根据扩张所涉及的领域不同，一般可以分为横向资本扩张、纵向资本运营和混合资本运营。横向资本扩张是指交易双方属于同一产业或部门，产品相同或相似，为了实现规模经营而进行的产权交易。如武汉钢铁集团收购柳州钢铁（集团）公司、鄂城钢铁有限责任公司和昆明钢铁集团公司。横向型资本扩张既可以减少竞争者的数量，增强企业的市场支配能力，也可以解决市场有限性与行业整体生产力不断扩大的矛盾。纵向资本扩张是指交易双方处于生产、经营不同阶段的企业或者不同行业部门，是直接投入产出关系的产权交易。如武汉钢铁集团出资 2.4 亿美元收购加拿大 Consolidated Thompson 铁矿公司（CLM）19.99% 股权，并获得一个董事会席位。混合型资本扩张是指两个或两个以上相互间没有直接投入产出关系和技术经济联系的企业间所进行的产权交易法。如以 M-6140 桌面排版系统而成功的原巨人集团后涉足保健产品、房地产业就属于混合型资本运营。混合资本扩张有利于分散风险，提高企业的市场适应力。

(二) 收缩型资本运营模式

收缩型资本运营是指企业为了追求企业价值最大化以及提高企业运行效率，把自己拥有的部分资产、子公司、某部门或分支机构转移到公司之外，分配持有子公司的股份缩小公司的资产规模，或者回购公司以前发行的股票缩小资本规模。收缩型资本运营是扩张型资本运营的逆向操作，比如，剥离不适应企业发展战略的资产出售给第三方，将亏损的子公司分立出去等。中国人寿在上市前，就进行了大量的资产剥离。2003 年 8 月，原中国人寿保险公司一分为三：中国人寿保险（集团）公司、中国人寿保险股份有限公司和中国人寿资产管理公司。超过 6000 万张的 1999 年以前的旧保单全部被拨归给母公司——中国人寿保险（集团）公司，而 2000 万张左右 1999 年以后签订的保单，则以注资的形式被纳入新成立的股份公司。通过资产剥离，母公司承担了 1700 多亿元的利差损失，但这为中国人寿保险股份有限公司于 2003 年 12 月在美国和香港两地同时上市铺平了道路。

(三) 整合型资本运营模式

整合型资本运营是指企业为了优化资源配置而对资产结构、资本结构进行的调整，不以改变资本、资产规模为目的而进行的内部重组及外部交换活动，如资产置换、股权置换、买壳借壳上市等。由于置换是按照等价交换的原则进行，因而一般情况下，转换前后的资产、产权的数量不会发生改变。比如 2004 年 7 月 28 日，联想集团与亚信科技在京签署协议，联想集团以其 IT 服务业务主体部分作价 3 亿元，置换亚信公司 15%的股权。双方通过业务资产和股权置换的方式，实现了亚信公司与联想集团 IT 服务业务的合并。

三、按资本运营的方式分类

资本运营的方式可以采取收购和兼并其他企业的方法，也可以通过购买部分产权以控股和参股的形式进入某一企业，还可以通过出售部分产权来盘活存量资产、调整产业结构。具体方式可能是兼并、收购、托管经营、联营等扩张资本运营手段，也可能是分立、剥离、分拆上市、股份回购、破产重组等紧缩型资本运营手段，还可能是资产置换、股权置换、买壳借壳上市等整合型资本运营手段。

本书中企业层面的资本运营是同时考虑资本运营对企业规模的影响和资本运营的具体方式而进行的章节安排。第五章着重介绍最为常见的资本运营方式——并购，第六章介绍其他资本运营方式，包括扩张型的托管经营和联营，收缩型的分立、剥离、分拆上市、股份回购、破产重组，以及整合型的资产置换、股权置换、买壳借壳上市等。为与并购这种最常见的资本运营方式区别开来，特将其他运营方式统称为企业重组。

四、按资本的运动状态分类

按资本的运动状态，资本运营可分为存量资本运营和增量资本运营。

存量资本运营是指投入企业的资本形成资产后，企业以增值为目标而对这些资产进行出售、出租、置换或者以资产收购其他企业等经济活动。企业通过兼并、收购、租赁、破产等方式促进存量资本的合理流动和优化配置，是资本得以增值的必要环节。

增量资本运营是指企业对新增资本总量、结构、投向等的筹划和管理活动，实质上是企业的一种投资行为。新投放的资金如何去筹措也是增量资本运营的一个部分。显然，投资是为了获取收益，增量资本运营的目标也是实现企业资本的最大增值。

五、按资本的运动过程分类

按资本的运动过程，资本运营分为资本筹措、资本投资、资本扩张、资本流动和资本分配五种。

（一）资本筹措

资本筹措是资本运营的起点，是实现资本扩张的主要方式。这个环节主要有两方面内容。

1. 确定资本扩张的方式

资本扩张方式一般包括资本积聚和资本集中两种方式：

（1）资本积聚是指个别资本依靠资本积累来增大自己的资本总额，通常表现为生产资料和劳动力的增多。关于资本积累，马克思认为是"把剩余价值当作资本使用，或者说，把剩余价值转化为资本"。即资本积累就是资本所有者将利润再投资的过程，反映的是资本价值量的增多。资本积聚是资本积累的直接表现。在现实生活中，资本积累包括原始积累和运营中积累。原始积累是指资本积累的前期行为，即最初资本的来源；运营中积累是指自身的利润转化为投资以及通过各种融资渠道和方式获取的资本积累，通过融资进行的资本积累是更快速的一种资本膨胀。资本积累的特点是时间长、规模较小，产业革命后这种方式不再适应社会化大生产的要求，因而资本集中成为了资本扩张的主要方式。

（2）资本集中是指不同资本所有者之间的资本集合，不增加社会总资本量的情况下对社会资本的重新分配和优化配置。资本集中是市场经济走向成熟的标志之一，也是资本运营的重要前提和途径。它获得资本增多的速度比积聚快得多。

2. 优化资本结构

这里的优化资本结构是指优化资本来源的结构，比如，债务资本与权益资本的比例，债务资本中长短期债务的比例，权益资本中不同投资主体的资本比例等。注意防范负债过多或者债务期限结构不合理引发财务风险，权益资本结构过于分散导致被接管的风险，以及一股独大而引起资本浪费与经营失败的风险。

（二）资本投资

资本投资是资本运营主体对资本要素进行运营形成资产的一种行为。它既是资本转换的一种方式，也是对资本的使用。资本投资的根本目的是追求利润最大化，以最小的投入获取最大的产出。资本运营中对投资环节的原则：一是将资本用活，二是将资本用够。将资本用活意味着把资本按生产经营或企业的发展战略要求合理地分配到不同的产业、产品或生产环节，适时地提供资本，并能进行动态均衡；将资本用够是指不让资金闲置，但也不能浪费，把能支配的资金全部投放到能产生正收益的交易、项目或产品中去。

（三）资本扩张

在现代企业制度中，企业要实现资本扩张，就必须尽可能增强自身的资金吸纳能力，包括塑造良好的自身形象，用优质的产品去占领市场，用高的资本回报去获得投资者的信任。企业资本扩张的主要方式包括借贷、吸收直接投资、产权转让、收购、兼并、托管、租赁以及自我积累等。

(四) 资本流动

资本流动主要指资本形态的转换，如从实物形态转化为货币形态，由货币形态转化为实物形态，以及资本所有权、使用权的让渡。用多流向来描述资本流动可以指资本流入也可以指资本流出。资本流动的类型可以分为投资兴办企业、转让产权、购买有价证券、将资金贷出或借入资金，资本流动的方式有直接投资、证券投资、借贷信用等。通过资本流动可以实现资本结构的优化，包括长期债务资本和权益资本的比例优化、股权结构的优化、资本投资结构的优化。

(五) 资本分配

资本分配主要包括对资本的分配和对资本收益的分享。

资本的分配也即生产条件的分配，是指资本通过生产、交换、分配和消费等社会再生产的各个环节来表现自己对社会生产和再生产的支配作用，同时，资本的所有者也总是通过再生产的各个环节来实现自己的利益。

资本收益的分享是指把原本由资本全部获得的利润或资本的增值，拿出一部分以股权、利润的形式，奖励给那些劳动好、贡献大、经营有方的雇员，让不提供资本的劳动者也能分享资本的收益。

当然，资本运营还有其他分类，比如，从资本运营与企业功能相结合的角度看，资本运营可以分为资本增量投入型资本运营、管理增量投入型资本运营和技术增量投入型资本运营三类；根据资本运营所使用的资本市场来划分，有金融证券交易型资本运营、产权交易型资本运营、基金交易型资本运营和国际资本交易型资本运营。

第三节　资本运营的基本原则与资本运营控制

一、资本运营的基本原则

恩格斯曾指出"原则不是研究的出发点，而是它的最终结果"。这说明原则是有理论基础而又被实践所检验的可行依据。掌握资本运营的基本原则，是保证资本运营活动能有效运行，实现最大化资本增值的基本保证。这些原则包括：

(一) 资本系统整合原则

企业的资本由多种要素构成，各要素有机地结合成资本运转的各个环节，各个资本运转环节连接起来才构成资本系统的整体运动。资本运营就是资本系统的整体运动，因此为保证其正常运转，要求资本要素在各个运动环节要相互配合、相互衔接、相互关联、相互促进；同时作为系统，还需要对资本运营活动进行总体战略规划，并能根据环境的变化适当调整战略，从而在较长时间内让资本运营系统能发挥作用。

(二) 资本规模最优原则

资本规模大的企业具有规模经济、分散风险等优势，但也可能存在难管理、资金浪费、涉足领域多而导致资金效益差等劣势。规模太小的企业虽然具有好管理、集中主业、效率高等好处，但也存在积累慢、抗风险能力差等问题。所以，纯粹从资本规模大小看并无绝对标准，大规模不一定高收益，小规模不一定低效率。由此可见，资本运营不应追求最大规模，对某一个企业来说最合适规模即为其最优规模。评价是否最优规模的标准是考虑资本成本的边际资本利润最大化，即每增加一单位资本所带来的利润增长扣除资本成本后的净额最大化。

(三) 资本结构最优原则

资本结构是指在一定时期内，企业的资本问题中所包含的各要素的构成及其数量比例关系。从资本的筹集来看，资本结构表现为负债和所有者权益在筹资总量中的构成比例；从资本的投放来看，资本结构表现为固定资本和流动资本的比例关系；从资本的物质形态来看，资本结构表现为有形资本和无形资本的比例关系。最优的资本结构有两个评价标准：一是企业所控制的资本发挥最大作用，二是企业整体抵抗风险的能力最强。

(四) 资本运营开放原则

不像财务管理主要是从企业内部出发来安排资金运动的全过程，着重于利用企业的内部资源。资本运营的视角是全社会，面对整个世界市场、所有行业、所有部门和所有产品，其运营空间打破地域限制、行业限制、部门限制和产品限制，关注的是内部资源与外部资源的有机结合及最优配置，因而是更加开放的系统。

(五) 竞争力最大原则

资本运营的目标是获取资本的最大增值，而要实现最大增值，就要求企业具备最强的竞争力。这种竞争力不是产品市场中的较高占有额，也不是生产成本最低，而是包括生产效率最高、研发能力较强、可持续增长性最大在内的核心竞争力。资本运营涉及的范围广泛，如果不遵循竞争力最大原则，很容易陷入盲目扩张、摊子过大而导致一盘散沙、效率低下的困境。

（六）资本营运机会成本最小原则

资本投放的方向是可以改变的，资本运营中要保证资本能不断地从盈利能力低的部门退出并且畅通地进入盈利能力高的领域，也即常说的用活资本。

（七）资本的风险结构最优原则

一般地，投资风险大小与收益高低成正比，风险大的项目往往收益也高；反之，风险小的项目收益也低。企业的资本运营应该合理地投放资本，既要有风险大、收益高的项目也要有风险小收益低的项目，既保证资本的安全性，又不降低资本的增值性。

二、资本运营控制

（一）资本运营控制的概念与特点

1. 资本运营控制的概念

资本运营控制是按照资本运营目标，对资本运营状况进行检查、分析、评价其绩效，找出目标与绩效的偏差，采取有效措施，适时调节与控制，以实现资本运营目标的过程。该过程包括四个步骤：①根据资本运营目标，确定资本运营的绩效标准。可将行业标准、历史标准、经验数据或计划数据作为标准。②资本运营绩效的反馈。资本运营的绩效通过反馈通道反馈给计划部门。③资本运营绩效的评定。将实际指标与计划指标进行比较，找出偏差并分析产生偏差的制约因素和原因；当制约因素在现有条件下无法控制时应考虑修正目标和计划。④采取纠正措施。采取必要的措施纠正偏差，从而尽可能实现资本运营目标。可见，有效的资本运营控制是保证资本运营目标顺利实现的关键。

2. 资本运营控制的特点

资本运营控制的特点主要包括：①有明确的经营目标，并构成一个多指标综合体系；②施控主体是由资本所有者和资本经营者组成；③是一个完善的管理信息系统，具有信息收集、信息处理、信息储存和信息使用的功能；④是一个动态控制系统，为了能适应复杂多变的环境，资本运营控制过程中必须不断地对控制目标、控制活动进行调整，以便准确地评价资本运营活动的业绩。

（二）资本运营控制的内容

资本运营控制的内容由两方面构成：一是资本所有者对资本经营者的经营状况及效果的控制，二是资本经营者对资本运营全过程的控制。

1. 资本所有者对资本经营者的经营状况及效果的控制

在两权分离的情况下，资本所有者与经营者的关系是一种委托—代理关系，所有者是委托人，经营者是受托人也即代理人。在不分享资本增值的条件下，代理人的目标无非是增加薪酬、提升职位、避免风险、延长闲暇时间、追求在职高消费等。显然，这些目标要么增加委托人的成本，要么减少委托人的利益，与委托人追求资本收益最大的目标相背离。在代理人利益与委托人利益相互冲突的情况下，如果缺乏必要的监督和约束，代理人就有可能为了自身利益而损害委托人利益，这种利益损害就是代理成本。更关键的是，作为委托人的所有者远不如扎根企业内部的代理人所拥有的信息量多，代理人可以利用信息优势谋取私利，同时因为身处企业的便利可以通过他人无法察觉、无法推测的决策行为或管理活动摆脱委托人的监督和约束，从而使得代理成本无法避免只能尽可能减少。减少代理成本的途径包括建立和完善有效的约束机制及合理的激励机制。

"约束"原指对物体位置及其运动条件所加的限制。对经营者的约束包括内部约束与外部约束。内部约束也称产权约束，是通过公司法人治理结构中的制衡机制对经营者行为进行限制。规范的公司法人治理结构通常包括三个层次：①股东大会。它是非常设的公司权力机构，由全体股东组成，股东作为所有者掌握最终控制权，决定着董事会人选，股东按照其出资比例行使表决权。②董事会和经理层。董事会是公司的常设机构，拥有支配公司法人财产的权力，并有任命和指挥经营者的权力；经理层受聘于董事会，负责企业的日常经营，在董事会授权范围内有决策权。③监事会。它是公司的监督机构，由股东代表和适当比例的职工代表组成，对董事、经理行为行使监督权。外部约束也称市场约束，主要包括：①商品市场约束。这是指在商品市场上，因消费者对产品的选择而对经营者施加的影响。当企业产品质量不佳、价格欠优、不合需求时，企业收入大减，利润下降甚至出现亏损，经营者面临被解聘的命运。②资本市场约束。这主要指股票市场上因股东的选择和被接管风险而对经营者的约束。当企业经营不善，股东预期报酬难以实现，选择抛售公司股票，引起股价大跌，企业被接管的风险增大，经营者就难保其位。③经理人市场约束。这是指经营者业绩不佳时面临着被企业外部的经理人阶层取而代之的压力。这种压力迫使在职的经理人必须全力以赴经营好企业，以避免被解聘、被取代的厄运。由此可见，不断完善企业内外部的约束机制可以减少代理人的机会主义行为，从而提高资本所有者的增值。

激励机制主要是通过对经营者的报酬形式——工资、资金和股权等进行合理组合，使经营者对个人利益最大化的追求从属于对公司价值最大化的追求，让经营者不仅重视近期的利润，还关注远期利润的增长潜力。如年薪制、股票期权、经营者持股、业绩股票等，都是典型的调动经营者的积极性从而减少代理成本的激励机制。

2. 资本经营者对资本运营全过程的控制

经营者对资本运营全过程的控制包括对投资决策、资产经营过程、资本运营绩效、经营收益分配等全过程的控制。对投资决策的控制是指为保证决策的正确性，在项目正式投资前，要进行可行性研究，项目运行中要实时考察预期收益的完成情况，保证投资目标顺利实现；对资产经营过程的控制包括对实体资产经营、金融资产经营和产权资本运营等过程的控制，具体要分析各种资产是否正常周转、与计划是否吻合、与既定目标有否偏差，原因何在，从而及时采取纠正措施；对资本运营绩效的控制，主要是通过评价指标如资本周转率、流动比率、负债比率等对实际资本运营状况进行经常的监督、考核和调控，及时了解资本运营过程，发现问题，采取措施，保证达到预期的经营成果；对资本运营收益分配的控制，是指资本运营的总体成果在国家、投资者、债权人及企业之间分配的过程中，要综合考虑各方利益，检查分配方案实施情况，发现可能存在的问题并进行适时调整，以兼顾投资人的回报率与企业增长。

（三）资本运营控制指标体系的设计

1. 资本运营控制指标体系的设计原则

（1）目的性原则。设计的各个评价指标主要服务于对资本运营绩效的反映，要满足资本所有者、企业债权人及企业经营者的目标要求，但不可以不分主次。

（2）可比性原则。评价指标体系中的每一个指标要适合于横向和纵向比较。可比性还包含通用性，即设计的指标在不同行为、不同性质的企业都可以使用。

（3）可操作性原则。可操作性原则是指评价指标的计算方法明确、简捷，易于操作；数据的获取也比较方便、准确，不涉及企业的商业机密。

2. 资本运营控制指标体系

资本运营控制指标体系可分为反映资本运营绩效的指标、反映资本运营总体效益的指标和反映资本运营风险性的指标三类。

（1）反映资本运营绩效的指标。主要包括以下两项指标：

①所有者权益收益率（ROE），反映投资者投入资本的盈利能力。该指标值越大说明投入资本的获利能力越强。其计算公式为：

所有者权益收益率 = 净利润/所有者权益平均余额

②总资产收益率（ROA），反映企业运用全部资产获取利润的能力。其计算公式为：

总资产收益率 = 息税前利润/总资产平均余额

（2）反映资本运营总体效率的指标。主要包括以下两项指标：

①销售净利率，反映企业销售收入的获利水平。其计算公式为：

销售净利率 = 利润净额 / 销售收入

②存货周转率，用于衡量企业在一定时期内存货的周转次数，反映企业对存货管理的水平。其计算公式为：

存货周转率 = 销售成本 / 存货平均余额

（3）反映资本运营风险性的指标。主要包括以下两项指标：

①资产负债率，是指企业全部资金中有多大比例是通过借债而筹集的，反映了资产对负债的保障程度。该指标值越高说明借入资金越多，企业可能面临不能偿债的风险。其计算公式为：

资产负债率 = 负债 / 总资产

②流动比率，是衡量企业在某一时点偿付到期债务能力的指标。其计算公式为：

流动比率 = 流动资产 / 流动负债

（四）资本运营控制信息系统

资本运营控制信息系统是按照资本运营控制的目标和规划，实现对资本运营信息进行采集、加工、存储、检索等功能的系统。该系统的目的是提供信息服务，因而应该具备一定的条件，主要包括：

1. 适用性

资本运营信息系统是企业控制资本运营过程的信息系统，那么信息的种类、范围、内容、详细程度、需求频率等都要服从于决策者的需要，以便于他们通过信息掌握资本运营的真实状况，帮助其正确判断是否偏离规划及偏离的原因。杂乱无章、毫不相干的信息只会干扰信息使用者，适用的信息才是有效的资源。

2. 适时性

信息的传递必须及时，否则就会失去应用价值。过时的信息可能导致错误的判断从而给企业造成损失。资本运营控制是全过程、全方位的控制，因而信息必须及时传递到相关部门或人员，以利于他们立即发现问题、迅速解决问题，不至于影响到整个系统的效率。

3. 经济性

资本运营控制信息系统提供的信息要适度，不能过多也不能过少。信息太多太泛一方面增加收集、传递成本，另一方面还会造成决策者识别信息的困难；信息太少又让决策者缺少分析判断的依据，容易引起决策失误，给企业带来损失。

思考题：

1. 什么是资本，其功能具体表现在哪里？

2. 什么是资本运营，它有哪些特点？其与生产经营的关系如何？

3. 资本运营的内容包括哪些？

4. 如何对企业资本运营进行控制？

第二章 资本市场

学习目的：通过本章学习，掌握资本市场的主要内容；理解股票市场的性质与职能，掌握股票市场的分类及作用；掌握债券市场的分类与功能，了解政府债券市场的主要类别；了解基金市场的分类、优势与劣势，熟悉基金组织和基金风险；了解长期信贷市场发展的原因及其作用，掌握长期信贷市场的构成主体，熟悉主要的信贷市场工具；了解内部资本市场的内涵、功能，理解内部资本市场边界的影响因素。

第一节 股票市场

一、股票市场的起源

股票是社会化大生产的产物，至今已有将近四百年的历史。随着人类社会进入社会化大生产时期，企业经营规模扩大与资本需求不足的矛盾日益突出，于是产生了以股份公司形态出现的，股东共同出资经营的企业组织；股份公司的变化和发展产生了股票形态的融资活动；股票融资的发展产生了股票的交易需求；股票的交易需求促成了股票市场的形成和发展；而股票市场的发展最终又促进了股票融资活动和股份公司的完善和发展。所以，股份公司、股票融资和股票市场是相互联系、相互作用、共同发展的。

股票最早出现于资本主义国家。在 17 世纪初，随着资本主义大工业的发展，企业生产经营规模不断扩大，由此而产生的资本短缺、资本不足便成为制约资本主义企业经营和发展的重要因素之一。为了筹集更多的资本，于是，出现了以股份公司形态、由股东共同出资经营的企业组织，进而又将筹集资本的范围扩展至社会，产生了以股票这种表示投资者投资入股，并按出资额的大小享受一定的权益和承担一定的责任的有价凭证，并向社会公开发行，以吸收和集中分散在社会上的资金。

股票交易市场远溯到 1602 年，荷兰人开始在阿姆斯特河的桥上买卖荷属东印度公司股票，这是全世界第一只公开交易的股票，而阿姆斯特丹证券交易所则是世界最早的股票交易所。在那里挤满了等着与股票经纪人交易的投资人，甚至惊动警察进场维持秩序。荷兰的投资人在第一个股票交易所投资了上百万荷币，只为了求得拥有这家公司的股票，以彰显身份的尊荣。

而股票市场起源于美国，至少已有两百年以上的历史，至今仍十分活跃。它是供投资者集中进行股票交易的场所，交易的证券种类非常繁多。大部分国家都有一个或多个股票交易所。

纽约证券交易所是美国规模最大、最古老、最有人气的市场。它已有二百多年的历史，大部分历史悠久的"财富 500 强"都在纽约证券交易所挂牌。在纽约证交所，经纪人依客户所开的条件在场内走动叫喊公开寻找买卖主，但其本身不左右价格。

二、股票市场的分类

（一）根据市场的功能，股票市场可分为发行市场和流通市场

发行市场是通过发行股票进行筹资活动的市场，一方面为资本的需求者提供筹集资金的渠道，另一方面为资本的供应者提供投资场所。发行市场是实现资本职能转化的场所，通过发行股票，把社会闲散资金转化为生产资本。由于发行活动是股市一切活动的源头和起始点，故又称发行市场为"一级市场"。

流通市场是已发行股票进行转让的市场，又称"二级市场"。流通市场一方面为股票持有者提供随时变现的机会，另一方面又为新的投资者提供投资机会。与发行市场的一次性行为不同，在流通市场上股票可以不断地进行交易。

发行市场是流通市场的基础和前提，流通市场又是发行市场得以存在和发展的条件。发行市场的规模决定了流通市场的规模，影响着流通市场的交易价格。没有发行市场，流通市场就成为无源之水、无本之木。在一定时期内，发行市场规模过小，容易使流通市场供需脱节，造成过度投机，股价飙升；发行节奏过快，股票供过于求，对流通市场形成压力，股价低落，市场低迷，反过来影响发行市场的筹资。所以，发行市场和流通市场是相互依存、互为补充的整体。

（二）根据市场的组织形式，股票市场可分为场内交易市场和场外交易市场

股票场内交易市场是股票集中交易的场所，即股票交易所。有些国家最初的股票交易所是自发产生的，有些则是根据国家的有关法规注册登记设立或经批准设立的。今天的股票交易所有严密的组织、严格的管理，并有进行集中交易的固定场所。在许多国家，交易所是股票交易的唯一合法场所。在我国，

1990 年底，上海证券交易所正式成立，深圳证券交易所也开始试营业。

股票场外交易市场是在股票交易所以外的各证券交易机构柜台上进行的股票交易市场，所以也叫做柜台交易市场。随着通信技术的发展，一些国家出现了有组织的、并通过现代化通信与电脑网络进行交易的场外交易市场，如美国的全美证券商协会自动报价系统（NASDAQ）。由于我国的证券市场还不成熟，目前还不具备发展场外交易市场的条件。

（三）根据投资者范围不同，股票市场可分为 A 股市场和 B 股市场

根据投资者范围不同，我国股票市场还可分为境内投资者参与的 A 股市场和专供境外投资者参与的 B 股市场。

三、股票市场的性质与职能

通过股票的发行，一方面大量的资金流入股市，又流入发行股票的企业，促进了资本的集中，提高了企业资本的有机构成，大大加快了商品经济的发展；另一方面通过股票的流通，使小额的资金汇集起来，又加快了资本的集中与积累。所以股市二级市场一方面为股票的流通转让提供了基本的场所；另一方面也可以刺激人们购买股票的欲望，为一级股票市场的发行提供保证。同时由于股市的交易价格能比较客观地反映出股票市场的供求关系，股市也能为一级市场股票的发行提供价格及数量等方面的参考依据。

股票市场的职能反映了股票市场的性质。在市场经济社会中，股票市场有如下四个方面的职能：

（一）积聚资本

上市公司通过股票市场发行股票来为公司筹集资本。上市公司将股票委托给证券承销商，证券承销商再在股票市场上发行给投资者。而随着股票的发行，资本就从投资者手中流入上市公司。

（二）转让资本

股市为股票的流通转让提供了场所，使股票的发行得以延续。如果没有股市，我们很难想象股票将如何流通，这是由股票的基本性质决定的。当一个投资者选择银行储蓄或购买债券时，他不必为这笔钱的流动性担心。因为无论如何，只要到了约定的期限，他都可以按照约定的利率收回利息并取回本金，特别是银行存款，即使提前去支取，除本金外也能得到少量利息，总之，将投资撤回、变为现金不存在任何问题。但股票就不同了，一旦购买了股票就成为了企业的股东，此后，投资者既不能要求发行股票的企业退股，也不能要求发行企业赎回。如果没有股票的流通与转让场所，购买股票的投资就变成了一笔死钱，即使持股人急需现金，股票也无法兑现。这样人们对购买股票就会有后顾之忧，股票的发行就会出现困难。有了股票市场，股民就可以随时将持有的股票在股市上转让，按比较公平与合理的价格将股票兑现，使死钱变为活钱。

(三) 转化资本

股市使非资本的货币资金转化为生产资本，它在股票买卖者之间架起了一座桥梁，为非资本的货币向资本的转化提供了必要的条件。股市的这一职能对资本的追加、促进企业的发展有着极为重要的意义。

(四) 给股票赋予价格

股票本身并无价值，虽然它也像商品那样在市场上流通，但其价格的多少与其所代表的资本的价值无关。股票的价格只有在进入股票市场后才能表现出来。股票在市场上流通的价格与其票面金额不同，票面金额只是股票持有人参与红利分配的依据，不等于其本身所代表的真实资本价值，也不是股票价格的基础。在股票市场上，股票价格有可能高于其票面金额，也有可能低于其票面金额。股票在股票市场上的流通价格是由股票的预期收益、市场利息率以及供求关系等多种因素决定的。但即使这样，如果没有股票市场，无论预期收益如何，市场利率有多大的变化，也不会对股票价格造成影响，所以股票市场具有赋予股票价格的职能。

在股市中，由于股价的走向取决于资金的运动。资金实力雄厚的机构大户能在一定程度上影响甚至操纵股价的涨跌。他们可以利用自身的资金实力，采取多种方式制造虚假的行情而从中获利，因而使得股票市场有投机的一面。但这并不能代表股票市场的全部，不能反映股票市场的实质。

对于股票市场上的投机行为要进行客观的评价。股票市场上的种种投机行为固然会对商品经济的发展产生很大的副作用，但不可忽视的是，投机活动也是资本集中的一个不可缺少的条件。我们应该认识到，正是由于投机活动有获得暴利的可能，才刺激了某些投资者，使其将资金投入股票市场，从而促进资本的大量集中，使货币资金转化为资本。

四、股票市场的作用

(一) 对国家经济发展的作用

（1）可以广泛地动员、积聚和集中社会的闲散资金，为国家经济建设发展服务，扩大生产建设规模，推动经济的发展，并收到"利用内资不借内债"的效果。

（2）可以充分发挥市场机制，打破条块分割和地区封锁，促进资金的横向融通和经济的横向联系，提高资源配置的总体效益。

（3）可以为改革和完善我国的企业组织形式探索一条新路子，有利于不断完善我国的全民所有制企业、集体企业、个人企业、三资企业和股份制企业的组织形式，更好地发挥股份经济在我国国民经济中的地位和作用，促进我国经济的发展。

（4）可以促进我国经济体制改革的深化发展，特别是股份制改革的深入发展，有利于理顺产权关系，使政府和企业能各就其位、各司其职、各用其权、各得其利。

（5）可以扩大我国利用外资的渠道和方式，增强对外的吸纳能力，有利于更多地利用外资和提高利用外资的经济效益，收到"用外资而不借外债"的效果。

（二）对股份制企业的作用

（1）有利于股份制企业建立和完善自我约束、自我发展的经营管理机制。

（2）有利于股份制企业筹集资金，满足生产建设的资金需要，而且由于股票投资的无期性，股份制企业对所筹资金不需还本，因此可长期使用，有利于保证企业的持续经营和扩大再生产。

（三）对股票投资者的作用

从股票投资者的角度来说，其作用在于：

（1）可以为投资者开拓投资渠道，扩大投资的选择范围，适应其多样性的投资动机、交易动机和利益的需求。一般来说股票市场能为投资者提供获得较高收益的可能性。

（2）可以增强投资的流动性和灵活性，有利于投资者股本的转让出售交易活动，使投资者随时可以将股票出售变现，收回投资资金。股票市场的形成、完善和发展为股票投资的流动性和灵活性提供了有利的条件。

（四）股票市场的不利影响

股票市场的活动对股份制企业、股票投资者以及国家经济的发展也有不利影响的一面。股票价格的形成机制是颇为复杂的，多种因素的综合利用和个别因素的特殊作用都会影响到股票价格的剧烈波动。股票价格既受政治、经济、市场因素的影响，也受技术和投资者行为因素的影响，因此，股票价格经常处在频繁的变动中。股票价格频繁的变动扩大了股票市场的投机性活动，使股票市场的风险性增大。

股票市场的风险性是客观存在的，这种风险性既能给投资者造成经济损失，也可能给股份制企业以及国家的经济建设产生一定的副作用。这是必须正视的问题。

第二节 债券市场

一、债券市场的定义

债券市场是发行和买卖债券的场所，是金融市场的一个重要组成部分。债券市场是一国金融体系中不可或缺的部分。一个统一成熟的债券市场可以为全社会的投资者和筹资者提供低风险的投融资工具。债券的收益率曲线是社会经济中一切金融商品收益水平的基准，因此债券市场也是传导中央银行货币政策的重要载体。可以说，统一成熟的债券市场构成了一个国家金融市场的基础。

二、债券市场的形成

债券市场可分为许多子市场，因而其形成的原因既有共性，也有个性。从共性来看主要有以下三个方面的原因：

1. 不管是政府还是企业，都需要通过债券市场筹集长期的、稳定的资金，以进行基础建设和扩大再生产

在资本主义经济发展的初期，商业银行一般只进行短期的、周转性的资金融通，主要发放以商品流转及贸易为对象的自偿性和周转性贷款，因而也难以满足政府和企业对长期资本的要求，于是就产生了通过市场直接筹集长期资金的需求。与此同时，个人及一部分工商企业、金融机构也拥有一些长期、稳定的货币收入可供进行长期的储蓄或投资。政府和企业为取得长期性资金融通，以社会公众的长期储蓄弥补自己长期性资金的不足；同时，社会公众也希望将其稳定的货币收入或长期的储蓄转化为长期性的投资，在保证安全的前提下，实现增值。由此就产生了政府债券、企业债券等长期性资金融通的工具，形成了政府债券市场、企业债券市场等。

2. 通过债券市场直接进行资金融通，对债券的发行者来说可以取得长期稳定性的资金，而对债券的认购者或投资者来说，则可以实现盈利性与流动性的协调统一

显而易见，通过发行债券这种具有期限性和利息契约的债务证券，发行者可以取得不同期限和成本的资金，债券只有到期时才履行偿付本息的义务，到期前持有者无权索取本息。这样，债券发行者所取得的资金既是稳定的，也可以被其较长期地占有和使用。对债券的认购者或投资者来说，这部分资金既可

以作为长期性投资以寻求较高的利息收益，也可以在到期前在市场上转让，并不影响自己对流动性与安全性的追求，从而实现盈利性、流动性和安全性的协调统一。

3. 通过债券市场进行融资，可以使借贷或资金供求双方的地位发生质的变化

企业向银行申请贷款时，银行与企业之间是一种借贷关系。银行作为贷者处于主动地位，企业作为借者则处于被动地位，贷与不贷完全取决于银行的判断与决策。此外，公众存款者与银行的关系也是一种借贷关系。公众作为存款人或资金的贷者处于主动地位，存与不存、存多长时间、存多少金额、什么时候提取，以及提取多少，完全取决于存款者的意愿，银行不能拒绝和干涉。银行作为资金的借者，则处于被动地位，需要通过优质的服务和条件吸引稳定存款人。

然而，通过债券市场进行融资，政府、企业、金融机构作为债券的发行人，个人作为债券的认购人或投资人，两者的地位就发生了根本性的变化，它们之间不再是一种借贷关系、主动与被动的关系，而是一种买卖关系，公平、平等、公开竞争的关系，是一种具有法律保证的契约关系。政府、企业、金融机构作为债券的发行人或筹资人，只承诺和履行债券到期时支付本息的责任，债券认购者或持有者不能在债券到期前要求发债人偿付本息，如果临时急需现金，可在债券二级市场上转让变现。且莫轻看这种关系，因为它赋予借贷关系"市场"的内容，从而也赋予债券市场买卖各方平等的、公平竞争的契约关系。从债券市场形成的特殊性（个性）来看，国债市场的形成，除了政府需要筹集资金弥补财政赤字外，政府也需要通过向社会发行公债，干预和调节经济活动，管理宏观经济运行，增加基础投资，增加就业等；同时这也为中央银行通过市场机制间接调控货币供应量，割断财政直接向中央银行借款、透支，直接增加中央银行基础货币投放及扩大货币供应总量，创造了必要的前提条件。

企业债券市场的形成，除了企业可以筹集到长期、稳定的资金，进行扩大再生产外，企业发行债券还可以取得降低筹资成本、改善企业资产负债结构等益处。此外，企业发行债券也有利于提高企业的知名度，扩大企业的影响力，从而有利于企业扩大商品市场，增强竞争力。金融债券市场的形成，除了商业银行及政策性银行需要筹集长期、稳定性资金，以进行长期性资金运用外，它们也需要通过发行债券，改善资产负债结构、提高负债的证券化程度，以及取得不受存款利率限制及免交存款准备金等益处。

三、债券市场的分类

1. 根据债券的运行过程和市场的基本功能，债券市场可以分为发行市场和流通市场

债券发行市场，又称一级市场，是发行单位初次出售新债券的市场。债券发行市场的作用是将政府、金融机构以及工商企业等为筹集资金向社会发行的债券，分散发行到投资者手中。

债券流通市场，又称二级市场，指已发行债券买卖转让的市场。债券一经认购，即确立了一定期限的债权债务关系，但通过债券流通市场，投资者可以转让债权，把债券变现。

债券发行市场和流通市场相辅相成，是互相依存的整体。发行市场是整个债券市场的源头，是债券流通市场的前提和基础。发达的流通市场是发行市场的重要支撑，流通市场的发达是发行市场扩大的必要条件。

2. 根据市场组织形式，债券流通市场又可进一步分为场内交易市场和场外交易市场

证券交易所是专门进行证券买卖的场所，如我国的上海证券交易所和深圳证券交易所。在证券交易所内买卖债券所形成的市场，就是场内交易市场。这种市场组织形式是债券流通市场的较为规范的形式，证券交易所作为债券交易的组织者，本身不参加债券的买卖和价格的决定，只是为债券买卖双方创造条件，提供服务并进行监管。

场外交易市场是在证券交易所以外进行证券交易的市场。柜台市场为场外交易市场的主体。许多证券经营机构都设有专门的证券柜台，通过柜台进行债券买卖。在柜台交易市场中，证券经营机构既是交易的组织者，又是交易的参与者。此外，场外交易市场还包括银行间交易市场，以及一些机构投资者通过电话、电脑等通信手段形成的市场等。目前，我国债券流通市场由三部分组成，即沪深证券交易所市场、银行间交易市场和证券经营机构柜台交易市场。

3. 根据债券发行地点的不同，债券市场可以分为国内债券市场和国际债券市场

国内债券市场的发行者和发行地点同属一个国家，而国际债券市场的发行者和发行地点不属于同一个国家。

四、债券市场的功能

债券市场在社会经济中占有重要的地位，因为它具有以下五项重要功能：

1. 融资和投资功能

一方面，债券市场作为金融市场的一个重要组成部分，具有使资金从资金剩余者流向资金需求者，为资金不足者筹集资金的功能。以我国为例，政府和企业先后发行多批债券，为弥补国家财政赤字和推进经济建设筹集了大量资金，其中包括三峡工程、上海浦东新区建设、京九铁路、沪宁高速公路、北京地铁、北京西客站等能源、交通重点建设项目以及城市公用设施建设。另一方面，债券市场为各类投资者提供了又一投资渠道，特别是保险资金、社保基金、养老基金、企业年金等，比较适合追求稳定收益的投资者。

2. 资源配置功能

效益好的企业发行的债券通常较受投资者欢迎，因而发行时利率低，筹资成本较低；相反，效益差的企业发行的债券风险相对较大，受投资者欢迎的程度较低，筹资成本较高。因此，通过债券市场，资金得以向优势企业集中，从而有利于资源的优化配置。

3. 宏观调控功能

一国中央银行作为国家货币政策的制定与实施部门，主要依靠存款准备金、公开市场业务、再贴现和利率等政策工具进行宏观经济调控。其中，公开市场业务就是中央银行通过在证券市场上买卖国债等有价证券，从而调节货币供应量，实现宏观调控的重要手段。在经济过热需要减少货币供应量时，中央银行卖出债券，收回金融机构或公众持有的一部分货币，从而抑制经济的过热运行；当经济萧条需要增加货币供应量时，中央银行便买入债券，增加货币的投放。

4. 提供市场基准利率的功能

从国际金融市场的一般运行规律来看，在比较健全的金融市场上，有资格成为基准利率的只能是那些信誉高、流通性强的金融产品的利率，而国债利率一般被视为无风险资产的利率，被用来为其他资产和衍生工具进行竞价的基准。而只有一个高流动性的、开放的、价格发现机制成熟的国债市场才能提供一个有意义的市场基准利率。

5. 防范金融风险的功能

一个较为完备的债券市场可以有效地降低一国金融系统的风险。一个高流动性的、开放的国债市场不仅提供了市场基准利率，同时也是本币国际化的重要支撑。金融债券的发行也可以极大地补充银行的附属资本，尤其是次级债券的发行使得银行不仅获得了中长期资金来源，并且在股东之外还增加了债权人的约束，有利于银行的稳健经营。债券市场上投资者的行为高度市场化，企业债务的不履行将迅速导致债权人"用脚投票"，使得企业无度融资的冲动受到有效遏制。在债券融资的背景下，公司一旦出现债务不履行，会迅速导致公司在投资人群体中的名誉损失，并且通过债券市场信息披露会使广大社会公众掌握公司的信誉，使这种惩罚自动扩散到整个社会。

五、政府债券市场

政府债券市场在许多国家都是最主要的债券市场，政府债券的发行和交易的数量都比较巨大。一般来说，政府债券市场可以分为短期国债市场、长期国债市场及地方政府债券市场。

（一）短期国债市场

短期国债市场，顾名思义即短期政府公债发行和流通的市场。在英美各国，短期公债又称国库券，因而短期国债市场又称国库券市场。国库券市场是货币市场的重要组成部分。

国库券的期限一般都在 1 年以内，尤以 3、6、9 个月为多。在一些国家如日本，国债也有 2 个月的。各国政府发行短期国债，主要是为满足先支后收而产生的临时性财政资金需要。由于短期国债以国家信用作担保，不存在或基本上不存在信用风险，而且期限较短，流动性较强，同时又可以获得高于同期存款的利息，因此，短期国债已成为金融市场上十分抢手的投资工具。

短期国债的发行方式多以拍卖方式进行，即由财政部公布发行数额，投资者或承销商投标，提出认购的数量和认购价格，发行人根据投资情况，按一定规则进行配售。从各国情况来看，美国的短期国债市场最为发达和典型。在美国，不仅国库券的发行数量大、发行频率十分高，而且从发行到流通都有完备的系统和制度。

新发行的国库券主要为中央银行、大的商业银行、众多的机构投资者及证券承销商所认购，公司、地方政府、外国银行和个人也是重要的投资者。在这里，中央银行、商业银行和证券承销商并不完全是为自己购买。中央银行认购主要是为了进行公开市场操作；商业银行购买主要是为了调节流动性资产储备，实现流动性与盈利性的协调平衡，同时也代理客户进行国库券买卖；证券承销商认购国库券，一部分属于自营性买卖，另一部分则为客户买卖作代理。

国库券的发行均采用公募投标方式进行。投标有竞争性投标和非竞争性投标两种方法。

所谓竞争性投标，是指国库券投资者希望用较有利的价格买入所希望买入的一定数量的国库券时所进行的投标，这种投标通常由银行及证券经纪商以及其他机构投资者参加。竞争性投标书必须标明认购的数量和认购价格，参加该投标的机构往往会因为投标价格低于其他投标者的出价而买不到国库券。因为国库券是折价或低于面值发行的，所以投标价格总要低于票面额，否则无利可图。

所谓非竞争性投标，是指国库券投资者愿意用中等水平的价格，获得希望得到的一定数量的国库券时所进行的投标。非竞争性主要是指在价格上不参与竞争，投标书只标明数量而不标明价格，成交时以财政部门所接受的竞争性投标价格的平均数作为成交价格。一些小的公司和机构投资者及个人投资者多采用非竞争性投标。

（二）长期国债市场

所谓长期国债市场，是指 1 年以上中央政府公债发行和流通的市场。中央政府发行长期国债，主要用于筹集长期稳定性资金，弥补中央政府财政支出的不足，为政府资助公共基础建设及长期经济开发项目提供资金。

长期国债多采用公开方式发行，但不同国债公开发行的程序和销售方式又有不同。最主要的发行方式有以下三种：

1. 拍卖投标发行

这种方式是由财政部公布发行数量，由大的投资者和政府证券经销商向财政部投标，投标内容包括认购价格（利率）和认购数量（非竞争性投标不提出价格，只提出数量），然后根据投标价格高低和投标性质向投标人分发债券。

2. 中央银行包销，即财政部所发债券由中央银行认购，然后卖给投资者

中央银行通常不会包销全部债券，因为一些有闲置资金的感兴趣的投资者在政府发债之前已经预先订购了一部分，中央银行只需包销其余下的部分。英国的政府公债基本上采取这种方式。

3. 通过推销人员推销

各国国债发行基本上都是由中央银行代理进行推销。国债推销团多由中央银行组织，既可由银行组成，也可由证券公司组成，最常见的还是由两方面混合组成。推销人一旦与发行人就有关条件达成一致，即可着手推销国债。

就这种发行方式而言，债券的利率、期限、认购价格、付款时间等均由财政部在发行前决定，投资者提出认购单，标明愿意认购的数额。为了促进债券的销售，财政部可以制定较高的利率或较低的认购价格。如果认购额超过发行额，则采取按一定比例分配的方式。

（三）地方政府债券市场

地方政府为促进本地区的经济发展，加快基础设施建设和经济开发，除了税收收入外，还需要筹集大量的资金，以弥补地方财政收入的不足。筹集资金的一个重要渠道，就是发行地方政府债券，也叫地方债，从而形成地方政府债券市场。地方政府债券可以分为普通债券和收益债券，普通债券以地方政府的

税收作为担保，其偿还也是从地方政府的税收中支付；收益债券一般用于地方政府的特别项目，其本息偿还依赖于这些项目的收益。

同公司债券相比，地方政府债券的最重要特点就是可以免税。在美国，州和州之间可以互相免税，以鼓励互购地方政府债券。地方政府债券通常根据地方的有关法律发行。这类法律规定地方财政部门可以代表当地政府根据可预计的收入来源发行地方政府债券。地方政府债券的发行必须精确地预计未来的收入，从而保证还款来源。在预测的基础上，地方政府将债券的发行纳入预算，其方案经地方议会通过，由地方政府的行政长官批准执行后，即可从事地方政府债券的发行。

地方政府债券一般采用公募的发行方式，也可以与小的投资团体达成协议进行私募。公募债券发行通常由投资银行、商业银行及证券承销商组成承销团来包销，有的则由证券公司等推销。包销发行可以由包销商或包销团进行包销数额和包销价格的投标，也可以由发行者与承销商直接磋商有关包销条件。

与中央政府相比，虽然地方政府也具有相当高的信用地位，因为它在该地区内有各种税收权力，但即便如此，也很难保证其不出现违约风险。所谓违约风险就是指地方政府对所发行的债券到期难以偿还。普通债券以地方税收收入作为担保，收益债券以项目收益来保证偿还，但是一旦出现地方税收收入下降，项目收益不好，那么这些债券的保证就会受到损害，使风险增大，尤其在经济衰退、萧条时，这种风险就更大。中央和地方政府债券的转让流通市场远不如短期国债的二级市场活跃，也不如其发行市场发达。这是因为，认购长期政府债券多是用剩余资金，是为追求高收益而进行的长期性投资。其转让流通的主要形式及程序类似于公债债券。

第三节　基金市场

一、投资基金的定义

证券投资基金指一种利益共享、风险共担的集合证券投资方式，即通过发行基金单位，集中投资者的资金，由基金托管人托管，由基金管理人管理和运用资金，从事股票、债券等金融工具投资。

国际经验表明，基金对引导储蓄资金转化为投资、稳定和活跃证券市场、提高直接融资的比例、完善社会保障体系、完善金融结构具有极大的促进作用。我国证券投资基金的发展历程也表明，基金的发展与壮大，推动了证券市场的健康稳定发展和金融体系的健全完善，在国民经济和社会发展中发挥着日益重要的作用。

二、投资基金的分类

1. 投资基金按组织形式，可分为契约型基金和公司型基金

（1）契约型基金。契约型基金，又称为单位信托基金，是指投资者、管理人、托管人三者作为基金的当事人，通过签订基金契约的形式发行受益凭证而设立的一种基金。它是基于契约原理而组织起来的代理投资行为，没有基金章程，也没有公司董事会，而是通过基金企业来规范三方当事人的行为。基金管理人负责基金的管理操作。基金托管人作为基金资产的名义持有人，负责基金资产的保管和处置，对基金管理人的运作进行监督。

（2）公司型基金。公司型基金，又称共同基金，指基金本身为一家股份有限公司，公司通过发行股票或受益凭证的方式来筹集资金，然后在由公司委托一家投资顾问公司进行投资。

2. 按照基金受益凭证可否赎回和买卖的方式，可分为开放式基金和封闭式基金

（1）开放式基金。开放式基金是指基金发行总额不固定，基金单位总数随时增减，投资者可以按基金的报价在国家规定的营业场所申购或者赎回基金单位的一种基金。

（2）封闭式基金。封闭式基金是指事先确定发行总额，在封闭期内基金单位总数不变，基金上市后投资者可以通过证券市场转让、买卖基金单位的一种基金。

3. 按照基金的投资对象，可分为股票基金、债券基金和货币市场基金

（1）股票基金。股票基金是指主要投资于股票市场的基金。这是一个相对的概念，并不是要求所有的资金买股票，也可以有少量资金投入到债券或其他的证券，我国有关法规规定，基金资产的不少于20%的资金必须投资国债。一个基金是不是股票基金，往往要根据基金契约中规定的投资目标、投资范围来判断。国内所有上市交易的封闭式基金及大部分的开放式基金都是股票基金。

（2）债券基金。债券基金是指全部或大部分投资于债券市场的基金。假如全部投资于债券，可以称为纯债券基金，如华夏债券基金。假如大部分基金资产投资于债券，少部分投资于股票，可以称为债券基金，如南方宝元债券基金，其规定债券投资占基金资产45%~95%，股票投资占基金资产0~35%，股市不好时，则可以不持有股票。

（3）货币市场基金。货币市场基金是投资于银行定期存款、商业本票、承兑汇票等风险低、流通性高的短期投资工具的基金品种，因此具有流通性好、低风险与低收益的特性。

4. 按照风险收益程度的不同，分为成长型基金、收益型基金和平衡型基金

（1）成长型基金。成长型基金是基金中最常见的一种。该类基金资产是长期增值的。为了达到这一目标，基金管理人通常将基金资产投资于信誉度较高的、有长期成长前景或长期盈余的公司的股票。

（2）收益型基金。收益型基金是指主要投资于可带来现金收入的有价证券。该类基金以获取当期的最大收入为目的。收益型基金资产成长的潜力较小，损失本金的风险相对也较低，一般可分为固定收益型基金和权益收益型基金。

（3）平衡型基金。平衡型基金是指投资目标是既要获得当期收入，又要追求长期增值的基金，通常该类基金把资金分散投资于股票和债券，以保证资金的安全性和盈利性。

三、投资基金的优势

（1）小额投资，费用低廉。
（2）组合投资，分散风险。
（3）专家理财，省心省事。
（4）流动性高，变现性强。
（5）种类繁多，任意选择。

四、投资基金的局限性

（1）投资基金可以进行组合投资，分散风险，却不能完全消除风险。
（2）在股票市场整体行情看淡时，证券投资基金的表现可能比股市还差。
（3）不排除基金经理人管理不善或投资失误情况的存在，这样会使投资者蒙受损失。
（4）基金适宜中长期投资，对于短线买卖者，由于买卖都须支付一定的手续费，会增大投资成本。

五、我国国内证券投资基金的作用

（1）投资基金为中小投资者拓宽了投资渠道。
（2）投资基金的发展有利于证券市场的稳定。
（3）投资基金有力地推动了证券市场的发展。
（4）投资基金促进了证券市场的国际化。

六、投资基金的组成

1. 基金契约

基金契约就是一份"委托理财协议"。它是基金管理人、基金托管人、基金投资者为设立基金而订立的用以明确基金当事人各方权利和义务关系的书面法律文件。基金契约规范基金各方当事人的地位与责任。基金管理人对基金财产具有经营管理权；基金托管人对基金财产具有保管权；投资者则对基金运营收益享有收益权，并承担投资风险。基金契约的主要内容包括：基金的持有人、管理人、托管人的权利与义务，基金的发行、购买、赎回与转让等，基金的投资目标、范围、政策和限制，基金资产的估值方法，基金的信息披露，基金的费用，收益分配与税收，基金终止与清算。投资者一旦认购了基金，就意味着你默许了基金契约，愿意委托该基金管理人"代你理财"。

2. 基金管理人

基金管理人是指具有专业的投资知识与经验，根据法律、法规及基金章程或基金契约的规定，经营管理基金资产，谋求基金资产的不断增值，以使基金持有人收益最大化的机构。在我国，按照《证券投资基金管理暂行办法》的规定，基金管理人由基金管理公司担任。基金管理公司通常由证券公司、信托投资公司发起成立，具有独立法人地位。

3. 基金托管人

基金托管人是指投资人权益的代表，是基金资产的名义持有人或管理机构。为了保证基金资产的安全，按照资产管理和资产保管分开的原则运作基金，基金设有专门的基金托管人保管基金资产。

4. 基金持有人大会

基金持有人大会由全体基金单位持有人或委托代表参加，主要讨论有关基金持有人利益的重大事项，如修改基金契约、终止基金、更换基金托管人、更换基金管理人、延长基金期限、变更基金类型，以及召集人认为要提交基金持有人大会讨论的其他事项。

5. 基金托管协议

基金托管协议是指基金管理人与基金托管人（一般为商业银行）就基金资产托管一事达成的协议书。协议书以合同的形式明确委托人和托管人的责任和权利、义务关系。

七、投资基金的风险

1. 开放式基金的申购及赎回未知价风险

投资者在当日进行申购、赎回基金单位时，所参考的单位资产净值是上一个基金开放日的数据，而对于基金单位资产净值在自上一个交易日至开放日当日所发生的变化，投资者无法预知，因此投资者在申购、赎回时无法知道会以什么样的价格成交，这种风险就是开放式基金的申购及赎回未知价风险。

2. 开放式基金的投资风险

开放式基金的投资风险是指股票投资风险和债券投资风险。其中，股票投资风险主要取决于上市公司的经营风险、证券市场风险和经济周期波动风险等，债券投资风险主要指利率变动影响债券投资收益的风险和债券投资的信用风险。基金的投资目标不同，其投资风险通常也不同。收益型基金投资风险最低，成长型基金风险最高，平衡型基金居中。投资者可根据自己的风险承受能力，选择适合自己财务状况和投资目标的基金品种。

3. 不可抗力风险

不可抗力风险是指战争、自然灾害等不可抗力发生时给基金投资者带来的风险。

4. 市场风险

市场风险主要包括政策风险、经济周期风险、利率风险、上市公司经营风险和购买力风险等。

（1）政策风险。政策风险是指因国家宏观政策（如货币政策、财政政策、行业政策、地区发展政策等）发生变化，导致市场价格波动而产生的风险。

（2）经济周期风险。经济周期风险是指随着经济运行的周期性变化，各个行业及上市公司的盈利水平也呈周期性变化，从而影响到个股乃至整个行业板块二级市场的走势。

（3）利率风险。利率风险是指市场利率的波动会导致证券市场价格和收益率的变动。利率直接影响着国债的价格和收益率，影响着企业的融资成本和利润。基金投资于国债和股票，其收益水平会受到利率变化的影响。

（4）上市公司经营风险。上市公司经营风险是指上市公司的经营好坏受多种因素影响，如管理能力、财务状况、市场前景、行业竞争、人员素质等，这些都会导致企业的盈利发生变化。如果基金所投资的上市公司经营不善，其股票价格可能下跌，或者能够用于分配的利润减少，使基金投资收益下降。虽然基金可以通过投资多样化来分散这种非系统风险，但不能完全规避。

（5）购买力风险。购买力风险是指基金的利润将主要通过现金形式来分配，而现金可能因为通货膨胀的影响而导致购买力下降，从而使基金的实际收益下降。

第四节 长期信贷市场

一、信贷市场的定义

信贷市场是信贷工具的交易市场。对属于货币市场范畴的信贷市场交易工具的期限是在 1 年以内，不属于货币市场范畴的信贷市场交易工具的期限在 1 年以上。信贷市场是商品经济发展的产物。在商品经济条件下，随着商品流通的发展，生产日益扩大和社会化，社会资本的迅速转移，多种融资形式与信用工具的运用和流通，导致信贷市场的形成，而商品经济持续、稳定协调发展，又离不开完备的信贷市场体系的支持。

二、信贷市场发展的原因

自 2002 年下半年以来，商业银行贷款投放一反前几年"惜贷"的局面，开始出现加快势头。进入 2003 年以后，贷款更是"超常"增长，当年上半年，新增贷款已超过上一年全年增长水平，贷款增速一再创出新高。截至 8 月末，本外币贷款余额同比增长 23.9%，是 1996 年 8 月以来最高的。在 2003 年 8 月 23 日央行宣布调升法定存款准备金率后，9 月末，贷款增速出现微降，但本外币并表的贷款余额同比增速仍达 23.7%，比年初高 5.3 个百分点。1~9 月，本外币各项贷款累计增加 26719 亿元，其中，人民币贷款累计增加 24766 亿元，同比增加 10714 亿元，比上年全年新增人民币贷款增加 6240 亿元。2003 年以来贷款的"超常"增长与 1998 年开始的贷款增长减速运行形成鲜明对比。通过分析，可以认为以下五个原因造成了中国信贷市场由"惜贷"向扩张的格局突变：

（一）汽车、房地产等高增长行业扩大了有效贷款需求

2002 年以来，我国出现经济增长速度加快、经济自主性增长因素不断增强的良好势头，与近年来采取的扩大内需的一系列政策有关。自 1997 年东南亚金融危机以来，我国实行了扩大内需的方针和积极的财政政策、稳健的货币政策。经过数年努力，扩大内需的方针、政策对国内需求的引导、培育逐步见效，累积政策效应在 2002 年开始明显释放。此外，经过几年的累积发展，特

别是扩大内需、启动消费的不懈努力，房地产与汽车这两个针对居民消费结构升级的高增长行业发展迅猛，显现出巨大活力。宏观经济向好及新的高增长行业的出现彻底扭转了经济无热点、贷款无投向的问题。一方面经济升温使得企业贷款需求更加旺盛；另一方面企业的经营状况有所好转，高增长行业的出现也促使商业银行放贷的积极性大幅提高。

（二）融资结构过于单一，经济增长过度依赖银行信贷

由于我国资本市场发育不完善，直接融资比例偏小，经济发展过多地依赖于银行融资。2002 年以来，与我国经济进入新一轮增长周期相反，股市基本上委靡不振，资本市场筹资力度下降。2003 年前 6 个月，贷款在企业融资格局中所占比重由 2000 年的 72.8%大幅攀升到 97.8%，而证券市场的融资功能由于受股市低迷的拖累呈下降态势。

（三）金融体系流动性偏松

2002 年上半年，由于经济增长形势还不明朗，在外汇占款大量增加导致基础货币投放较多的情况下，央行为支持经济增长没有进行大规模的基础货币回笼，从而造成商业银行流动性偏松。这为 2002 年下半年贷款局势的突变创造了条件。2003 年以来，外汇储备规模迅速扩张，使得外汇占款增长大幅加快。此时，尽管央行尽力采取了"对冲"措施，但由于疲于应付，通过外汇占款投放的基础货币仍在增加，商业银行的流动性仍相当充裕。

（四）地方政府扩张欲望强烈，从外部推动贷款扩张

2002 年下半年以来我国经济进入新一轮增长周期。但在这一轮经济增长中，最明显的特点是贷款扩张与固定资产投资增长"齐头并进"。需要注意的是，贷款扩张与固定资产的增长提速与 2002 年下半年地方政府换届完成，在时间上基本一致。近年来，我国政府逐渐认识到城市化滞后是国民经济诸种矛盾的根源，决定下大力推进城市化建设，这为各级政府大力加强城市基本建设提供了更好的契机。

新一届地方政府上任后，一些地方政府为了突出政绩，更是不遗余力地推进地方城市化建设。各地纷纷兴建汽车城、大学城、电子城、工业园区等大规模投资项目，市政设施、路桥建设、园区开发等基础设施投资的扩张态势达到沸点。一些地方政府通过其直接领导的"金融工作"机构对央行地方分支机构和商业银行施加影响，从外部推动了银行体系的信贷扩张。

（五）商业银行的经营机制出现变化

目前，商业银行一反前几年的"惜贷"而一举变为积极放贷，除了由于放贷的外部经济环境有所改善外，还与商业银行自身经营机制出现的一些新变化有关。

首先，银行业内的生存竞争加剧，各银行对市场份额展开激烈的争夺。近年来，股份制银行日渐壮大，在国内存贷款市场所占份额不断上升。四大国有银行无疑感受到了这种变化带来的巨大压力。国有商业银行在 2002 年下半年开始奋起直追，积极发放贷款。与当年上半年相比，下半年新增贷款的格局发生逆转，国有商业银行一举占到贷款增量总额的 55%。2002 年下半年新增贷款占全年的 79%，远高于上半年。2003 年以来，国有商业银行贷款占比持续上升，直到 7 月央行进行多次"窗口指导"，提示贷款风险后，国有商业银行对贷款偏快的情况进行了适当调控，国有商业银行新增贷款占比才略有下降。

其次，商业银行内部考核标准的变化，导致商业银行经营策略与以前相比大为不同。银行的内部激励机制一直是影响银行信贷的最重要的因素。1997 年东南亚金融危机使国内商业银行的风险意识大为加强，在内部考核上要求严格控制信贷资产的质量，强调信贷员的责任制，从而导致银行放贷面临很强的风险约束，出现相当长时期的"惜贷"局面。但是自 2002 年下半年以来，各国有独资商业银行纷纷将降低不良贷款率和增加利润放到考核的首位，并相应加大相关考核力度。此外，2002 年初中央金融工作会议确定了"具备条件的国有独资商业银行可改组为国家控股的股份制商业银行，条件成熟的可以上市"的目标。为争取早日上市，商业银行必须尽早满足对不良贷款比率的有关要求，商业银行降低不良贷款比率的意愿进一步加强。与此同时，商业银行经过几年的摸索，发现降低不良资产的最有效方法不是减少贷款发放，而是加速贷款扩张。通过增加贷款，不仅可以加大不良贷款比率的"分母"，从而降低不良贷款比率，还能同时增加账面收益。此举可以"一石二鸟"，成功、便捷地达到考核目标。

2003 年以来，基础建设贷款和票据融资成为商业银行新的贷款增长源。这两项业务均有利于商业银行扩大贷款额，压缩不良贷款率，同时完成收息指标，成为利润增长源。基建贷款由于期限长，且主要面对有政府背景或担保的基础设施投资，收益较为稳定，而且短期内不会出现不良资产。而对票据融资而言，在我国商业银行的资产中，票据贴现业务被视为信贷业务，并占用信贷规模，但却不会出现逾期现象，传统意义上该类信贷业务的不良资产几乎为零。因此，各家银行把大力发展票据贴现业务作为商业银行有效降低不良贷款率的一种具有战略意义的手段。

最后，2002 年下半年以来，各国有商业银行不动体制动机制，为降低不良贷款率和增加利润，一方面国有独资商业银行总行下调系统内资金上存利率，同时对基层行授权授信额度扩大，信贷审批权限不断下放，有力促进了基层行贷款营销；另一方面各行纷纷加强利润指标考核，奖金与利润挂钩比以往显著加强。

除以上原因外，2002 年下半年以来，央行酝酿货币政策与银行监管职能的分离，央行各分支机构的监管部门等待分家，对商业银行的监管"青黄不接"，也造成了短期的监管真空，为商业银行快速扩张信贷提供了机会。

三、信贷市场的作用

信贷市场的主要功能是调剂暂时性或长期的资金余缺，促进国民经济的发展；另外信贷市场也是中央银行进行信贷总量宏观调控，贯彻货币政策意图的主要场所。

（一）信贷市场的基础功能是调剂暂时性或长期的资金余缺

在经济生活中，资金盈余单位有多余的资金，而它们又并不想在当前作进一步的开支；而赤字单位想作更多的开支，但又缺少资金，计划不能实现。信贷活动的实质就是储蓄资金从盈余单位向赤字单位有偿的转移。以银行为代表的金融体系的介入形成了信贷市场机制，极大地推动了这个转移过程，对经济体系的顺利运转具有重要意义。

（二）信贷市场的发展推动了一国国民经济的发展

信贷市场促进了资本的再分配和利润的平均化。国民经济的迅速发展，靠的是各部门的协调发展，而这主要是通过资本自发转移来实现的。资本总是从利润低的行业向利润高的行业流动，以保证企业获得最大的利润，然而资本并不能够完全自由地流动，信贷市场的出现使这些限制不复存在，从而使得一国国民经济能够较为迅速地发展。

（三）信贷市场是中央银行进行信贷总量宏观调控，贯彻货币政策意图的主要场所

中央银行对货币和信用的宏观调控政策主要有两大类：一类是通过货币政策的收缩或放松调整信贷市场上银行体系的准备金和货币乘数从而影响货币信贷的总量；另一类是用各种方式干预信贷市场的资金配置，从而引起货币信贷的结构变化。不难看出，这两大类政策都主要发生在信贷市场，离不开信贷市场的支持。

四、信贷市场的构成主体

信贷市场上的市场主体主要有信贷资金的供给者、信贷资金的需求者及中央银行和金融监管机构三大类。

（一）信贷资金的供给者

1. 商业银行

信贷市场上的资金供给者主要是商业银行，资金融通业务是商业银行的最主要业务。商业银行是信贷市场上最活跃的成分，所占的交易量最大，采用的信贷工具最多，对资金供求与利率的波动影响也最大。目前在我国信贷市场上，国有商业银行占据了这个市场绝大部分的市场份额，不过随着中国金融体制的改革，股份制商业银行和地方城市商业银行的市场份额表现出逐步扩大的趋势。此外，在我国农村信贷市场上，农村信用社是最主要的资金供给者。

2. 非银行金融机构

其他金融机构，如银行以外的城市信用社、金融公司、财务公司、保险公司和信托公司等，也是信贷市场的重要资金供给者。在混业经营的金融市场上，这些非银行金融机构也积极地在信贷市场上拓展信贷业务，实现业务和收入的多元化。在我国目前的分业经营的格局下，非银行金融机构还不能直接进入信贷市场，但是也存在非银行金融机构通过其他渠道间接进入信贷市场的情况。

3. 企业

企业由于销售收入的集中性会形成企业资金的暂时闲置，它们通过与合适的贷款对象以私下约定的形式向信贷市场注入资金。在我国私募融资市场上，具有闲置资金的企业在解决中小企业非主流渠道融资方面发挥着日益重要的作用。

（二）信贷资金的需求者

信贷市场上的资金需求者主要是企业、个人和金融机构。

1. 企业

企业在生产经营活动中经常会出现临时性和季节性的资金需求，同时企业由于其自身的发展也经常产生各种长期的资金需求，于是就在信贷市场上通过借款的形式来筹集所需的资金。对于我国的企业来说，信贷市场是它们融资的最主要渠道，但是广大中小企业在这个市场上的融资难度还比较大。

2. 个人

个人由于大额消费和不动产投资也经常产生短期和长期的信贷需求，他们也经常到信贷市场上通过借款的形式筹集所需的资金。我国信贷市场上个人业务最主要的一块是住房信贷业务，随着中国国民收入的提高，汽车信贷和信用卡信贷业务也正快速地发展起来。

3. 金融机构

和工商企业一样，各类金融机构在经营活动中也经常会产生短期和长期的融资需求，如我国的证券公司、信托公司一度曾经是信贷市场的重要资金需求者。

（三）中央银行和金融监管机构

中央银行和金融监管机构也是信贷市场的重要参与者。

1. 中央银行

中央银行通常要根据国民经济发展的需要，在信贷市场上通过准备金率、贴现率、再贷款等货币政策工具来调控信贷市场的规模与结构。目前，我国的信贷市场由中国人民银行发挥中央银行的宏观调控职能。

2. 金融监管机构

金融监管机构作为保证金融机构合规运作业务的主管机构，对银行等金融机构的信贷业务的合法合规性进行监控，防范化解金融业务风险。我国信贷市场上银行业监督管理委员会发挥着金融监管职能。

五、信贷市场的主要工具

贷款是信贷市场上最主要的市场工具，贷款业务也是迄今为止商业银行最为重要的资产业务，贷款的利息收入通常要占到商业银行总收入的一半以上。根据不同的标准，贷款可以分为不同种类。

（一）按贷款抵押与否分类

按照贷款抵押与否，可以划分为抵押贷款和信用贷款。

（二）按照贷款的定价分类

按照贷款的定价，可以划分为固定利率贷款和浮动利率贷款。

（三）按照贷款的对象分类

按照贷款的对象，可以划分为工商贷款、农业贷款、消费者贷款、同业贷款等。

（四）按贷款的金额分类

根据贷款的金额，可以划分为批发贷款、零售贷款和其他贷款。

1. 批发贷款

批发贷款是指数额较大，对工商企业、金融机构等发放的贷款，借款者的借款目的是经营获利。批发贷款可采用抵押贷款，也可以是信用贷款；借款期限可以是短期的、中期的或长期的。主要包括工商业贷款、对金融机构贷款、不动产贷款（消费者不动产贷款除外）、经纪人或交易商证券交易贷款和农业生产贷款（如农场贷款）等。其中，工商业贷款是批发贷款业务的主要部分，比其他批发贷款种类变化较多。工商业贷款包括季节性的短期库存商品贷款，对机器、建造物的基本建设部分的长期贷款等。

2. 零售贷款

零售贷款包括个人贷款以及某些种类的不动产贷款。个人贷款的使用包括购买汽车、信用卡、循环周转限额贷款、购买住房的分期付款，以及其他零售消费商品。消费者不动产贷款主要用于占有不动产及其追加设施等。

3. 其他贷款

其他贷款是指在实现前不反映在资产负债表上的表外项目，主要包括贷款承诺、信贷限额、备用信用证、商业信用证等。

第五节 内部资本市场

一、内部资本市场的内涵

前述四节所介绍的股票市场、债券市场、基金市场及长期信贷市场都是企业外部的市场，可以统称为外部资本市场（External Capital Market，ECM），是企业获取外部资金来源及对外投放资金的场所。

内部资本市场（Internal Capital Market，ICM）则是指多元化公司总部将内部自有资本在公司各分部、各投资项目之间进行分配的体系，也常常被理解为存在于业务经营多元化、组织结构多层级的企业或企业集团内的资本配置机制，由美国经济学家威廉姆森（Williamson）于1975年提出。利用内部资本市场，公司可以将有限的内部资金配置到投资机会最高的分部，实现对资金的最优化配置，缓解外部融资压力。

一般来说，一个完整的资本配置过程可以被抽象地描述为以下两个环节：第一个环节是社会资本通过信贷市场和证券市场把资本配置给各种不同组织形态的企业；第二个环节是不同组织形态的企业把资本配置到各个分部或子公司，并通过他们把资本配置给不同的投资项目。这里所谓的"第一个环节"即外部资本市场；"第二个环节"即内部资本市场。在内部资本市场上，出资者即企业总部是资金使用部门资产的所有者，拥有所有权；而外部资本市场的出资者则不是资金使用部门资产的所有者。

二、内部资本市场产生的原因

20世纪中期，美国涌现了一股兼并联合的浪潮，同时也出现了一批多元化和多部门的大企业、大集团。这些集团式企业的出现，是导致企业内部资本市场产生的外在原因。由于集团式多部门企业的资本需要进行流通和配置，为了完成一个项目，各部门可以从银行、股票和债券市场获取资金，还可以从各部门内部调集资金或融通资金，以帮助一个项目或一个部门进行投资。在存在外部融资约束的情况下，不是所有的拥有正现金流的项目都能够得到投资。此时，公司各个分部就对公司内部有限的资金产生了竞争，公司总部作为各分部的协调人，拥有在各分部之间配置资金的权利，公司总部行使这种权力从而在企业内部完成的资金流动和资本配置，就形成了内部资本市场。

外部资本市场的低效甚至失效则是内部资本市场得以发展的内在原因。外部资本市场存在信息不对称和代理问题，导致资源配置效率低下。在外部资本市场上，由于外部投资者通常身居企业外部，不可能像企业内部的经理层那样全面掌握企业的真实情况，也就是说，外部投资者与经理人之间存在着信息不对称；同时，在经营权与所有权分离的组织结构中，外部投资者与经理人之间是一种委托代理关系，作为受托人（即代理人）的经理层可能会利用自己的信息优势，侵害作为委托人的外部投资者的利益，从而出现代理问题，如道德风险和逆向选择。经理层出于保住自身职务考虑不求有功但求无过，会放弃一些稍具风险但收益较高的项目，或者为了追逐高额收益而投资高风险项目甚至铤而走险违法乱纪，呈现出低效乃至无效的资本配置。而在内部资本市场上，出资者即企业总部，拥有经营不同业务分支部门且为企业内部所有项目配置资本的权力。由于总部在信息处理、监督激励和资源配置方式等方面相对于外部资本市场具有很大的优势，从而规避了外部资本市场上投资项目的信息披露和困扰外部资本市场的激励等问题。

外部资本市场与内部资本市场的本质差别在于出资者享有的权益不同。外部投资者不拥有它所提供融资的企业或项目，不是资金使用部门资产的所有者，不享有企业或项目的剩余控制权和剩余索取权。剩余索取权（residual rights of control）是相对于合同收益权而言的，指的是对企业收入在扣除所有固定的合同支付（如原材料成本、固定工资、利息等）的余额（相当于利润）的要求权。企业的剩余索取者也即企业的风险承担者，因为剩余是不确定的、没有保证的，在固定合同索取被支付之前，剩余索取者是什么也得不到的。剩余控制权（residual claim）指的是在契约中没有特别规定的活动的决策权。之所以存在剩余索取权和剩余控制权，是因为进入企业的契约是不完备的，未来世界是不确定的，要使所有企业成员都得到固定的合同收入是不可能的（各常数之和不可能等于一个变数）。当实际状态出现时，必须有人决定如何填补契约中存在的"漏洞"（包括解除对某些参与人的合同），这就是剩余权的由来（格罗斯曼和哈特，1986）。在内部资本市场上，企业总部是资金使用部门资产的所有者，拥有企业所有权，因此，内部资本市场的出资者享有剩余索取权和剩余控制权。这一本质的区别，使得内部资本市场与外部资本市场在信息传递与处理、监督与激励机制、资本配置方式等方面出现差异，因而资本配置效率会不同。

三、内部资本市场的功能

第一，资本集聚功能。内部资本市场资本集聚的资金来源主要是来自内部融资，内部融资是企业发展的重要来源。

第二，资本分派功能。多元化投资和现金流的互补是内部资本市场的两大行为，这两种行为正体现了内部资本市场的资本分配功能。

第三，监督激励功能。在内部资本市场上，总部或母公司对下属部门或项目经理同样具有监督激励功能，在内部资本市场的融资下，出资者即企业总部对资金的使用部门具有剩余控制权。因此，内部资本市场上的总部有更多的意愿对项目经理进行监督。

第四，风险分散功能。内部资本市场的多元化投资也是一种资产的多样化组合，通过资产的多样化组合降低单个投资所带来的投资失误。

四、内部资本市场的特点

Williamson 认为内部资本市场优于外部资本市场有三个原因：第一，外部资本市场由于获取企业内部信息时存在障碍必须承担较高的交易成本，不可能根据市场状况对企业经营进行连续的微调，企业更是面临较大的投资风险，而内部资本市场在信息的真实性、及时性和准确性等方面均占有优势，对市场环境的适应性也相应加强。第二，在内部资本市场中，企业能更迅速转移和配置资源，通过削减对某些业务的资金配置，将其重新分配到更有前途的业务中。第三，内部资本市场增强了企业避开法规限制及避税等方面的能力，从而提高了企业的适应性甚至是竞争力。但内部市场也存在着跨部门补贴、内耗、内部代理倾向等不足。以下就从优缺点两方面阐述其特点：

（一）内部资本市场的优点

1. 优化总部监督

总部（集团公司）是资产的所有者，拥有剩余索取权和控制权，因此比银行（外部资本市场上银行是资金的主要提供者）有更大的动机和权力进行优秀项目的挑选，这一优势的结果是总部在监督方面付出的努力越多，其收益也就越大，所以它会选择更加严格的监督。当然，监督是有成本的，所以这种监督不是无止境的，当监督的边际收益等于边际成本时，可视为达到最优监督水平。而在外部资本市场上，投资者只能根据事先订立的契约获得投资收益，而不能从监督中获得额外的收益，所以监督的积极性大为降低，即便他有监督的能力，也不会付出百分之百的努力。

2. 发挥信息优势

在外部资本市场进行投融资，由于信息不对称问题的存在，企业必须承担较高的交易成本，并面临较大的风险。而内部资本市场恰恰在这两方面显示出其优势，在内部资本市场中，总部对下属部门具有权威力量，可以对他们直接进行审计，包括账面记录和文献记录。与外部投资者相比，其获取信息的真实程度要大大提高。虽然不能绝对避免舞弊的行为，但总部在辨别信息真伪时所使用的手段却远远多于外部投资者，同时费用却减少了。因为总部可以协调各部门集体合作，同时，企业各部门之间的沟通增多，从而形成信息处理成本上的优势。

3. 提高企业资源配置效率

首先，内部资本市场中总部的收益来源于项目的剩余，总部将现金留在公司内部进行统一调配，将有限的资源投入到投资收益率高的项目上，以使企业整体收益最大；相反，外部出资者的收益在合同中已经约定，不具有事后的剩余要求权，所以在资源数量固定的情况下，外部出资者对那些风险大但收益抵补性差的项目只能采取减少投资的方式，以保证事前约定的收益不会减少，因而难以实现收益最大化。其次，内部资本市场有利于更好地重新配置企业资产。当公司总部拥有多个相关业务单位时，如果一个部门业绩不佳，由于业绩不佳和运行良好的项目由一位所有者提供融资，其资产将被有效地重新配置（直接与公司总部控制的其他资产合并）；相反，外部出资者则只能把资产出售给其他使用者，并且往往不能获得足额支付，因为外部投资者必须同状况差的项目的经理分享得到的剩余。最后，在内部资本市场上，总部对项目的投资是多期进行的，在项目开展过程中，资金收入并非自动流向其生产部门，而是通过内部竞争由总部加以重新分配，分配的标准是资金的投资收益率。这种方式大大提高了资金的使用效率。

（二）内部资本市场的缺点

1. 跨部门补贴项目

也称为集团内部的"社会主义"。Berger 和 Ofek 通过对 1986 年~1991 年的数据进行分析以后发现，多元化公司常会过度投资于收益较差的部门，而且对这种部门的资金"补贴"是造成公司价值下降的主要原因，其他学者的大量研究也支持这种跨部门补贴假说。公司内部的资金流从投资机会较多、净现值为正的部门流向投资机会较少、净现值为负的部门，从而损害公司的整体价值。

2. 过度投资

一方面由于高层管理者有灵活调配资源的权利，有可能为谋取个人私利而进行过度投资；另一方面，多元化公司为了加强竞争力而耗费大量资源。

3. 内部代理倾向

企业集团拥有多个经营单位（部门），公司经理与部门经理会产生代理问题。其表现是：总部集中各分部的资源，然后投向高收益的项目，这样做可增加集团的整体收益，但是影响各部门经理增效的动力。因为部门经理没有剩余控制权，他们的利益很容易受到公司总部为了获取收益而做出的投机行为的影响。部门经理为了提高自己的声誉会花费更多的时间和精力去进行外部公关活动，这些寻租行为必然扭曲资源配置，而且内部代理链条延长会导致内部信息不畅，信息失真。公司总部可能不是根据投资机会的高低对内部资本进行配置，而是受到了其他因素的影响，从而降低了投资效率。

可见，内部资本市场一方面弥补了外部资本市场的局限性，表现为企业集团对市场组织的一种替代。但内部资本市场也有其自身的不足，因而它不是独立存在的，而是与外部资本市场相结合，随着二者效率的变化而相互替代。

五、内部资本市场边界分析

内部资本市场是随着企业组织形式的演变和多元化企业经营浪潮的兴起而逐渐形成的概念。多元化企业越来越盛行的根本原因在于，它在企业内部创造了内部市场和交易体系，内部市场替代了外部市场并节约了交易成本，从而实现了更高程度上的成本节约，取得更大规模的效益。权衡多元化企业内部资本市场形成的收益与成本比较，多元化会形成规模的优势，但是当多元化企业超过与其企业能力相适应的合适的规模以后，成本就会迅速增加，如组织成本的增加、官僚主义盛行和企业效率的降低，直接影响到企业内部的激励、活力、企业对外部环境的适应性和竞争能力。因此，内部资本市场规模并不是越大越好，而是存在最优规模，也即内部资本市场应存在边界。内部资本市场边界主要受以下因素的制约：

（一）企业产出水平对内部资本市场边界的影响

从全球过去 50 年的经验来看，"多元化"在各个国家都曾出现过。通过多元化战略，企业可形成多业并举、关联带动、优势互补的运作格局，企业经营或资本经营具有较大的运作空间，具有较强的市场风险抗击能力。多元化尤其是相关多元化业务，通常使得企业在快速发展其核心业务的同时，又以较低成本和较快速度进入新的行业，扩大业务量，分散风险，从而稳步提高企业的产出水平，提高资金运用效率，内部资本市场有扩大的趋势；但是过度的多元化经营，也可能因为增加资金筹措与配置压力而带来财务风险，或者由于进入了不熟悉行业而容易出现决策失误，还可能因管理负荷过重使管理质量下降，最终导致产出水平下降，这又要求内部资本市场边界缩小。

（二）内部代理成本对内部资本市场边界的影响

所谓代理成本，是指在信息不对称、不充分的情况下，由于代理人有可能不完全按照契约行动或偏离委托人目标、意愿而引起的对委托人的价值消耗。内部代理成本是指前述公司经理与各部门经理之间的代理问题而造成的公司价值损失。内部代理链延长会使得这种损失扩大，因此，内部代理成本的存在也要求内部市场要有边界而不能无限扩大。

（三）交易成本对内部资本市场边界的影响

所谓交易成本是指经济主体之间由于交互行动所引起的成本。经济学家们认为，狭义上看，交易成本指的是一项交易所需花费的时间和精力。有时这种成本会很高，比如当一项交易涉及处于不同地点的几个交易参与者时。高交易成本会妨碍市场的运行，否则市场是会有效运行的。广义上看，交易成本指的是协商谈判和履行协议所需的各种资源的使用，包括制定谈判策略所需信息的成本、谈判所花的时间以及防止谈判各方欺骗行为的成本。

科斯在 1937 年的论文《企业的性质》中指出市场的运行是有成本的，当市场失效或市场不完全时，会导致企业的交易成本增加；企业可以通过行政组织的形式（即内部资本市场），组织内部交易来节约市场运行成本。因此只要企业能在内部组织交易并且花费比公开市场交易更低的成本，企业就会自己来从事某些交易并使之内部化，内部市场就有扩大的趋势。

六、内部资本市场运行机制的特点

（一）内部资本市场组织载体分类

内部资本市场运行机制须与组织结构相适应。内部资本市场的组织载体包括 M 型组织结构和 H 型组织结构，不同的组织结构下，内部资本市场的运行机制也不一样。

M 型组织结构，又称事业部门型组织结构。是 20 世纪初的通用汽车公司为适应技术更新快、企业规模扩大等变化，实施企业组织结构变革而形成，并被许多大公司仿效。该组织结构的基本特征是战略决策和经营决策分离。根据业务按产品、服务、客户、地区等设立半自主性的经营事业部，公司的战略决策和经营决策由不同的部门和人员负责，使高层领导从繁重的日常经营业务中解脱出来，集中精力致力于企业的长期经营决策，并监督、协调各事业部的活动和评价各部门的绩效。M 型组织结构是一种多单位的企业体制，但各个单位不是独立的法人实体，仍然是企业的内部经营机构，如分公司。

H型组织结构是一种多个法人实体集合的母子体制，母子之间主要靠产权纽带来连接。H型组织结构较多地出现在由横向合并而形成的企业之中，这种结构使合并后的各子公司保持了较大的独立性。子公司可分布在完全不同的行业，而总公司则通过各种委员会和职能部门来协调和控制子公司的目标和行为。这种结构的公司往往独立性过强，缺乏必要的战略联系和协调，因此，公司整体资源战略运用存在一定难度。

（二）M型组织结构下内部资本运行机制的特点

1. 资金融通机制的特点

M型企业集团资金融通主要采取总部集中融资模式。因为M型企业集团是单一法人实体，下属各事业部是独立的利润中心，但不是独立的法人实体，集团总部作为"中央权威"掌握着集团内部的资本配置。从外源融资角度看，集团总部凭借集团整体规模优势集中融资，融资的渠道主要是以企业集团的名义发行股票、债券以及向银行等金融机构借款。各分部由于不是独立的法人实体，故不能以分部的名义采取上述对外融资渠道。

2. 资金分配机制的特点

M型企业集团资金分配主要通过财务部门或内部银行、结算中心等机构来完成。由企业集团总部充当"外部出资者"的角色，各个有投资权限的分部可以向总部申请，总部根据资本预算和项目的投资回报率进行筛选，将资金分配到投资回报率高的分部；或者企业集团总部充当"外部贷款者"的角色，以贷款的方式将资金投入到有资金需求的事业部，并对事业部资金的使用情况进行监督。

3. 信息传递机制的特点

M型集团内部资本市场对信息的广度和深度进行了优化平衡处理，信息传递渠道更为畅通。集团总部可以通过内部审计、详细查阅分部经营信息、要求分部提供报表等方式获取分部较全面的信息，甚至是外部投资者无法获知的分部的商业机密；总部在辨别分部提供信息的真伪方面手段和方式多于外部投资者；分部与分部之间出于合作的需要，在进行内部交易时也需要相互传递信息，且因为受同一总部的控制，不存在根本利益冲突，所以分部之间传递的信息也是相对真实、可靠的。

4. 价格形成机制的特点

M型企业集团在价格形成机制方面采取总部定价或总部指导下事业部定价的方式。总部凭借其权威地位，在遵循全局性、公平性、激励性、自主性原则的基础上，明确内部交易价格的确定方法，如以市场价格为基础的内部价格确定方法、以成本价格为基础的内部价格确定方法等，尽可能减少各事业部因内部交易价格确定不当而引起的摩擦，或者根据企业集团的特殊需要直接指定个别事业部的产品、服务等的内部价格。

5. 激励约束机制的特点

M 型企业集团的激励约束机制能有效激励约束分部。在内部资本市场，总部是分部资产的直接所有者，拥有剩余控制权，故可凭借对分部经营信息的全面了解以及对其下属——分部经理的了解，采用更有效的手段激励和约束所属分部。总部进行内部资本分配过程中的"挑选胜者"的择优机制对各分部有很强的激励作用，而且企业总部根据各事业部的利润水平、投资回报率等标准对分部经理进行各种形式的奖励，这种认同对分部经理来说是一种很强的激励。由于各分部都是在企业总部的直接控制之下，分部经理接受总部经理的直接领导，所以企业总部可以通过减少对投资回报率低的部门的投资或者对经营不力的分部经理进行处罚等手段有效地约束各分部。

（三）H 型组织结构下内部资本运行机制的特点

1. 资金融通机制的特点

H 型企业集团资金融通机制采取母公司集中融资与子公司分别融资相结合。H 型企业集团是多法人实体，子公司具有独立的法人地位，母公司可以通过控制性股权对子公司进行直接管理，或者通过子公司的董事会以及出售子公司股份等方式对子公司进行控制。母公司可以凭借集团优势，通过发行股票、债券或向银行等金融机构贷款的方式进行资金融通，或者利用所控制的优质子公司通过上述方式在外部资本市场融资，母公司及下属子公司都可以成为外源融资的主体。H 型企业集团通常设立具有独立法人地位的财务公司来集中和调剂子公司的剩余资金，实现内源融资。

2. 资金分配机制的特点

H 型企业集团资金分配机制是利用财务公司等金融中介进行资金集中分配。母公司会采取集中分配的方式在企业集团内部各子公司间分配资本。子公司的发展必须符合母公司的整体战略规划，子公司的存在是母公司战略投资的一个组成部分，母公司会充当"外部出资者"角色，根据战略需要和子公司的业绩情况决定对子公司追加或减少投资。财务公司通常可以作为企业集团内部资本市场资本分配的重要中介，母公司根据集团发展的需要，通过财务公司集中统一配置和管理内部资金的流量、存量和增量，调剂资金余缺并合理引导资金的流向，财务公司在不影响各子公司利益的情况下实现资本的内部配置。

3. 信息传递机制的特点

在 H 型企业集团中，母公司可以获取子公司的真实、详细信息。虽然子公司是独立法人，也是独立的投资中心，有很大的决策空间，但是 H 型企业集团母公司通过持股关系控制子公司董事会，不仅拥有子公司在资本、财务方面的控制权，而且拥有经营的控制权，有权任命子公司主要人员，有权决定子公司重大方针政策，甚至有权直接派人去经营管理子公司。这样，母公司可以凭借子公司"内部人"的身份获得子公司经营信息；同时，母公司的财务部门负责对子公司业绩进行评价和考核，子公司的财务机构要接受母公司财务部门的业务指导，因此，母公司可以获得子公司详细的财务信息；子公司的投资决策结果要上报母公司备案，子公司的财务报告需要上报母公司，以编制合并报表，这种信息传递使得母公司更全面了解子公司的真实信息，特别是财务方面的信息。

4. 内部交易价格机制的特点

H 型企业集团可采取成本价与市价相结合的内部定价机制确定内部交易价格。母子公司都是独立的法人实体，整个集团内部的资金运作要受到外部法律制度的约束。集团内部母子公司之间、子公司与子公司之间的内部交易可以按照市场价格进行，但是母公司可以凭借对子公司的控制权，从整个集团的利益或者自身利益最大化的角度出发确定内部交易的价格，以实现减轻税负、调节利润、转移资金、规避风险、内部考核等目的。可以以成本为基础确定内部交易价格，如采用变动成本定价法、标准成本定价法、成本加成定价法等方法确定内部交易价格，也可以以市场价格为基础确定内部交易价格，如采取市价定价法、协商定价法等方法确定内部交易价格。

5. 激励约束机制的特点

H 型企业集团的母公司可以对子公司进行有效的激励与约束。母公司是下属子公司的控股股东，子公司的经营状况关系到母公司的切身利益，而且母公司通过集团内部的资本市场运作可以获得更多收益，所以母公司有动力加强对子公司的激励约束，实现自身利益最大化。母公司在内部资本分配过程中对有发展前景的子公司追加投资，对子公司具有很强的激励，子公司经理需要不断改善经营管理方式，对投资项目进行深入分析，以获取母公司的投资，而且母公司的追加投资使得子公司经理控制的资本增多，有助于实现子公司经理的个人利益最大化，对子公司经理也是一种激励。相反，对经营不善或缺乏前景的子公司，母公司可通过出售子公司股份或者在内部资本分配过程中减少投资等方式实现对子公司的约束；同时，由于母公司拥有通过子公司董事会对子公司主要人员进行任命、罢免、降级的决定权，从而对不能胜任的子公司经理形成一种较强的约束。

思考题:

1. 股票市场的职能、作用分别是什么?

2. 债券市场通常包括哪几类?政府债券市场的主要类别有哪些?其作用是什么?

3. 证券投资基金的分类有哪些?其风险来源是什么?

4. 长期信贷市场的构成主体包括哪几部分?信贷市场工具有哪些?

5. 内部资本市场有什么特点?如何确定内部资本市场边界?

第三章　投资银行

学习目的：了解投资银行的起源与发展演变过程，掌握投资银行的定义，熟悉投资银行的基本结构及功能，掌握投资银行的业务内容，了解全球投资银行业务的发展趋势及发达国家投资银行发展的特点，理解我国投资银行适应国际化趋势应进行的战略安排。

第一节　投资银行的产生与发展

一、投资银行的起源

在国际投资银行的发展中，英国和美国的投资银行发展历程最具特色、最富代表性。

投资银行萌芽于 15 世纪的欧洲。早在商业银行发展前，一些欧洲商人就开始通过承兑贸易商人们的汇票为他们自身和其他商人的短期债务进行融资。这便是投资银行的雏形，由于融资业务是由商人提供的，因而也被称为商人银行。

欧洲的工业革命极大地促进了商人银行的发展，将其业务范围扩大至帮助公司筹集股本金、资产管理、协助融资、投资顾问等。20 世纪以后，商人银行逐步扩大了证券承销、证券自营、债券交易等方面的业务，而其真正积极参与证券市场业务还是近几十年的事情。在欧洲的商人银行中，英国的商人银行是最发达的，它在世界上的地位仅次于美国的，此外，德国、瑞士等国的商人银行也比较发达。

美国的投资银行业发展的历程并不是很长，但其发展的速度是最快的。美国的投资银行业始于 19 世纪，但它真正有所发展应当从第一次世界大战结束时开始。

1929 年以前，美国政府规定公司发行证券必须有中介人参与，而银行不能直接从事证券发行与承销，这种业务只能通过银行控股的证券业附属机构来进行。实际上，这一时期，投资银行大多由商业银行所控制，因此，这一阶段投资银行的运营模式本质上还是混业经营。由于混业经营，商业银行频频涉足于证券市场、参与证券投机，致使市场上出现了大量虚售、垄断、操纵等违法行为。1929~1933 年爆发的世界历史上空前的经济危机，使美国的银行业受到了巨大冲击，期间，共有 7000 多家银行倒闭。

1933 年美国国会通过了著名的《格林斯—斯蒂格尔法》，对金融业分业经营模式以法律条文加以明确规范，从此，投资银行和商业银行开始分业经营。许多大银行将两种业务分离开来，成立了专门的投资银行和商业银行。例如，摩根银行便分为摩根·斯坦利（Morgan Stanley）和 JP 摩根。有些银行则根据自身的情况选择经营方向。例如，花旗银行和美洲银行成为专门的商业银行，而所罗门兄弟公司（Solomon Brother）、美里尔·林奇（Merrill Lynch）和高盛（Gold-man Sachs）等则选择了投资银行业务。

从此，美国的投资银行业走上了平稳发展的道路，业务范围也拓宽了许多。

二、投资银行的发展演变

投资银行是证券和股份公司制度发展到特定阶段的产物，是发达证券市场和成熟金融体系的重要主体，在现代社会经济发展中发挥着沟通资金供求、构造证券市场、推动企业并购、促进产业集中和规模经济形成、优化资源配置等重要作用。

现代意义上的投资银行产生于欧美，由 18、19 世纪众多销售政府债券和贴现企业票据的金融机构演变而来。其早期发展主要得益于以下因素：

1. 贸易活动日趋活跃

伴随着贸易范围和金额扩大，客观上要求融资信用，信誉超卓的大商人便利用其积累的大量财富成为商人银行家，专门从事融资和票据承兑贴现业务，于是产生了投资银行。

2. 基础设施建设的高潮

资本主义经济的飞速发展给交通、能源等基础设施造成了巨大的压力。为缓解这种压力，18、19 世纪欧美掀起了基础设施建设的高潮，巨大的资金需求使投资银行在筹资和融资的过程中迅猛发展。

3. 证券业兴起与发展

证券业与证券交易的飞速发展催化了投资银行业迅速发展，投资银行作为证券承销商和证券经纪人奠定其在证券市场中的核心地位。

4.股份公司制度的发展

股份制的出现，不仅为西方经济体制带来了一场深刻的革命，也使投资银行作为企业和社会公众之间资金中介的作用得以确立。

20世纪前期，西方经济的持续繁荣带来了证券业的高涨，证券市场的繁华交易演变成了一种狂热的货币投机。商业银行凭借其雄厚资金实力频频涉足证券市场，甚至参与证券投机。同时，各国政府对证券业缺少有效的法律和管理机构来规范，这些都为1929~1933年的经济危机埋下了祸根。

经济危机直接导致了大批银行的倒闭，证券业极度委靡。各国政府清醒地认识到，银行信用的盲目扩张和商业银行直接或间接卷入高风险的股票市场是对经济安全的重大隐患。1933年后，美、英等国将投资银行和商业银行业务分开，进行分业管理，从此，崭新的独立的投资银行业在经济危机的萧条中崛起。

第二节　投资银行的业务

一、投资银行的定义

投资银行具有沟通资金供求、优化资源配置、构造证券市场、实现生产规模化和促进产业集中的功能。

美国著名金融专家罗伯特·库恩在其所著的《投资银行学》中将投资银行的定义按业务范围大小划分为以下四类：

（1）最广泛的定义。投资银行是指任何经营华尔街金融业务的银行，业务包括证券、保险以及不动产投资几乎全部金融活动。

（2）第二广泛的定义。投资银行是指经营部分或全部资本市场业务的金融机构，业务包括证券承销、公司资本金筹措、兼并与收购、咨询服务、基金管理、创业资本及证券的私下发行等。与第一个定义相比，不包括不动产经纪、保险和抵押业务。

（3）第三广泛的定义。投资银行是只限于某些资本市场活动，着重证券承销和兼并收购等业务的金融机构，与第二个定义相比，其业务不包括创业资本、基金管理和风险管理及控制工具的创新业务。

（4）最狭义的定义。投资银行是仅限于从事一级市场承销和资本筹措、二级市场证券交易和经纪业务的金融机构。

从上述定义可以看出，投资银行在很多方面都不同于商业银行。可以通过表 3-1 进行具体比较。

表 3-1　投资银行和商业银行对比表

项目	投资银行	商业银行
本源业务	证券承销	存贷款利差
功能	直接融资，并侧重长期融资	间接融资，并侧重短期融资
业务概貌	无法用资产负债反映	表内与表外业务
利润根本来源	佣金	存贷款利差
经营方针与原则	在控制风险前提下更注重开拓	追求利益性、安全性、流动性三者结合，坚持稳健原则
宏观管理	专门的证券管理机构	中央银行

二、投资银行的基本组织结构

一般而言，一家投资银行采用的组织结构是与其内部的组建方式和经营思想密切相关的。现代投资银行的组织结构形式主要有三种。

1. 合伙人公司制

合伙人公司制是指由两个或两个以上合伙人拥有公司并分享公司利润，合伙人即为公司主人或股东的组织形式。其主要特点是：合伙人共享企业经营所得，并对经营亏损共同承担无限责任；它可以由所有合伙人共同参与经营，也可以由部分合伙人经营，其他合伙人仅出资并自负盈亏；合伙人的组成规模可大可小。

2. 混合公司制

混合公司通常是由在职能上没有紧密联系的资本或公司相互合并而形成规模更大的资本或公司。20 世纪 60 年代以后，在大公司生产和经营多元化的发展过程中，投资银行是被收购或联合兼并成为混合公司的重要对象。这些并购活动的主要动机都是为了扩大母公司的业务规模，在这一过程中，投资银行逐渐开始了由合伙人制向现代公司制的转变。

3. 现代公司制

现代公司制度赋予公司以独立的人格，其确立是以企业法人财产权为核心和重要标志的。法人财产权是企业法人对包括投资和投资增值在内的全部企业财产所享有的权利。法人财产权的存在显示了法人团体的权利而不再表现为个人的权利。现代公司制度使投资银行在资金筹集、财务风险控制、经营管理的现代化等方面都获得较传统合伙人制所不具备的优势。

三、投资银行的功能

1. 媒介资金供需

与商业银行相似，投资银行也是沟通互不相识的资金盈余者和资金短缺者的桥梁，它一方面使资金盈余者能够充分利用多余资金来获取收益，另一方面又帮助资金短缺者获得所需资金以求发展。投资银行和商业银行以不同的方式和侧重点起着重要的资金媒介作用，在国民经济中，缺一不可。

2. 构造证券市场

证券市场是一国金融市场的基本组成部分。任何一个经济相对发达的国家中，无一例外均拥有比较发达的证券市场体系。概括起来，证券市场由证券发行者、证券投资者、管理组织者和投资银行四个主体构成，其中，投资银行起了穿针引线、联系不同主体、构建证券市场的重要作用。

3. 优化资源配置

实现有限资源的有效配置，是一国经济发展的关键。在这方面，投资银行也起了重要作用。

第一，投资银行通过其资金媒介作用，使能获取较高收益的企业通过发行股票和债券等方式来获得资金，同时为资金盈余者提供了获取更高收益的渠道，从而使国家整体的经济效益和福利得到提高，促进了资源的合理配置。

第二，投资银行便利了政府债券的发行，使政府可以获得足够的资金用于提供公共产品，加强基础建设，从而为经济的长远发展奠定基础。同时，政府还可以通过买卖政府债券等方式，调节货币供应量，借以保障经济的稳定发展。

第三，投资银行帮助企业发行股票和债券，不仅使企业获得了发展和壮大所需的资金，并且将企业的经营管理置于广大股东和债权人的监督下，有益于建立科学的激励机制与约束机制以及产权明晰的企业制度，从而促进经济效益的提高，推动企业的发展。

第四，投资银行的兼并和收购业务促进了经营管理不善的企业被兼并或收购，经营状况良好的企业得以迅速发展壮大，实现规模经济，从而促进了产业结构的调整和生产的社会化。

第五，许多尚处于新生阶段、经营风险很大的朝阳产业的企业难以从商业银行获取贷款，往往只能通过投资银行发行股票或债券以筹集资金求得发展。因此从这个意义上说，投资银行促进了产业的升级换代和经济结构的进步。

4. 促进产业集中

在企业并购过程中，投资银行发挥了重要作用。因为企业兼并与收购是一个技术性很强的工作，选择合适的并购对象、并购时间、并购价格及进行针对并购的合理的财务安排等都需要大量的资料、专业的人才和先进的技术，这是一般企业所难以胜任的。尤其在第二次世界大战后，大量的兼并与收购活动是通过证券二级市场进行的，其手续更加繁琐、要求更加严格、操作更为困难，没有投资银行作为顾问和代理人，兼并收购已几乎不可能进行。因而，从这一意义上来说，投资银行促进了企业实力的增强，社会资本的集中和生产的社会化，成为企业并购和产业集中过程中不可替代的重要力量。

四、投资银行的主要业务

一般来说，现代投资银行的主要业务包括承销业务、经纪业务、自营业务、兼并与收购、项目融资、基金管理、咨询业务和风险投资业务。

（一）证券承销

证券承销是投资银行最本源、最基础的业务活动。投资银行承销的职权范围很广，包括本国中央政府、地方政府、政府机构发行的债券，企业发行的股票和债券，外国政府和公司在本国和世界发行的证券，国际金融机构发行的证券等。投资银行在承销过程中一般要按照承销金额及风险大小来权衡是否要组成承销辛迪加和选择承销方式。通常的承销方式有四种：

（1）包销。这意味着主承销商和它的辛迪加成员同意按照商定的价格购买发行的全部证券，然后再把这些证券卖给它们的客户。这时发行人不承担风险，风险转嫁到了投资银行的身上。

（2）投标承购。它通常是在投资银行处于被动竞争较强的情况下进行的。采用这种发行方式的证券通常都是信用较高，颇受投资者欢迎的债券。

（3）代销。这一般是由于投资银行认为该证券的信用等级较低、承销风险大而形成的。这时投资银行只接受发行者的委托，代理其销售证券，如在规定的期限计划内发行的证券没有全部销售出去，则将剩余部分返回证券发行者，发行风险由发行者自己负担。

（4）赞助推销。当发行公司增资扩股时，其主要对象是现有股东，但又不能确保现有股东均认购其证券，为防止难以及时筹集到所需资金，甚至引起本公司股票价格下跌，发行公司一般都要委托投资银行办理对现有股东发行新股的工作，从而将风险转嫁给投资银行。

具体情况可参阅资料一：中兴通讯股票承销与发行案例。

（二）证券经纪交易

投资银行在二级市场中扮演着做市商、经纪商和交易商三重角色。作为做市商，在证券承销结束后，投资银行有义务为该证券创造一个流动性较强的二级市场，并维持市场价格的稳定。作为经纪商，投资银行代表买方或卖方，按照客户提出的价格代理进行交易。作为交易商，投资银行有自营买卖证券的需要，这是因为投资银行接受客户的委托，管理大量的资产，必须要保证这些资产的保值与增值。此外，投资银行还在二级市场上进行无风险套利和风险套利等活动。

具体情况可参阅资料二：中国国泰君安证券公司经纪业务分布及业务部个案分析案例。

(三) 自营业务

自营业务是指在证券市场上投资银行以自己的账户获利为目的而进行投资、独立承担风险的经营活动。自营投资的对象包括：

(1) 股票。在我国，没有做空机制。

(2) 债券。券商资金压力大，预期回报低。

(3) 金融衍生产品。如股票指数期货、商品期货、外汇期货等。其风险很大，机会多。

自营投资的特点是有比较大的资金需求，获取差价时不必首先支付手续费和不需要自己承担投资风险。其原则包括客户优先原则、维护市场原则、隔离墙原则及业务控制原则。

具体情况可参阅资料三：纳斯达克的做市商制度案例。

(四) 兼并与收购

当有一些企业价值被低估，潜力没有被挖掘出来时，会有投资银行积极对其兼并或收购，进行资产整合，并在适当的时候再出售该企业兑现其投资收益。到目前为止，兼并与收购已经成为现代投资银行除证券承销与经纪业务外最重要的业务组成部分。投资银行可以多种方式参与企业的并购活动，如寻找兼并与收购的对象、向猎手公司和猎物公司提供有关买卖价格或非价格条款的咨询、帮助猎手公司制订并购计划或帮助猎物公司针对恶意的收购制订反收购计划、帮助安排资金融通和过桥贷款等。此外，并购中往往还包括"垃圾债券"的发行、公司改组和资产结构重组等活动。

(五) 项目融资

项目融资是对一个特定的经济单位或项目策划安排的一揽子融资的技术手段，借款者可以只依赖其经济单位的现金流量和所获收益用作还款来源，并以资产作为借款担保。投资银行在项目融资中起着非常关键的作用，它将与项目有关的政府机关、金融机构、投资者与项目发起人等紧密联系在一起，协调律师、会计师、工程师等一起进行项目可行性研究，进而通过发行债券、基金、股票或拆借、拍卖、抵押贷款等形式组织项目投资所需的资金融通。投资银行在项目融资中的主要工作：项目评估、融资方案设计、有关法律文件的起草、有关的信用评级、证券价格确定和承销等。

（六）基金管理

基金是一种重要的投资工具，它由基金发起人组织，吸收大量投资者的零散资金，聘请有专门知识和投资经验的专家进行投资并取得收益。投资银行与基金有着密切的联系。首先，投资银行可以作为基金的发起人，发起和建立基金；其次，投资银行可以作为基金管理者管理基金；最后，投资银行可以作为基金的承销人，帮助基金发行人向投资者发售受益凭证。

（七）财务顾问与投资咨询

投资银行的财务顾问业务是投资银行所承担的对公司尤其是上市公司的一系列证券市场业务的策划和咨询业务的总称。这主要指投资银行在公司的股份制改造、上市、在二级市场再筹资以及发生兼并收购、出售资产等重大交易活动时提供的专业性财务意见。投资银行的投资咨询业务是连接一级和二级市场，沟通证券市场投资者、经营者和证券发行者的纽带和桥梁。习惯上常将投资咨询业务的范畴定位于为参与二级市场投资者提供投资意见和管理服务。

（八）风险投资

风险投资又称创业投资，是指对新兴公司在创业期和拓展期进行的资金融通，表现为风险大、收益高。新兴公司一般是指运用新技术或新发明、生产新产品、具有很大的市场潜力、可以获得远高于平均利润的利润，但却充满极大风险的公司。由于高风险，普通投资者往往都不愿涉足，但这类公司又最需要资金的支持，因而为投资银行提供了广阔的市场空间。投资银行涉足风险投资有不同的层次：第一，采用私募的方式为这些公司筹集资本；第二，对于某些潜力巨大的公司有时也进行直接投资，成为其股东；第三，更多的投资银行是设立"风险基金"或"创业基金"向这些公司提供资金来源。

第三节　投资银行业务的发展趋势

一、全球投资银行业务的发展趋势

近二十多年来，在国际经济全球化和市场竞争日益激烈的趋势下，投资银行业完全跳开了传统证券承销和证券经纪的狭窄业务框架，跻身于金融业务的国际化、多样化、专业化和集中化中，努力开拓各种市场空间。这些变化不断改变着投资银行和投资银行业，对世界经济和金融体系产生了深远的影响，并已形成鲜明而强大的发展趋势。

（一）多样化的趋势

20世纪六七十年代以来，西方发达国家开始逐渐放松金融管制，允许不同的金融机构在业务上适当交叉，这为投资银行业务的多样化发展创造了条件。到了20世纪80年代，随着市场竞争的日益激烈以及金融创新工具的不断发展完善，更进一步强化了这种趋势的形成。如今，投资银行已经形成了证券承销与经纪、私募发行、兼并收购、项目融资、公司理财、基金管理、投资咨询、资产证券化和风险投资等多元化的业务结构。

（二）专业化的趋势

专业化分工协作是社会化大生产的必然要求，在整个金融体系多样化发展过程中，投资银行业务的专业化也成为必然，且各大投资银行在业务拓展多样化的同时也各有所长。例如，美林在基础设施融资和证券管理方面享有盛誉，高盛以研究能力及承销而闻名，所罗门兄弟以商业票据发行和公司购并见长，第一波士顿则在组织辛迪加和安排私募方面居于领先。

（三）集中化的趋势

20世纪五六十年代，随着第二次世界大战后经济和金融的复苏与成长，各大财团的竞争与合作使得金融资本越来越集中，投资银行也不例外。近年来，由于受到商业银行、保险公司及其他金融机构的业务竞争，如收益债券的运销、欧洲美元辛迪加等，投资银行业的集中日益加剧。在这种状况下，各大投资银行业纷纷通过购并、重组、上市等手段扩大规模。如美林与怀特威尔德公司的合并、瑞士银行公司收购英国的华宝等。大规模的并购使得投资银行的业务高度集中，1987年美国25家较大的投资银行中，最大的3家、5家、10家公司占市场证券发行的百分比分别为41.82%、64.98%、87.96%。

（四）国际化的趋势

随着世界金融一体化、全球化的发展，投资银行也走出了一国的界限，经营着越来越多的国际业务。到20世纪80年代，投资银行的国际业务更是取得了惊人的进展，这致使许多银行成为全球性的投资银行。这主要表现在：

（1）全球业务网络已经建立并逐步完善。许多投资银行已经在几乎所有的国际或区域金融中心设立了分支机构，其海外分支机构几乎遍布全球。

（2）国际业务规模迅速膨胀。在纽约、伦敦、东京、中国香港、新加坡等证券市场上位居交易量前列的已不再是清一色的本国金融机构，许多海外投资银行已成为这些证券市场的重要力量。

（3）国际业务的管理机构已经比较完善。全球投资银行都有了负责协调管理全球业务的专门机构，例如，摩根·斯坦利的财务、管理和运行部，高盛公司的全球协调与管理委员会。

（4）国际业务多样化、一体化已成为现实。投资银行不仅在国际金融市场上经营着证券承销、分销、代理买卖和自营等传统业务，而且还在国际范围内从事兼并与收购、资产管理、财务咨询、证券清算、风险控制、资金借贷等活动，成为了国际金融市场尤其是国际资本市场上的"金融百货公司"。

（5）投资银行拥有大量的国外资产，在国际范围内从事资产组合管理和风险控制等活动。

投资银行的业务全球化是有深刻的原因的：

第一，全球各国经济、证券市场的发展速度快慢不一，使得投资银行纷纷以此作为新的竞争领域和利润增长点，这是投资银行向外扩张的内在要求。

第二，国际金融环境和金融条件的改善，客观上为投资银行实现全球经营准备了条件。早在20世纪60年代以前，投资银行就采用与国外代理行合作的方式帮助本国公司在海外推销证券或作为投资者中介进入国外市场。到了70年代，为了更加有效地参与国际市场竞争，各大投资银行纷纷在海外建立自己的分支机构。80年代后，随着世界经济、资本市场的一体化和信息通信产业的飞速发展，昔日距离的限制再也不能成为金融机构的屏障，业务全球化已经成为投资银行能否在激烈的市场竞争中占领制高点的重要问题。

全球化给投资银行带来了前所未有的机会和收益，但也给它们提出了新的要求，其中最关键的一点就是必须建立科学、高效的国际业务监督机制，以协调、管理各海外的业务活动。否则，在高收益的国际业务背后，可能隐藏着巨大的风险，使庞大的投资银行毁于一旦，英国霸菱银行的折戟沉沙就是前车之鉴。投资银行的全球化也给各国金融监管机构带来了新的挑战。一方面，各国尤其是发展中国家都不得不考虑在什么时机、以什么方式、按什么步骤开放本国资本市场，以及在开放资本市场后，如何对投资银行的经营活动进行管理等一系列问题。另一方面，投资银行的母国也不得不考虑如何对投资银行的海外业务进行监管，以免影响母国金融体系的健康与稳定。同时，对全球投资银行监管的国际合作也将提上议事日程。

二、发达国家投资银行发展趋势的特点

投资银行是市场经济成熟、发达的产物，已经成为创新经济的典型代表，它推动市场经济日益向知识经济和信息经济发展。经济发达国家投资银行的发展趋势呈现如下特点：

（一）发达国家投资银行的行业集中度较高，呈现出垄断竞争的特点

在早期，发达国家的投资银行机构众多，但在不断发展中，逐渐有一些投资银行被淘汰、被兼并，形成了一些资金雄厚、经验丰富的大型投资银行。这些投资银行（一般为本国投资银行排名的前几名）占有大多数市场份额，处于主导地位，是比较典型的垄断竞争状态。发达国家投资银行的这种状况充分反映出投资银行行业的特点和发展规律，对于投资银行，只有实现规模经营，才能保证正常盈利与持续发展。

（二）发达国家投资银行均实施全球化经营战略

当跨国公司们在全世界范围内不断开拓市场、寻求新的利润增长点时，发达国家的大型跨国投资银行也不例外，它们纷纷扩展各自的经营空间，一方面努力巩固国内原有市场，另一方面积极开拓全球各地新市场，其中经济蓬勃发展、充满活力的地区如亚太地区更是备受其瞩目。

（三）发达国家投资银行的业务显现出多元化、专业化趋势

西方投资银行的业务范围越来越广泛，品种也越来越多样化。投资银行业务的多样化趋势是市场经济发展、资本市场开放、全球兼并与收购浪潮等的需要。具体表现在投资银行的业务已经从最初传统的承销业务、经纪业务扩展到企业购并、资产管理、风险投资、投资咨询等领域。而且投资银行业务的多样化也反映出西方投资银行的风险分散化意识较强，适应市场需求的能力较好。

专业化趋势看似与多元化趋势不同，其实都是为了更好地适应市场的需求。因为竞争的激烈使投资银行日益细分市场，以专业化服务吸引更多的客户。

（四）发达国家的投资银行大多走向混业经营

投资银行不仅从事着传统的证券承销、经纪业务、自营业务，而且不断创新，开拓了并购、资产管理、风险投资等新业务。

（五）发达国家的投资银行竞争呈现复杂性和多样性

发达国家投资银行的现实状况还向我们传递出这样一个信号，那就是投资银行正面临日趋激烈的竞争，这些竞争既包括了各国投资银行本身之间的国内、跨国竞争和其导致的投资银行的不断优胜劣汰，也包括了各国的现代"全能银行"对投资银行的挑战。这些事实充分反映出投资银行竞争的复杂性和多样性，以及由此导致的竞争的残酷和无情。

（六）发达国家的投资银行极其重视专业人才的培养

投资银行业既不是资本密集型产业，也不是技术密集型产业，而是典型的智慧密集型产业，在投资银行中最贵的资产是人，尤其是具有银行专业素质、精通投资银行业务的人才。发达国家投资银行非常重视专业人才的培养与储备，对从业人员有着很明确的要求，如极为熟悉欧美国家（尤其是美国市场）

的主要经济指标和统计数据的解读及其在投资银行具体行业研究中的应用，包括国内生产总值（GDP）、采购经理指数（PMI）、就业指数、生产者物价指数（PPI）、消费者物价指数（CPI）、零售指数、新屋开工/营建许可等，并形成了系统的培训计划。

三、我国投资银行国际化发展的战略选择

（一）采取渐进式稳步发展的国际化策略

我国的投资银行与发达国家的投资银行处于不同的发展水平上，其本身的规模较小，建立的经济基础尚不完善，加之我国的金融监管体系也未健全，如果在短期内迅速完成国际化进程势必对国内金融业产生较大冲击。因此，我国必须采取循序渐进、稳步推进的市场开放战略。首先，积极推动投资银行的规范化和市场化。按照国际惯例和市场经济发展的要求，改革和完善原有运作机制，投资银行才能真正具备国际化的条件。其次，逐步放松对投资银行开放的管制，如逐步调低境外机构投资者的进入门槛，逐步缩短对投入资本回笼期限的限定等。最后，完全放开投资银行直接参与国际市场的平等竞争，基本取消对于国外投资者和国外投资银行的各种限制，最终完成我国投资银行的全面国际化。

（二）注重金融创新塑造自身特色

从发达国家的经验来看，随着金融业的高度国际化和集团化，投资银行间的竞争日趋激烈，由于竞争而压低的服务价格和不断上涨的成本已经使得传统业务处于无利可图的地位。投资银行间竞争的焦点开始由传统的证券承销向以并购咨询和资产证券化为代表的创新型业务转移。因此，创新能力已经成为投资银行核心竞争力的一大要素。这种创新能力主要体现在业务创新能力、技术创新能力和产品创新能力等方面。可以说，只有形成不断的金融创新能力，才能在投资银行业激烈的竞争中占得一席之地。

（三）制定符合我国特色的人力资源战略

投资银行业务本质上是一种资金高密集和智力高密集的统一体，从某种意义上讲，投资银行人力资源的培养程度将最终决定其实力水平。外资投资银行进入中国市场后，与中国投资银行展开竞争的首要焦点就是人才。人才对于投资银行的发展起着决定性作用。因此，我们应针对我国目前人才储备的状况和国际业务发展的需要，尽快制定积极、有效、有中国特色的人才战略。

1. 建立有效的员工激励机制

激励机制是使公司员工能够全心全意努力工作的基础，有效的员工激励机制应包括物质激励和精神激励。物质激励如根据每一位员工的具体情况定职定

岗，具体确定每一岗位的职责标准，然后再定期进行量化考核，将收入与个人的工作态度及对公司业绩的贡献挂钩。公司还可以考虑给予员工住房、解决户口、子女就学、保险、带薪休假、旅游、退休金等其他形式的物质激励方式，以达到稳定现有人才的目的。精神激励如应该给予员工关怀、信任和友爱，给予员工施展才华、表现自我的机遇。如设计一套公平的人员升迁测评、考核制度，造就杰出人才的升迁。

2. 建立完善的培训机制

在我国投资银行面临规范化、市场化和国际化深刻变革的背景下，各种创新业务层出不穷，因此从业人员的知识结构和竞争能力需要不断更新、提高。投资银行可实行多渠道的人才培训方式，首先在国内可与高等院校联合培训；其次可以聘请国外投资银行家对员工进行业务技能培训和职业素质教育；最后也可有计划地将有潜在能力和培养前途的高级管理人才送往国外培训，学习境外券商先进的管理经验和业务创新经验、提高业务创新与业务拓展能力。此外，投行也应激励员工自我"充电"，这也是培训机制的一种补充方法。

3. 实行"引进来"人才战略

随着我国投资银行国际化步伐的加快，在人才培养方面，我们不仅要注重对本土人才的培养，还应建立有效的海外优秀人才引进制度、开辟广阔的招贤纳士渠道。因为海外优秀人才经过西方证券市场的磨砺，不仅具有丰富的经营管理经验，而且对国外的竞争对手有着充分的了解，这些优秀人才的加入将使我国投资银行更好地适应投资银行的国际化要求，提高竞争力。

资料一：中兴通讯股票承销与发行

深圳市中兴通讯股份有限公司（中兴通讯：0063）股票发行公告

重要提示

1. 本次股票发行及发行方案已获中国证券监督管理委员会证监发字［1997］452 号和证监发字［1997］453 号文件批准。

2. 深圳市中兴通讯股份有限公司（筹）（以下简称"中兴通讯"或"发行人"）股票经深圳证券交易所同意，由主承销商君安证券有限责任公司通过深圳证券交易所交易系统进行上网定价发行。

3. 本次股票上网定价发行并非上市，有关上市事宜另行公告。

4. 投资者务请注意申购程序、申购价格、数量和次数的限制，以及认购量的确定。

5. 本公告仅对认购"中兴通讯"股票的有关事项和规定予以说明，投资者欲了解"中兴通讯"股票的一般情况，请详细阅读《深圳市中兴通讯股份有限公司（筹）招股说明书（概要）》。

6. 本次发行不得非法利用他人账户或资金进行申购，也不得违规融资或帮助他人违规融资申购。

一、基本情况

1. 深圳市中兴通讯股份有限公司（筹）本次发行额度为6500万股，其中向社会公众公开发行5850万股，向公司职工发行650万股。本次发行的股票每股面值为1元人民币，发行价格为每股6.81元人民币。650万股公司职工股在本次发行上市之日起的6个月后经批准后上市。

2. 发行时间：1997年10月6日上午9：30~11：30，下午1：00~3：00，如遇不可抗力因素影响发行，则在下一个工作日继续申购。

3. 发行地点：与深圳证券交易所交易系统联网的证券交易网点。

4. 发行对象：持有深圳证券交易账户的境内自然人、法人和经中国人民银行总行批准的基金等（法律、法规禁止购买者除外）。

5. 《深圳市中兴通讯股份有限公司（筹）招股说明书（概要）》请参见1997年9月25日的《证券时报》、《中国证券报》和《上海证券报》。

6. 股票名称及申购代码：股票名称为"中兴通讯"，申购代码为"0063"。

二、发行方式与认购数量的确定

本次发行采用的方式为上网定价发行，即利用深交所的交易系统，在指定的时间内实行定价发行。由主承销商君安证券有限责任公司按拟定的发行价格，将5850万股"中兴通讯"股票输入主承销商在深交所的股票专户，主承销商作为股票的唯一"卖方"，其报出价是发行价。

投资者在指定时间内，通过深交所的各交易网点根据发行价格和符合本公告规定的申购数量交足申购款，进行申购委托。主承销商在深交所设立申购资金专户。申购结束后，由主承销商和深交所共同核实申购资金到位情况，深交所交易系统主机根据资金到位情况统计有效申购总量和有效申购户数，并根据有效申购总量和有效申购户数确定申购者的认购股数，确定方法是：

1. 若有效申购总量小于或等于本次股票发行量，申购者按有效申购量认购；若有效申购总量小于发行量，认购不足部分由承销团包销。

2. 若有效申购总量大于发行量，则由深交所交易系统自动按每1000股有效申购确定一个申购号，按时间顺序排号，然后通过摇号抽签，确定中签申购号，每一个中签申购号认购1000股。

三、申购股数的规定

1. 本次上网定价发行每个股票账户申购量最少不得低于1000股，超过1000股的，须为1000股的整数倍。

2. 每一个股票账户只能申购一次，一经申报不得撤单。同一账户的多次申购委托除第一次申购外，均视作无效申购。

3. 每一账户申购数量上限为58000股。

四、申购程序（略）

五、配号抽签方法

1. 申购配号确认：10月7日（申购结束后的第一个工作日，T+1），由各证券交易网点将申购资金划至各清算银行的申购资金账户，再由各清算银行划至唯一指定清算银行的申购资金专户进行冻结。10月8日（申购结束后的第二个工作日，T+2），由主承销商和深交所资金交收部对申购资金到位情况进行核查，并由具有证券从业资格的会计师事务所验资；深交所按实际到账的资金确认有效申购，并对有效申购进行配号，每1000股配一个申购号，按时间顺序连续配号，号码不间断，直至最后一笔申购；然后将有效申购配号记录传给各证券交易网点。凡资金不实的申购，一律视为无效申购，将不给予申购配号。10月9日（申购结束后的第三个工作日，T+3），投资者到原委托申购的证券交易网点处确认申购配号。

2. 计算中签率：每一个配号代表1000股，本次股票发行量为5850万股，故有58500个中签号，则中签率=58500/配号总数。

3. 摇号抽签：10月9日（申购结束后的第三个工作日，T+3）公布中签率；同一天在公证部门的监督下，由主承销商和发行人主持摇号抽签；并于10月10日（申购结束后的第四个工作日，T+4）在选定的报刊上公布中签结果。

4. 确定认购股数：投资者根据中签号码确定认购股数，每一个中签号码认购1000股。

六、清算和交割

1. 申购结束后的第一至第三个工作日（共三个工作日），申购资金由深交所冻结，所冻结资金利息归发行人所有。

2. 10月9日（申购结束后的第三个工作日，T+3）在当天上午摇号抽签结束后，深交所将进行认购股数的确定和股东登记，并将认购结果通过深交所发给各证券交易网点。10 月 10 日（申购结束后的第四个工作日，T+4）深交所对未中签的认购款项予以解冻，并向交易网点返还多余申购款，将中签的认购款项扣除发行手续费（0.35%）后划入主承销商指定的银行账户。

3. 主承销商在收到深交所划转的认购股款后，依据协议划入发行人指定账户。

4. 申购冻结资金的利息按企业活期存款利率计给发行人。

5. 新股股权登记由交易所电脑主机在上网定价发行结束后自动完成，由深交所以软盘形式交给主承销商和发行人。

七、发行费用

1. 本次上网定价发行不收取佣金、过户费和印花税等费用。

2. 上网定价发行手续费，按实际成交金额的 0.35% 提取，由主承销商委托深交所按各参与定价发行的证券交易网点的实际认购量，将这笔费用按比例自动转至各交易网点。

八、承销商和发行人

主承销商：君安证券有限责任公司，地址、法定代表、联系人及联系电话略。

发行人：深圳市中兴通讯股份有限公司（筹），地址、筹委会主任、联系人及电话略。

资料二：中国国泰君安证券公司经纪业务分布及业务部个案分析

国泰君安证券自 1999 年成立以来，贯彻"诚信、亲和、专业、创新"的经营理念，依托信息技术进步和服务内涵深化，始终以客户为中心，全力提升客户对证券理财服务的满意度，在客户心目中形成了蓝色智慧与钻石品质的券商形象。国泰君安证券认为：一方面，专业服务不仅满足了客户需求，并且增进了券商经营的创收能力；另一方面，专业服务深入帮助客户了解自身投资偏好和风险承受能力，理性认识证券投资，从服务角度强化了投资者教育。此外，客户满意度随服务提升同步增长，有效推动了口碑传播，对立志打造百年老店的券商品牌是一笔宝贵的财富。

如今证券理财的内涵至少包括股票和基金。国泰君安证券在经纪业务领域充分重视并追踪上述变化，积极跟进投资者需求，努力推动自身从交易通道向理财服务、从现场服务向非现场服务、从经营产品向经营客户深刻转型。2005年，国泰君安证券实施组织架构改革，对全国分支机构进行区域资源整合和前后台分离，建立创新的扁平化与专业化构架，经纪业务专业能力与服务特色日渐显现。紧密结合投资者教育和满意服务在金融等行业活动，国泰君安证券从营业网点现场服务、呼叫中心与互联网非现场服务和全国系列主题服务活动共三方面着力提升服务内涵，打造客户服务的钻石品质。

一、现场服务注重人性化，通过细致服务培育客户理性投资思维

为加强营业网点的人性化服务，首先推行了两项重要的标准化建设。其一是营业场所的形象设计、硬件配置和区域功能的标准化，由总部制定明确的指导标准，聘请专业公司参与装修方案审稿，确保视觉形象统一。其二是业务流程的标准化，总部相关部门在大量调研的基础上，制定了数十万字的后台业务标准化流程，要求后台营运业务严格执行。

两个标准化不断提升现场服务的品质与内涵。当投资者步入营业网点，有咨询人员与他们仔细交流业务需求并指导其依序办理。由于程序环节明确的标准化，不仅落实了各项法律法规的要求，而且使客户能够深切感受到强化了人性化服务的亲和力。

为增进服务人性化，国泰君安证券还建设了一支高素质的客户经理团队，为客户提供证券理财规划和投资建议。客户经理与客户之间设立了"一对一"的服务管理对应关系，通过个性化交流，强化客户对证券投资理财的理性思考，逐步建立价值型投资理念，识别自身的风险承受能力，帮助客户选择合适的投资方向与时机。这种理财的个性化是对人性化服务进一步的注解与升华，提升了客户证券投资的长期目标和务实的投资策略。

二、非现场服务注重智能化，借助技术服务帮助客户获取高价值信息

信息技术手段的丰富与普及，推动着证券公司客户服务方式从现场向非现场转移。国泰君安证券很早就关注到科技进步带来的客户需求变革，多年来持续加大信息技术投入。2007年，国泰君安经纪业务平台获中国证监会、中国证券业协会首次评选的证券期货业科学技术奖一等奖，表明其证券委托交易拥有稳定高效的核心技术保证。在此基础上，国泰君安还打造了呼叫中心、互联网站、手机三条清晰的非现场服务主线，服务智能化程度不断提高。

1. 95521 呼叫中心

2001年，国泰君安证券在业内率先建成800呼叫中心，为遍布全国的客户提供高速响应的咨询服务，并不断进取创优，多次获得业内评选的"最佳呼叫

中心"奖项。2005 年，运用 IP 通信技术，国泰君安证券首创业内集中分布式呼叫中心体系。2008 年，全新客服号码 95521 上线全天候运行。

呼叫中心在接受客户咨询的同时，通过短信渠道主动服务客户，覆盖了百余万客户群体，打造了具备广泛影响力的客户口碑。目前短信服务形成了三个特色：一是与客户账户关联的提醒服务；二是适时向客户表述股市走势的客观论点；三是面对市场重大波动时，及时提示投资风险。

2. gtja.com 互联网站

自 2006 年以来，国泰君安证券网（www.gtja.com）推动网站改版升级，全力建设以服务与营销为运营目标的新型证券网站，"精致理财生活、网络财富人生"成为证券网的主题词。2007 年，国泰君安证券网荣获"最受股民喜爱的中国优秀财经证券网站"桂冠。

新版网站推出了"智博汇"服务专区，将专业、复杂的研究报告采编拆分为通俗易懂的投资信息，同时组合遴选正式途径发布的各类信息，降低小道传闻对投资决策的干扰，帮助客户精确收集与投资决策相关的重要资讯，提高对投资品种基本面价值的理解判断，减少冲动交易。

投资者在国泰君安证券网也能享有人性化的在线服务。国泰君安创新研发的在线 IM 即时通信工具"E.T.助手"，无须投资者下载任何软件，即可就其关心的证券知识与业务问题进行在线咨询，客服人员一对一以文字对话方式与客户迅捷沟通。针对客户网上交易可能出现的技术疑难，"E.T.助手"创新设置了截屏工具，确保网上交易无障碍使用。当客服人员在繁忙或非工作时间时，投资者还可通过"E.T.助手"留言功能将问题提交给国泰君安，并将得到第一时间的回复。

国泰君安证券网"投资者园地"是深受客户喜爱的一个精品栏目，访问量一直高居栏目前列。"投资者园地"除按照传统的分类方法归集证券知识、风险提示、服务介绍和操作指引，形成一个内容丰富的知识库之外，还公布了监管部门热线电话，并链接了投资者教育法律咨询团的网址。

国泰君安证券网还提供了多套行情交易软件的下载，既有综合型的大智慧行情分析系统，也有延时港股报价的钱龙行情分析系统，还有自行创设的"锐智"行情交易资讯三合一软件。特别值得一提的是，"富易"网上交易系统获首届证券期货业科学技术奖三等奖，两度蝉联《证券时报》"最佳网上交易奖"；最新版本的"富易"不仅具备安全高速的交易功能，并且将大量服务整合到了软件中。

3. "易阳指"手机理财

面对不断增长的手机上网用户群，国泰君安证券率先运用先进的 JAVA 和

GPRS 技术，为投资者提供自主创新的"易阳指"手机理财服务。

"易阳指"手机证券理财服务凝聚了安全性、免资费、简单易用和功能强大四大优势，真正实现了客户只需随身携带一部手机就可随时享有国泰君安证券的常用服务。处处细节为客户思考的"易阳指"推出仅一年时间，用户量成倍增长，2007 年度荣膺"最佳无线证券服务"奖。

三、主题活动注重互动性，以价值研究推动客户了解市场趋势内因

国泰君安证券经纪业务深刻践行从坐商向行商的变革，不断设计并推出现场和非现场的精品服务，不仅如此，公司还集聚了优秀的研究资源和分析师团队，每年主动深入到全国各地的投资者中，举办系列主题性活动。通过与客户的互动，国泰君安充分了解客户需求，同时传播其专业研究理念，体现服务价值。

"投资万里行"是国泰君安证券持续 3 年打造的主题活动品牌，也是"迎奥迎、迎世博，满意服务在金融"立功竞赛活动的重要内容之一，其立足市场趋势变化，深刻解析市场内因的内涵，深受广大投资者欢迎。仅 2008 上半年，由国泰君安总部组织的分析师团队，在全国 10 余个省、市、自治区，举办了 20 多场次"投资万里行"主题报告会活动，覆盖投资者超过万人，实现了较好的投资者教育效果。

在创新业务领域，国泰君安证券更注重通过主题活动，投入充足资源持续强化新业务的投资者培育。2008 年 1 月，国泰君安证券获准为国泰君安期货提供中间介绍业务资格，为此举办了"期货宣传服务月"活动，印制了数千套《期货知识与交易技巧》教学光盘，组织全国分支机构举办了数十场主题沙龙，帮助投资者强化风险意识，了解期货交易知识。

以客户为中心，全力践行满意服务在金融、扎根上海、打造全国一流的证券理财客户服务品牌，国泰君安人付出了不懈努力。为准确评估客户需求及服务满意度，自 2006 年开始，国泰君安首家聘请第三方专业调研机构，连续三年进行客户满意度调查。2007 年度调查报告显示，国泰君安证券客户服务满意度达到 98.2%。

国泰君安证券经纪业务对客户的尊重，也赢得了业内专家和权威媒体的认同。2008 年，国泰君安证券荣膺"中国最佳证券经纪商"、"最佳经纪团队"称号，国泰君安证券上海江苏路、北京知春路营业部双双入选"中国十佳证券营业部"、"中国明星证券营业部二十强"，国泰君安证券郑州花园路等四家营业部荣膺"最具市场开拓能力营业部"等单项奖励。

资料三：纳斯达克的做市商制度

纳斯达克是通过多个做市商（Market Maker）进行交易的，这是纳斯达克一个独有的特征。正是依靠先进的技术、独特的多做市商和优良的服务，纳斯达克规模扩大得很快，是美国发展最快的证券市场。

纳斯达克有两个最重要的核心竞争能力：一是多个做市商交易的平台，二是服务至上、客户至上的企业文化和企业理念。

纽约股票交易所是通过专门交易商进行交易的，每一家上市公司都有一个确定的专门交易商，针对该上市公司只能通过专门交易商进行专门交易。不管是散户还是客户组，或是大的机构投资者——包括大的保险公司、基金、对冲基金等，它们最后必须归集到专门交易商的手中，任何交易都要通过专门交易商来完成交易。同时，专门交易商自身也可以交易自己的账号。

可以想象，在实际的操作中，专门交易商可以很容易清楚地看到（散户、机构投资者、保险公司、基金、经纪代理人、买家、卖方）交易的价格和数量，同时他们还可以自己交易。简单地说就是垄断，然而只要有垄断，必然会产生一系列相伴生的东西，如不透明、效率低下、不规则的交易、自己的利益优先等诸多弊端。

纳斯达克的交易模式呢？

多个做市商不间断地主持买、卖双方的市场，发布有效的买、卖两种报价，买卖双方无须等对方出现，只要有做市商出面承担另一方的责任，交易便算完成。按照规定，凡在纳斯达克市场上市的公司股票，最少要有两家以上的做市商为其报价。通过使用先进的电子技术和竞争激烈的做市商，纳斯达克市场最大限度地保证了证券市场的流动性、有效性和公开性。

纳斯达克的交易模式中有三层，本身形成一种竞争。这种竞争在显示屏幕上具体表现为买卖价格和数量都是公开、透明的。卖方不可能形成唯一的垄断，竞争是透明、公开的，交易速度快，交易成本低，从而产生了一定的效率。比如，在某个市值下，纽约交易所是15秒钟时，纳斯达克是3秒钟，共差了5倍。不仅如此，随着纳斯达克不断地发展，这些做市商还要拿出钱来进行交易。举例来说，当买卖差价可能在某个时段上就差那么一点成交不了时，做市商就必须要求自己的资金参与到里面去，促使这个交易的形成，这样就有了交易，有了交易就有了流动性，有了流动性就会有更多人的参与，就会有更多人的买卖，有了更多人的买卖就会有更多人的参与。

当然，纳斯达克对多个做市商也有比较强的监管。第一，对做市商的资本金要求是很高的，只有达到要求的才能成为做市商；第二，必须具备一定的交易水平才能成为做市商，否则就不能进入。

同时在交易过程中，纳斯达克在交易系统有24个检查点，任何一个检查点过不去，交易就不能形成，会自动淘汰掉，完全的电子化。至于检查的内容，简单说有三个：第一，交易走正常的流程；第二，做市商有没有超规模或范围；第三，本身还有一些细微的检查有没有超标等。

纳斯达克的这种多个做市商和电子交易系统的模式，随着时间的发展越来越为市场的参与者所认可，也同时被美国联邦证券交易委员会所认可和推荐。纽交所在2005年4月宣布将购买电子交易系统"Archipelago"，实际上也是出于向纳斯达克模式的借鉴。这既是挑战又是机遇。纳斯达克在同年4月宣布将并购Instinet，这一并购将使得纳斯达克的服务更加完善，服务对象更加广泛，交易效率也得到进一步提高。

思考题：

1. 投资银行发挥哪些方面的功能？其基本组织结构有哪些？

2. 投资银行的主要业务有哪些？各业务的主要内容是什么？

3. 投资银行业务发展趋势如何？我国投资银行如何适应国际化趋势？

第四章 并购

学习目的：通过本章学习，掌握并购的概念，理解并购的一般动因，了解国内外并购活动的发展演变过程；熟悉并购的运作形式，掌握全部并购程序；掌握并购价格决策、并购支付方式决策的影响因素，熟悉并购融资决策的内容；理解并购整合的各项内容。

第一节 并购概述

企业并购是资产重组的重要形式之一，是企业走外部成长道路的主要途径。与新设企业、走内部成长道路的传统途径相比，并购能够迅速扩大企业规模，节省开拓市场、培养人才的时间，形成生产、技术、资金、管理等方面的协同效应。美国著名经济学家、1982 年诺贝尔奖金获得者乔治·斯蒂格勒曾说过："没有一家美国大公司不是通过某种程度、某种方式的兼并而成长起来的，几乎没有一家大公司主要是靠内部积累成长起来的。"当代世界上著名的大公司、大财团都是在不断并购其他企业的过程中成长、发展、壮大的。

我国真正意义上的企业并购始于 1984 年 "保定并购"，其创改革开放后我国企业并购之先河。20 世纪 80 年代后期，在全国主要城市，企业并购迅速发展。进入 20 世纪 90 年代，证券市场迅猛发展，上市公司以管理层收购和外资收购为主要方式的并购规模越来越大，同期，各地产权交易市场如雨后春笋般发展起来，国有企业通过产权交易市场进行整体或部分产权交易的企业并购空前活跃。我国现已颁布实施的《公司法》、《破产法》、《证券法》以及《上市公司收购管理办法》、《关于向外商转让上市公司国有股和法人股的通知》、《企业国有产权转让管理暂行办法》、《关于国有大中型企业主辅分离辅业改制分流安置富余人员的实施办法》等法律法规，都为并购的顺利开展提供了保障。

一、并购的概念

并购即兼并与收购（Merger & Acquisition，M&A）的合称。所谓兼并（Merger），通常有广义和狭义之分。狭义的兼并是指企业通过产权交易获得其他企业的产权，使这些企业丧失法人资格，并获得它们的控制权的经济行为，相当于《公司法》中规定的吸收合并。而广义的兼并是指在市场机制的作用下，企业通过产权交易获得其他企业产权并企图获得其控制权的行为。广义的兼并除了包括吸收合并外还包括新设合并（Consolidation）和其他产权交易形式。而所谓收购（Acquisition）则是指对企业的资产和股份的购买行为。收购和广义兼并的内涵非常接近，因此经常把兼并和收购合称为并购。并购实际上包括了在市场机制的作用下，企业为了获得其他企业的控制权而进行的所有产权交易活动。

二、并购的动因

产生并购行为最基本的动机就是寻求企业的发展。寻求扩张的企业面临着内部扩张和通过并购发展两种选择。内部扩张可能是一个缓慢而不确定的过程，通过并购发展则要迅速得多，尽管它会带来自身的不确定性。

在理论上，并购最基本的动机就是获取协同效应（Synergy），也即 1+1>2 的效果。协同效应通常包括经营协同效应（Operating Synergy）、财务协同效应（Financial Synergy）和管理协同（Administrating Synergy）。

经营协同主要是指由于经济的互补性（如低、中、高端或农村、城市等不同市场定位的产品具有互补性）及规模经济的效益性（如设备闲置的企业并购同类企业后增加产量，从而降低单位产品所承担的折旧费，最终增加单位产品利润）。

财务协同主要包括以下方面带来的收益：①上下游企业并购使得外部市场交易行为转为内部调拨行为，减少交易费用；②并购后的企业，现金流将更稳定，资产总量更大，资产结构也更为合理，从而会以较低资本成本获取资金；③合法避税，税法中规定，亏损企业允许其免缴当年所得税，而且亏损还可在以后五年内弥补，根据弥补亏损后的盈余计算所得税，所以当一个盈利的企业收购一家严重亏损企业时可以享受从盈余中抵减亏损从而少缴所得税的好处。

管理协同是指拥有高效率管理队伍的企业并购那些缺乏管理人才而效率低下的企业，利用其卓越的管理团队和管理方法提高整体效率而获利。

在具体实务中，并购的动因，归纳起来主要有以下六类：

1. 扩大生产经营规模，降低成本费用

通过并购，企业规模得到扩大，能够形成有效的规模效应。规模效应能够带来资源的充分利用，资源的充分整合，降低管理、原料、生产等各个环节的成本，从而降低总成本。

2. 提高市场份额，提升行业战略地位

规模大的企业，伴随生产力的提高，销售网络的完善，市场份额将会有比较大的提高，从而确立企业在行业中的领导地位。

3. 取得充足廉价的生产原料和劳动力，增强企业的竞争力

通过并购实现企业的规模扩大，成为原料的主要客户，能够大大增强企业的谈判能力，从而为企业获得廉价的生产资料提供可能。同时，高效的管理，人力资源的充分利用和良好的企业知名度都有助于企业降低劳动力成本，从而提高企业的整体竞争力。

4. 实施品牌经营战略，提高企业的知名度，以获取超额利润

品牌是价值的动力，同样的产品，甚至是同样的质量，名牌产品的价值远远高于普通产品。并购能够有效提高品牌知名度，提高企业产品的附加值，获得更多的利润。

5. 为实现公司发展的战略，通过并购取得先进的生产技术、管理经验、经营网络和专业人才等各类资源

并购活动收购的不仅是企业的资产，而且获得了被收购企业的人力资源、管理资源、技术资源、销售资源等。这些都有助于企业整体竞争力的根本提高，对公司发展战略的实现有很大帮助。

6. 通过收购跨入新的行业，实施多元化战略，分散投资风险

这种情况出现在混合并购模式中，随着行业竞争的加剧，企业通过对其他行业的投资，不仅能有效扩充企业的经营范围，获取更广泛的市场和利润，而且能够分散因本行业竞争带来的风险。

三、企业并购的发展与演变过程

从某种意义上说，西方近百年的经济发展史实际上是一部并购史。并购是典型的资本运营。西方世界依次经历了五次并购浪潮：第一次发生在 19 世纪末至 20 世纪初，以横向并购、国内并购为主，并购中投资银行发挥重要作用，但并购操作欠规范；第二次发生在 20 世纪 20 年代，以纵向并购为主，出现了产业资本和银行资本互相渗透的并购，同时国家开始出面组织并购；第三次发生在 20 世纪 50~60 年代，以混合并购为主，出现了强强并购，银行间兼并加剧；第四次发生在 1975~1992 年，并购范围广，形式多样，借款并购成为主要

形式，投资银行的作用越来越大，出现了小企业并购大企业的现象，是金融买家发起的以谋利为核心的并购；第五次发生在 1994 年至今，更多地表现为强强联合，企业并购一般以投资行为主，政府的积极支持是本次并购的主旋律，其规模之大、范围之广、谈判时间之短都是空前的，并呈现出明显的跨国特征，而且企业合并的浪潮一浪高过一浪。

改革开放后，我国经济由传统的计划经济逐步向社会主义市场经济转变。受国际并购浪潮的影响，中国的企业也掀起了两次并购浪潮。

1. 1980~1989 年的第一次并购浪潮

1984 年 7 月，河北省保定市锅炉厂兼并保定市风机厂拉开了中国企业并购的序幕。当时，一方面保定市近一半的国有企业因经营管理不善而长期亏损，却无效占用大量国有资产，并享受财政补贴；另一方面大批优势企业却因缺少场地、资金而无法扩大生产经营规模。为了解决这些矛盾，保定市政府采取"扶持先进、淘汰落后"的办法，在政府的直接干预下，采取自上而下的程序由优势企业兼并亏损企业。

从 1986 年开始，我国企业并购从少数城市向全国发展，从而掀起了我国第一次企业并购高潮。仅 1989 年一年，全国 27 个省、市、自治区有 2315 家企业购并了 2559 家企业，转移存量资产 20 多亿元，减少亏损企业 1204 家，减亏金额 1.3 亿元，占 20 世纪 80 年代被购并总数的 36.7%。

我国的第一次并购高潮是在社会主义市场经济体制确立之前进行的，由政府直接干预和推动，带有明显的计划经济色彩，而市场经济是企业并购必要的环境条件，因此我国的第一次并购浪潮并不能算是真正意义上的企业并购。

2. 1992 年至今的第二次并购浪潮

1992 年初，邓小平南方谈话后，我国确立了社会主义市场经济体制，经济形势逐步高涨，国有企业深化改革提上历史日程，产权改革作为国有企业改革的一部分日益受到重视，特别是 1990 年 12 月上海证券交易所和 1991 年 7 月深圳证券交易所成立以来，中国的证券市场迅速发展，为企业并购提供了更好的市场条件。

自 1993 年的"宝安收购延中"事件开创了中国证券史上的并购先河以来，以"买壳上市"为主要内容的第二次并购重组的浪潮开始在我国的证券市场上风起云涌，并购数量和金额不断增加。湖北省武汉市的企业并购开始于 1994 年 12 月武汉牛奶公司兼并汉口体育馆，采取的方式是自下而上、上下结合的程序，先由购并双方自愿协商达成协议，然后报双方主管部门批准。

1996 年以前，我国上市公司收购数量只有 4 家，2000 年就突破 100 家，并购金额从 1996 年的 6 亿元增加到 2000 年的 262 亿元。

同时，并购的手段和方式不断翻新，行政划拨、司法裁决、协议转让、委托书收购、间接收购、二级市场上集中竞价收购、要约收购等多种方法都被实践，金融创新也不断推出。非上市公司之间的并购、跨国并购也日益增多。

第二次并购浪潮是在我国确定建立市场经济的条件下发生的，是具有真正市场经济意义的企业并购，在这次并购浪潮中，既有实力雄厚的大企业并购小企业，也有优势企业之间的强强联合；既有外国公司并购国内的公司，也有我国的公司收购国外的公司。并购的目的不再仅仅局限于扭亏解困，相当多的公司从企业发展的战略高度进行并购，着眼于提高企业核心竞争力、实现规模经济和资本的有效配置。

近年来，随着我国经济的全面发展和资本环境的日益完善，中国企业并购活动逐步增多，尤其是一些上市公司，依赖其稳固的市场地位、雄厚的资金实力以及丰富的资本运作经验，在境内外频繁实施并购活动。大中华区著名创业投资与私募股权研究机构清科研究中心2010年5月推出的《中国上市公司并购绩效专题研究报告》数据显示：在清科研究中心研究范围内，2005~2009年，共发生565起上市公司并购事件，涉及并购金额达1171.80亿元。2008~2009年，尽管受到海外金融风暴的影响，但是在国家及政府相关政策及并购贷款的扶持下，2009年并购事件创下新高，达到了2005年的5倍；而并购金额则在2008年创下峰值，达648.98亿元。

从行业分布来看，565起并购事件主要分布在房地产、能源及矿产、化工原料及加工、机械制造、连锁及零售、建筑/工程等20多个领域，其中房地产和能源及矿产行业的并购活动最为活跃。具体来看，2005~2009年，共发生了132起房地产行业并购案，并购金额为260.32亿元，分别占并购案例和并购总额的23.4%和22.2%；能源及矿产领域共发生85起并购案例，涉及金额为162.29亿元。除这两个领域外，化工原料及加工、机械制造、连锁及零售、建筑/工程等领域的并购案例也较多。总体而言，2005~2009年我国上市公司的并购案例主要集中于传统行业领域。

从并购区域来看，2005~2009年，中国上市公司并购活动主要集中于国内，在565起并购事件中，550起为上市公司并购境内企业的事件，涉及金额达817.07亿元。这些事件中，被并购企业主要分布于江苏、北京、广东（除深圳）、浙江、湖南、上海、山东等33个省市，其中江苏省和北京市发生的并购事件较多，分别为46起和45起，占国内并购事件总数的8.4%和8.2%；并购金额方面，北京市和江苏省也占据前两位，二者的并购总额为195.79亿元，占国内并购总额的24.0%。除上述两地区之外，广东、浙江、上海、山东等经济发达地区的并购活动也较为活跃。

与国内并购相比，上市公司海外并购的案例相对较少，共有 15 起并购案例发生，并购金额为 354.74 亿元。被并购企业主要来自于美国、澳大利亚、以色列、日本、南非等国，行业主要集中于能源及矿产、建筑/工程、机械制造、清洁技术、纺织及服装等领域。从各年的情况来看，中国上市公司海外并购的数量逐渐增多，而在政府一系列的政策鼓励下，随着中国经济和上市公司实力的增强，中国上市公司海外并购的步伐将进一步加快。

第二节　并购的运作形式及程序

一、并购的运作形式

（一）按并购双方的行业关系划分

按并购双方的行业关系，也可以说是根据产权流动的不同轨道分为以下三类运作形式：

1. 横向并购（Horizontal M&A）

横向并购是指同属于一个产业或行业，或产品处于同一市场的企业之间发生的并购行为，也即竞争对手间的并购。它是横向型资本扩张的一种具体形式。

青岛啤酒集团的扩张就是横向型资本扩张的典型例子。近年来，青啤集团公司抓住国内啤酒行业竞争加剧，一批地方啤酒生产企业效益下滑，地方政府积极帮助企业寻找"大树"求生的有利时机，按照集团公司总体战略和规划布局，以开发潜在和区域市场为目标，实施了以兼并收购为主要方式的低成本扩张。几年来，青啤集团依靠自身的品牌资本优势，先后斥资 6.6 亿元，收购资产 12.3 亿元，兼并收购了省内外 14 家啤酒企业。这不仅扩大了市场规模，提高了市场占有率，壮大了青啤的实力，而且带动了一批国企脱困。2003 年，青啤产销量达 260 万吨，跻身世界啤酒十强，利税总额也上升到全国行业首位，初步实现了做"大"、做"强"的目标。

从上例可以发现，横向型资本扩张有三个好处：减少竞争者的数量，增强企业的市场支配能力，还可解决市场有限性与行业整体生产力不断扩大的矛盾。同样地，横向并购也具有同样的优点，表现为：可以扩大同类产品的生产规模，降低生产成本，消除竞争，提高市场占有率。1993 年成立的兰州黄河企业股份有限公司，在兼并、控股、购买天水啤酒厂、镇原啤酒厂和渭南啤酒厂等五家国有企业中一共投资 1.15 亿元，其中 71.5%以上的资金是黄河集团凭其良好的信誉向当地银行融资的。从时间上看，兴建 10 万吨的啤酒厂约需 5 年时间，而通过兼并、收购、控股和技改，不过花了一年半的时间。

横向并购是早期并购最主要的形式，美国历史上的第一次兼并浪潮主要就是横向并购。但是，由于横向并购很容易形成高度垄断，特别是大型企业间的并购，因而许多国家在法律上对此有较严格的限制。比如，19 世纪末至 20 世纪初，横向并购的结果使美国出现了众多的行业托拉斯，形成了高度垄断的局面。因而在 1914 年和 1984 年美国分别出台了《克莱顿法》（Clayton Act 1914）和《兼并指导原则》（The 1984 Merger Guidelines of the Department of Justice）。

2. 纵向并购（Vertical M&A）

纵向并购是指生产过程或经营环节紧密相关的企业之间的并购行为，也即上下游（供应商与生产商及销售商）企业间的并购。它是指交易双方处于生产、经营不同阶段的企业或者不同行业部门之间的并购行为，是直接投入产出关系的产权交易。纵向并购属于纵向资本扩张的一种形式。我们可以将纵向一体化分为前向一体化和后向一体化，也即以下所说的前体并购和后体并购。所谓前体并购也叫向前并购，是指并购生产流程前一阶段的企业，即并购供应商，如钢铁厂并购矿山、加工厂并购冶炼厂。身边的例子有武钢并购昆钢。其目的何在？看看武钢并购就知道，主要是保证原材料的稳定供应。武钢将借助昆钢的资源向产业链上游扩张。由于铁矿石资源的不可再生性，国际市场上矿石价格不断上涨，造成了钢铁企业的成本也水涨船高，再加上中国在国际矿石市场上没有定价权等不利因素，国内企业一直在苦寻稳定、可靠、价格优越的矿石资源。此次武钢之所以并购昆钢除了开拓东南亚市场的因素外，昆钢拥有的丰富矿石资源也是一个重要的原因。

所谓纵向并购的向后并购，是指并购生产流程后一阶段的企业，即并购客户，如原材料生产商并购加工企业、零部件生产商并购装配企业、生产企业并购销售商等。其目的何在？延伸产品链、增加产品附加值。以中石油和中石化为例。1999 年国务院办公厅转发原国家经贸委《关于清理整顿小炼油厂和规范原油成品油流通秩序的意见》（以下简称"38 号文件"）。"38 号文件"规定，国内各炼油厂生产的成品油，要全部交由中石油和中石化的批发企业经营，其他企业不得批发经营，各炼油厂一律不得自销。这相当于把民营油企的命脉控制了。地方政府大刀阔斧地进行了清理整顿，取消了中石油和中石化以外的许多企业的经营资格，其中不少企业被两大集团收购兼并或者直接划转。中石油和中石化两大企业集团在全国各地大举收购加油站，逐步形成了在石油流通领域的垄断地位。

回顾上面的例子，综合分析纵向并购的好处何在？纵向并购将企业与企业间的市场交易活动变为企业内部交易活动，形成纵向生产一体化或销售一体化，延长了企业的产品生产链，从而加速生产流程，节约运输、仓储等费用，增强垄断力量（通过外部经济内部化而纠正外部影响引起的市场失灵），确保原材料的稳定供应。

3. 混合并购（Conglomerate M&A）

混合并购是指生产和经营彼此没有关联的产品或服务的企业之间的并购行为，又称多角化并购。它起源于美国，是躲避反垄断法的产物。混合并购的主要目的是涉足不同领域，分散经营风险，提高企业对经营环境适应能力。如汽车企业并购酒店、烟草企业并购饮料企业。随着科学技术的发展，一种原材料可以应用于不同行业的不同产品的生产中，一个行业的副产品乃至废品有可能是其他行业不可缺少的原材料，因此，充分利用原材料也是混合并购的一个重要原因。混合资本是典型的多角化经营，有利于分散风险，提高企业的市场适应力，同时可以规避部分法律风险。

美的集团成功地进行了混合并购，使集团实现了跨越式发展。拥有105亿元资产的美的集团一直是我国白色家电业的巨头，2003年的销售额达175亿元。在四十多年的发展历程中，美的从来没有偏离过家电这一主线。专业化的路线使美的风扇做到了全国最大，使空调、压缩机、电饭锅等产品做到了全国前三名，巨人的规模造就了明显的规模优势。然而，随着家电行业竞争形势的日益严峻，进军其他行业、培养新的利润增长点成为美的集团的现实选择。与此同时，美的在资本、品牌、市场渠道、管理和人才优势等方面也积累到了具备多元化经营、资本化运作的能力。审时度势后，美的毅然作出了从相对单一的专业化经营转向相关多元化发展的战略决策。2003年8月和10月美的先后收购了云南客车和湖南三湘客车，正式进入汽车业。此后不久，又收购了安徽天润集团，进军化工行业。美的集团董事局主席何享健与美的集团投资副总监顾炎民博士均参加了与蚌埠市政府关于化工企业天润公司股权收购的签约仪式，"这次与蚌埠市政府签署协议的是何享健的儿子何剑锋旗下的顺德美的技术投资有限公司，具体合作事宜还不方便透露"。安徽蚌埠不仅有着发达的交通，在化工行业的发展方面也有着丰富的经验，这可能是最吸引美的的地方。美的将以家电制造为基础平台，以其既有的资源优势为依托，以内部重组和外部并购为手段，通过对现有产业的调整和新产业的扩张，实现多产业经营发展的格局，使美的最终发展成为多产品、跨行业、拥有不同领域核心竞争能力和资源优势的大型国际性综合制造企业。

（二）按企业并购的付款（实现）方式划分

按企业并购的付款（实现）方式划分，并购可分为以下多种方式：

1. 用现金购买资产

用现金购买资产是指并购公司使用现款购买目标公司绝大部分资产或全部资产，以实现对目标公司的控制。购买房地产、债权、业务部门、生产线、商标等有形或无形的资产。收购资产的特点在于收购方不必承担与该部分资产有关联的债务和义务。收购资产往往伴随大规模的融资活动，随着资产收购活动的完成，企业的业绩往往大幅提高。如虹桥机场于 2000 年上半年发行了 13.5 亿元可转债，用于购买浦东机场候机楼及相关资产；湖南高速于 1998 年 10 月以 11.3 亿元的价格收购了长潭高速 30 年的收费经营权，于 2001 年 1 月利用配股资金收购了京珠高速湘潭至衡阳段的收费经营权。

2. 用现金购买股票

用现金购买股票是指并购公司以现金购买目标公司的大部分或全部股票，以实现对目标公司的控制。

3. 用股票购买资产

用股票购买资产是指并购公司向目标公司发行并购公司自己的股票以交换目标公司的大部分或全部资产。

4. 用股票交换股票

此种并购方式又称"换股"。一般是并购公司直接向目标公司的股东发行股票以交换目标公司的大部分或全部股票，通常要达到控股的股数。通过这种形式并购，目标公司往往会成为并购公司的子公司。

5. 债权转股权方式

债权转股权式企业并购是指最大债权人在企业无力归还债务时，将债权转为投资，从而取得企业的控制权。我国金融资产管理公司控制的企业大部分为债转股而来，资产管理公司进行阶段性持股，并最终将持有的股权转让变现。

6. 间接控股

间接控股主要是指战略投资者通过直接并购上市公司的第一大股东来间接地获得上市公司的控制权。如北京万辉药业集团以承债方式兼并了双鹤药业的第一大股东北京制药厂，从而持有双鹤药业 17524 万股，占双鹤药业总股本的 57.33%，成为双鹤药业第一大股东。

7. 承债式并购

承债式并购是指并购企业以全部承担目标企业债权债务的方式获得目标企业控制权。此类目标企业多为资不抵债，并购企业收购后，注入流动资产或优质资产，使企业扭亏为盈。

8. 无偿划拨

无偿划拨是指地方政府或主管部门作为国有股的持股单位直接将国有股在国有投资主体之间进行划拨的行为。这种方式有助于减少国有企业内部竞争，形成具有国际竞争力的大公司、大集团。此外，这种方式一般带有极强的政府色彩，如一汽并购金杯的国家股。

（三）按涉及被并购企业的范围划分

按涉及被并购企业的范围划分，可以分为整体并购和部分并购。整体并购是一种产权的权益体系或资产不可分割的并购方式。其目的是通过资本迅速集中，增强企业实力，扩大生产规模，提高市场竞争能力。整体并购是指并购公司以资产或负债的形式受让目标公司全部产权的并购行为。基本特征：一是并购公司以资产或负债，而不是以股权的形式受让目标公司的产权；二是并购行为结束后并购公司拥有目标公司的全部资产权。整体并购有三种形式：

（1）总资产并购，即净资产负债并购。这种形式是指并购公司以目标公司总资产（净资产与负债之和）为目标公司全部产权的并购行为。

（2）负债并购。这种形式是指并购公司以承担目标公司债务为条件受让目标公司全部产权的并购行为。

（3）净资产并购。这种形式是指上市公司并购以目标公司净资产为并购价格的并购行为。整体并购的优点是目标公司成为并购公司的分公司（分厂或事业部）或者全资公司，并购公司可以在不受任何股东干预的情况下对目标公司进行改造。缺点是并购以及并购后运营资金投入的绝对量较大。

而部分并购是指将企业的资产和产权分割为若干部分进行交易而实现企业并购的行为。具体包括三种形式：对企业部分实物资产进行并购，将产权划分为若干价值相等的份额进行产权交易，将经营权分成几个部分（如营销权、商标权、专利权等）进行产权转换。部分并购的优点在于可扩大企业并购的范围；弥补大规模整体并购的巨额资金短缺；有利于企业设备更新换代，使企业将不需要的厂房、设备转让给其他并购者从而更容易调整存量资本结构。以联想收购 IBM 为例，所收购的资产有 IBM 所有笔记本、台式电脑业务及相关业务，包括客户、分销、经销和直销渠道；"Think"品牌及相关专利；IBM 深圳合资公司（不包括其 X 系列生产线）；以及位于大和（日本）和罗利（美国北卡罗来纳州）的研发中心。

（四）按并购企业的行为划分

按并购企业的行为划分，可以分为善意并购和敌意并购。善意并购主要通过双方友好协商，互相配合，制定并购协议。敌意并购是指并购企业秘密收购目标企业股票等,最后使目标企业不得不接受出售条件,从而实现控制权的转移。前者的前期成本较高,但风险较低;而后者不需要花长时间的谈判,节奏快、成本低,但由于跟目标公司的人员沟通不够,对目标公司缺乏足够的了解,并购风险很大,加之敌意并购极易导致股价的异常波动,各国政府通常会进行一定的限制。

(五) 按是否通过中介机构进行划分

按是否通过中介机构进行划分,可分为直接并购和间接并购。前者是指收购公司直接向目标公司提出并购要求,双方通过一定程度的磋商,共同商定完成并购的各项条件,进而按协议的条件完成并购。而间接并购是指收购公司不直接向目标公司提出并购要求,而是在证券市场上以高于目标公司股票市价的价格大量收购其股票,从而达到控制该公司的目的。

(六) 按是否利用目标公司本身资产来支付并购资金划分

按是否利用目标公司本身资产支付并购资金划分,可分为杠杆并购(Leverage Buyout,LBO)与非杠杆并购。

回忆在财务管理学或公司理财中学习过的杠杆效应、杠杆利益,大家应该能想象到这种并购中必定涉及一种资金来源——负债。杠杆并购是指并购公司以目标公司资产的经营收入来支付并购价款或以此作为融资担保。收购方为筹集收购资金,大量向银行和金融机构借债或发行高利率、高风险债券,这些债券的安全性以目标公司的资产或将来的现金流入作为担保。杠杆收购在提高财务收益的同时,也带来了高风险。其基本特征包括,收购的自有资金远远少于收购总资金,所占比例一般仅为10%~20%。收购公司用以偿还的款项来自目标公司的资产或现金流量,即目标公司支付自身的售价。贷出收购资金的债权人只能向目标公司求偿。所以,贷款方通常在目标公司资产上做担保,以确保优先受偿地位。这样,并购方通常只需要少量的现金就可以实现并购,大约为目标公司总资本的10%~15%。杠杆收购出现于20世纪60年代的美国,80年代风行于欧美,是当今企业并购的重要形式。其中,管理层收购(Management Buyout,MBO)是杠杆收购中由目标公司的管理层参与收购的一种特殊形式。它是指公司的经理层利用借贷所融资本和股权交换及其他产权交易手段收购本公司的行为。公司由经理层完全控股。在某种程度上,MBO是对现代企业制度的一种反叛,因为它追求的是所有权和经营权的集中。MBO提供了这样一种机制:一方面可以使那些资产负担过重的企业通过分离、分拆或剥离缺乏盈利能力和发展后劲不足的分支部分,得以集中资源发展核心业务,或转移经营重点。另一方面使得经理人拥有相当的控制权和承担风险的责任,从而实现企业家激励最大化。一般是股权投资者与目标公司的高层管理人员共同组成一个收购集团，与目标公司或其母公司的董事会洽谈收购条款，达成协议后即实施杠杆收购。在 MBO 中，担任发起人的多为投资银行或投资公司，它们承担着集资、策划、交易谈判等工作。这类收购成功与否在很大程度上取决于经理层与投资银行的友好合作。MBO 的方案构成一般包括收购目标、收购方式（股权收购或资产收购）、收购主体设计、收购价格、收购融资安排和还贷预测、收购组织与收购战术、收购后新公司的股权结构、资产结构设计、收购后新公司的资产、业务整合方案与治理结构安排。

非杠杆并购是指不用目标公司资产的经营收入来支付并购款项或以此为担保的并购。早期非杠杆并购的案例较多，当前大部分并购活动都会通过杠杆并购来完成。

（七）按企业并购形式的策划是否主动划分

按企业并购形式的策划是否主动，可分为积极式并购和机会式并购。

积极式并购也即主动出击寻找目标公司，这种方式耗时长、成本高，类似于通常所说的"海选"，交易的成功率也不高，因为一个巴掌拍不响，我有情你不一定有意；但其好处在于目标公司是在并购公司长期性策略规划下选择的，一旦成功，今后双方的配合度非常高，长远利益可以期待。而机会式并购，并购企业并不作事先的并购策划，而是被动等待有卖方出现，再考虑有无可能采取并购行动。这种方式前期成本低，交易成功率高，但缺陷是目标公司与并购方策略的配合方面可能有问题。

二、并购的一般程序

一般来说，企业并购都要经过前期准备阶段、方案设计阶段、谈判签约阶段和交割与整合四个阶段。

1. 前期准备阶段

企业根据发展战略的要求制定并购策略，初步勾画出拟并购目标企业的轮廓，如所属行业、资产规模、生产能力、技术水平、市场占有率等，据此进行目标企业的市场搜寻，捕捉并购对象，并对可供选择的目标企业进行初步的比较。

2. 方案设计阶段

方案设计阶段就是根据评价结果、限定条件（最高支付成本、支付方式等）及目标企业意图，对各种资料进行深入分析、统筹考虑，设计出数种并购方案，包括并购范围（资产、债务、契约、客户等）、并购程序、支付成本、支付方式、融资方式、税务安排和会计处理等。

以联想为例，早在 2001 年，IBM 就为出售 PC 业务找过联想，但当时联想觉得时机并不合适。重启谈判的时间是从 2003 年 11 月开始。在双方重启谈判前，联想花了很长时间来了解这家公司，了解其市场和发展等各个方面的问题。为了此次收购，联想派出了以首席财务官马雪征与高级副总裁乔松为领队的强大的谈判队伍。联想集团副总裁王晓春透露说，在联想内部，收购所涉及的部门，包括行政、供应链、研发、IT、专利、人力资源、财务等，各个部门均派出了专门小组全程跟踪谈判过程。每个小组大约由 3~4 名员工组成，总人数则接近 100 人。除内部团队外，联想还聘请了诸多专业公司协助谈判，根据介绍，麦肯锡、高盛、永道、GE、奥美等公司协助参与。在本阶段，还需要设计出并购策略以调查所得的一手资料，设计出针对目标企业的并购模式和相应的融资、支付、财税、法律等方面的事务安排。

3. 谈判签约阶段

通过分析、甄选、修改并购方案，最后确定具体可行的并购方案。并购方案确定后以此为核心内容制成收购建议书或意向书，作为与对方谈判的基础。若并购方案设计将买卖双方利益拉得很近，则双方可能进入谈判签约阶段；反之，若并购方案设计远离对方的要求，则会被拒绝，并购活动又重新回到起点。

4. 交割与整合阶段

双方签约后，进行产权交割，并在业务、人员、技术等方面对企业进行整合，整合时要充分考虑原目标企业的组织文化和适应性。整合是整个并购程序的最后环节，也是决定并购能否成功的关键环节。

以联想为例，蓝色的联想收购了更蓝的 IBM 的 PC 部门，中国 PC 的龙头企业并购世界 PC 业的鼻祖，两个都有很强文化的企业间的跨国收购，注定了这场整合将异常艰难。IBM 的公司历史比联想足足长 80 年，两者文化的深度自然不能相提并论。越来越多的中国企业将海内外并购作为其成长过程中的一次"化蝶"。在 2005 年 12 月 11 日于北京举行的"2005 年度中国企业领袖年会"上，联想控股集团总裁柳传志首次公开讲述了联想并购 IBM 的整个决策及整合过程。柳传志说："整合一年，结论是比预期要顺利。经验教训就是一条，做以前一定要想清楚。"数据显示，整合的这 6 个月，联想和 IBM 全球的销量同比提高了 10.7%，营业额为 480 亿港元，同比提高了 38.7%，税前盈利10.2 亿元，同比提高了 62%。柳传志不无自豪地说："现在大家对业绩就比较认可了。"

以上是所有企业并购必须经历的过程。我国现阶段企业的并购分为上市公司的并购和非上市公司即一般企业的并购，所依据的法律法规有很大不同，其中上市公司收购和出售资产受到《证券法》、《上市公司收购管理办法》等更严格的法律限制，其并购程序也更加复杂。本节讨论的主要是通过产权交易市场进行的一般企业的并购程序。这里的一般企业是指除上市公司外的所有企业。其并购的程序大致如下：

1. 企业决策机构做出并购的决议

企业股东会或董事会根据企业发展战略，对企业进行并购形成一致意见，做出决议，并授权有关部门寻找并购对象。

2. 确定并购对象

企业并购成功的第一步是选择正确的并购对象，这对企业今后的发展有着重大的影响。一般可以通过两种途径来选择：一种是通过产权交易市场，其信息来源于全国各地，信息面广，信息资料规范，选择余地大；另一种是并购双方直接洽谈，达成并购意向，制定并购方案并向有关部门提出申请。

3. 尽职调查并提出并购的具体方案

并购企业应对目标企业所提供的一切资料如目标企业的企业法人证明、资产和债务明细清单、职工构成等进行详细调查，逐一审核，并进行可行性论证，在此基础上提出具体的并购方案。

4. 报请国有资产管理部门审批

国有企业被并购，应由具有管辖权的国有资产管理部门负责审核批准。

5. 进行资产评估

对被并购企业资产进行准确的评估，是企业并购成功的关键。并购企业应聘请国家认定的有资格的专业资产评估机构对被并购方企业现有资产进行评估，同时清理债权债务，确定资产或产权的转让底价。

6. 确定成交价格

以评估价格为基础，通过产权交易市场公开挂牌，以协议、拍卖或招标的方式，确定市场价格。

7. 签署并购协议

在并购价格确定后，并购双方就并购的主要事宜达成一致意见，由并购双方的所有者正式签订并购协议。

8. 办理产权转让的清算及法律手续

在这个过程中，并购双方按照并购协议的规定，办理资产的移交，对债权进行清理核实，同时办理产权变更登记、工商变更登记及土地使用权等转让手续。

9. 发布并购公告

并购完成后，并购双方通过有关媒体发布并购公告。

第三节　并购的相关决策

一、企业并购价格决策

(一) 企业并购价格的影响因素

1. 目标企业的评估价值

目标企业的评估价值是影响并购成交价格的最重要的因素，是企业并购成交价格的重要基础。正如在财务管理原理中讲到的证券估价只代表其理论价值，在市场上其价值的体现还需要考虑资本市场供需关系、政策和经济等环境一样。

2. 并购双方在市场和并购中所处的地位

一般地，并购是优胜劣汰的经济行为，在并购实施过程中，并购方处于较为有利的地位，其要求以较低的价格收购目标企业；然而目标企业也会进行讨价还价，毕竟被并购方能吸引并购方，一定有其吸引人的地方，这成了其讨价还价的筹码，从而最终影响成交价格。

3. 产权市场的供求状况

产权市场的供求状况是指产权转让的供给方与需求方在产权市场上的表现和竞争状况。当供给过剩，即等着转让产权的企业多了，价格必然下跌。

4. 企业未来经营环境的变化

收购行为也是一种投资行为，未来经营环境的不确定性越大，意味着投资风险越大，投资要求的回报就越高。必要收益率提高，则对目标公司或其部分资产的估价就会降低。

5. 并购双方的谈判技巧

并购谈判过程是并购企业与目标企业双方博弈的过程。知己知彼，百战不殆，掌握了对方的尽可能多的情况，突出自身的优势，利用谈判技巧（包括打好心理战）则可以以较低价格成交。

仍以联想为例，先前海外媒体猜测说，IBM 要价在 10 亿美元到 20 亿美元。这点杨元庆也予以证实，他说，在 13 个月的谈判时间中，有一半的时间就是在谈价格。谈判过程中，IBM 的 PC 和笔记本产品的专利、品牌等问题也一度成为谈判重点。乔松说，这些专利和品牌，收购完成后联想能如何使用、使用到什么样的程度，双方都进行过激烈讨论。最后联想在支付 12.5 亿美元的收购价格的同时还要承担 IBM 的 5 亿美元负债。乔松对此解释："5 亿美元来自于 IBM 对供货商的欠款，而对于 PC 厂商来说，这种流动负现金流只要保持交易就会滚动下去，而不必支付，因此并不对联想形成财务压力。"因此，在各种媒体报道中就有两个价格。

（二）企业价值评估方法

1. 价值基础法

价值基础法是通过对目标企业的资产进行估价来确定其价值的方法。国际上通行的资产评估价值标准有账面价值、市场价值、清算价值、续营价值和公平价值，因而就有了五种以价值为基础的价值评估方法。

2. 现金流量折现法

现金流量折现法是一种理论性较强的方法，思维严密、科学性强，但是存在着主观性强、需要一些前提和假设的欠缺，而这并不影响这种方法的合理性，该法的结论往往作为检验其他方法合理与否的基本标准。其基本公式为：

$$V = \sum_{t=1}^{n} \frac{CF_t}{(1+k)^t} \qquad\qquad 4-1$$

公式中，CF_t 是预计被收购方第 t 年给收购方新增的现金流量，k 是考虑了投资风险的折现率。

3. 市盈率法

市盈率方法一般以同行业或同类公司的市盈率作为基础，再根据影响市盈率大小的因素，如预期的公司增长率、预期的公司的风险和公司股票在市场上的可交易性等进行调整，选择一个标准市盈率。同时确定估价收益指标，该指标可以选用目标企业最近一年的税后利润；在企业经营具有明显周期性的情况下，也可以选用目标企业最近三年税后利润的平均值。实际上对目标企业的估价应当更多地注重其被并购后的收益状况。将估价收益指标与标准市盈率相乘，即可估算目标企业价值。

二、企业并购支付方式决策

（一）现金支付方式

现金支付是由主并企业向目标企业支付一定数量的现金，从而取得目标企业的所有权。这种方式是并购活动中最普遍采用的一种支付方式。现金支付包括一次支付和延期支付。延期支付包括分期付款、开立应付票据等卖方融资行为。现金支付在实际并购重组的操作中也演变为以资产支付、以股权支付等形式，如资产置换、以资产换股权等。需要注意，以拥有的对其他公司的股权作为支付工具（长期投资）仍属于现金支付的范畴，而不属于股权支付的范畴，股权支付方式特指换股、增发新股等方式。对目标企业股东来说,现金支付可以使他们立即得到确定的收益(而非现金方式给股东的收益会受到市场状况、主并企业的未来业绩及交易成本等的影响而不确定),但现金支付会形成目标企业股东的纳税义务。对主并企业来说,现金支付的最大好处就是现有的股权结构不会受到影响,现有股东的控制权不会被稀释。但现金支付会给主并方构成沉重的负担,无论是动用自己的现金或专门筹集现金。要考虑的因素包括:主并企业的短期流动性(决定是否动用现金即时付现);主并企业中长期流动性(考虑现金回收率及回收期限,保证中长期的偿付能力);货币的流动性(跨国并购中,自己拥有的货币是否可以直接支付或自由兑换);目标企业所在地管辖股票的销售收益的所得税法。

(二)股权支付方式

股权支付方式,也叫证券支付方式,是指收购方通过换股(如吸收合并)或增发新股的方式,取得目标公司控制权、收购目标公司的一种支付方式。股权支付有以下特点:收购方不需要支付大量的现金,因而不会影响并购公司的现金状况,不会导致并购方因偿债能力受到不利影响而增加财务风险的局面;收购完成后,目标公司的股东成了并购公司的股东;对上市公司而言,股权支付方式可使目标公司实现借壳上市;对增发新股而言,增发新股改变了原有的股权结构,导致原有股东权益的"淡化",股权淡化的结果甚至可能使原有的股东丧失对公司的控制权。

影响股权支付的因素主要有以下十项:

(1)并购方的股权结构。由于股权支付方式的一个突出特点是它对原有股权比例有重大影响,因而并购公司必须首先确定主要大股东在多大程度上可以接受股权的淡化。

(2)每股收益率的变化。要考虑增发新股可能会对每股收益产生的不利影响在多大程度上是可以被接受的。

(3)每股净资产值的变动。每股净资产值是衡量股东权益的一项重要标准。在某种情况下,新股的发行可能会减少每股所拥有的净资产值,这也会对股价造成不利影响。

(4)财务杠杆比率。发行新股可能影响公司的财务杠杆比率,所以,并购公司应考虑到是否出现财务杠杆比率升高的情况,以及具体的资产负债的理想水平。

(5)当前股价水平。一般来说,在股票市场处于上升的过程中,股票的相对价格较高,以股权作为出资方式更有利于并购公司,增发的新股对目标公司也会具有较强的吸引力。因此,并购公司应事先考虑本公司股价所处的水平,同时还应预测增发新股会对股价波动带来多大影响。

（6）当前股息收益率。新股发行往往与并购公司原有的政策有一定的联系。一般而言，股东都希望得到较高的股息收益率。在股息收益率较高的情况下，发行固定利率较低的债券有利；反之，借贷有利。

（7）货币的限制。

（8）外国股权的限制。中华人民共和国商务部令2009年第6号，公布了《关于外国投资者并购境内企业的规定》。其中对外国投资者以股权支付方式并购的审查非常复杂。外国投资者以股权作为出资方式，需要提供由境内公司聘请在中国注册登记的中介机构出具的并购顾问报告及境外公司最近年度经审计的财务报告和最近半年的股票交易情况报告，出具这些报告需要比较长的时间。

（9）上市规则的限制。

（10）会计方法的限制。

（三）综合证券支付方式

综合证券支付方式是指主并企业的支付方式为现金、股票、认股权证、可转换债券等多种证券形式的混合。单一的支付工具总是有着不可避免的局限性，通过把各种支付工具组合在一起，能集中各种支付工具的长处而避免它们的短处。近年来，综合证券支付方式在各种支付方式中的比例呈现逐年上升的趋势。

1. 公司债券（Corporate Bond）

公司债券作为一种出资方式，必须满足许多条件，一般要求它可以在证券交易所或场外交易市场上流通。与普通股相比，公司债券通常是一种更便宜的资金来源方式，而且向它的持有者支付的利息是免税的。对买方而言，它与认股权证或可转换债券结合起来是极其有益的。近十年来，高风险、高利率的垃圾债券成为美国公司并购中的重要筹资方式。垃圾债券在企业并购融资中的运用，在一定程度上增加了并购的范围，扩大了并购的规模。

2. 认股权证（Warrant）

认股权证是上市公司发售的证明文件，其持有者有权在指定的时间内，用指定价格认购由该公司发行的一定数量（按换股比率）的新股。对收购公司而言，发行认股权证的好处在于，企业可以因此而延期支付股利，从而为公司提供额外的股本基础。对投资者来说，大多数认股权证比股票便宜，而且认购款项可延期支付，只需要少量款额就可以把认股权证转卖，并从中获利。认股权证通常和企业的长期债券一起发行，以吸引投资者购买低于正常水平的长期债券。由于认股权证代表了长期选择权，所以附有认股权证的债券或股票，往往对投资者有较大吸引力。

3. 可转换债券 (Convertible Debenture)

可转换债券是一种特殊的公司债券，兼具债权和股权双重性质，其持有人可以依发行时订立的特定条款（转换期限、转换价格等）将债权转化为发行公司的股权。可转换债券的债权性主要表现为支付固定的年息；其股权性主要表现为当发行公司的经营业绩取得显著增长时，可以在约定期限内按预定价格转换成一定数量发行公司的股份。由于可转换债券给予投资者以转换的权利，其票面利率通常低于同等条件下的普通债券，从而降低了发行公司的借贷成本。

可转换债券持有者拥有一种选择权，在某一给定时间内可以以某一特定价格将债券转换为股票。对收购公司而言，通过发行可转换债券，公司能以比普通债券更低的利率和较宽松的契约条件出售债券；还能提供一种比现价更高的价格出售股票的方式。同时，当公司如果正在开发新产品或开展新业务，预期从这种新产品或新业务所获得的额外利润可能正好与转换期相一致。对目标公司股东来说，可转换债券具有债券的安全性和作为股票可使本金增值的有利性相结合的双重性质。在股票价格较低的时期，可以将它的转换期延迟到预期股票价格上升的时期。

4. 无表决权的优先股 (Preferred Share)

无表决权的优先股虽在股利方面享有优先权，但不会影响原有股东对公司的控制权，这是该方式的一个突出特点。作为并购方，首先要考虑现金的充实程度（较充实可用现金支付），其次考虑资本结构状况（综合资本成本较低），同时要考虑用发行股票支付方式对原股东收益和控制权的稀释。作为目标企业，首先要考虑股东收益的增长幅度，如果采取的支付方式是换股方式，即并购方企业发行股票换取目标企业的资产或股票，则对目标企业的股东而言，从并购方企业新股中获得的收益至少不应低于从原来目标企业股票中获得的收益。其次要考虑税收因素。根据多数国家的税收法律制度，若并购方企业向目标企业支付现金，则目标企业的股东必须在收到现金后立刻向政府缴纳所得税；若采取换股的方式，目标企业的股东不用马上缴纳所得税。因此，若并购方企业所支付的现金额不是大到足以弥补目标企业股东税收上的损失，目标企业可能会考虑接受股票支付方式。

除此之外，还有卖方融资支付方式，这是指卖方以取得收购者在未来相对固定的支付承诺的支付方式，类似于产品销售中赊销时形成的应付账款。通常在典型的买方市场，即卖方获利状况差而买方即并购方却很受追捧时，卖方融资支付方式对买方极为有利。但要求卖方股东较少，以便讨论决策意见时容易取得一致，同时，利于以商业票据进行支付。

由此可见，各种支付方式各有利弊。一般情况下，现金支付是最常见的方式，因为此时目标企业的股东有极大的自由选择空间。若目标企业的股东不想使自己持有的股份流动，可以选择股票支付方式。

三、企业并购融资决策

（一）融资政策的选择

融资政策主要是确定短期融资和长期融资的比例及数量。确定收购方进行收购所需投入的资金，通常包括收购价款、维持被收购公司的正常营运资金和收购动机三个因素。收购价款一般要考虑并购企业的长期负债能力，投资银行也以此为价格收取"成交费用"。假如并购双方没有签署股权转移时的强制偿还条款，收购后是否需要立即偿还全部长期负债，要根据具体情况而定。若这些负债是公司债，则可能因发行条件上有相关规定而无法立即赎回。

实践中，并购方在考虑所要投入的资金时，除了考虑用来偿还长期负债外，还需考虑偿还短期负债或充当运营资金，只有这样，才能顺利保证收购后目标公司的正常运营。故而从财务的观点看，买方所关心的并非收购价款多少的问题，而是在收购中究竟需投入多少现金流的问题。在进行目标公司未来现金流量预测以计算投资报酬率时，假如目标公司负债比率过高，买方可以用该目标公司借款利率与本身资金成本作比较，以决定是否偿还负债。

若买方有意长期持有目标公司且欲进行公司业务整合，一般会投入较多资金；如果收购者准备购买后等待时机再出售的话，则会减少投入资金。在目标公司的业务与买方业务相互独立的情况下，买方因考虑将来可能遇到的经营风险，而不投入过多资金，从而让目标公司自行举债。若买方资金比目标公司的长期负债率还低时，买方就不会对目标公司投入过多资金。

并购公司在筹集资金时所采取的融资政策大致可分为中庸型、积极型及保守型三种。一般而言，短期融资而形成的流动负债与流动资产的资金融通有关，而长期负债则是为进行长期投资准备的。在一般公司中，流动资产占全部资产的约40%。如何合理安排资金结构，如何采取适当的筹资手段，就构成了企业的融资政策。

积极型融资政策是对总资产中扣除长期负债和权益的部分所对应的负债进行短期融资，对其余部分进行长期融资；中庸型融资政策是经常被采用的一种融资政策，其特点是速动型资产对应短期融资，非速动性资产对应长期融资；保守型融资政策是不但不对非速动性资产进行长期融资，而且对季节性或周期波动而产生的资产也不进行长期融资。

(二) 融资渠道及其分析

1. 普通股融资

普通股融资是指公司通过发行普通股来筹集资金,这种筹资渠道的好处在于其筹集的资金不需要到时偿还本金,也不必支付固定的股利,而是根据公司的盈利情况决定是否支付股利以及按何比例支付股利,同时降低公司的资产负债率,有利于今后举债。但其缺点在于对外发行新股意味着公司的部分控制权转移给新股东,当发行股票较多时容易导致控制权旁落,同时由于发行普通股手续烦琐费用很高以及普通股股利在税后支付使得其资本成本较高。

2. 优先股融资

公司发行的优先股没有到期还本的要求,可以减少公司的现金流压力,同时优先股一般无选举权和投票权,不会分散公司控制权;但因其股息在税后支付因而其资本成本较高,同时,投资人购买优先股风险较高但收益固定,所以购买优先股的积极性不高,导致通过优先股融资效果不如债券。

3. 债券融资

债券融资因其利息在税前支付可以获取税收屏蔽效果,因而其资本成本较低,债权人无权参与企业经营管理因而不会影响公司的正常运转;但因要到期还本付息,对公司来讲是一种强制压力。

4. 可转换证券融资

可转换证券包括可转换债券和可转换优先股。当公司盈利持续上升、股价上涨时,持证人有将可转换证券转换成普通股的权力。因投资人有选择权,可转换证券的报酬率都较单纯债券或优先股要低许多,因此发行可转换证券的公司资本成本较低,公司也可灵活设计不同报酬率、不同转换溢价的可转换证券,一旦转换成普通股后,意味着公司获取了一笔长期稳定的资金来源。但当股价不理想时,可转换债券不会被转换成普通股,这将会使投资者怀疑公司财务状况从而让公司再筹资变难。当股价高于普通股转换价格时,持证人会行使转换权,使公司发行在外的普通股增加,从而稀释控制权,还会因以较低转换价转换成普通股带来损失。

5. 认股权证融资

由于认股权证代表了一种长期选择权,从实践上看它可能推动公司有价证券的发售。当公司处于信用危机边缘时,利用认股权证,可诱使投资者购买公司债券。在金融紧缩时期,一些财务状况较好的公司也可以利用认股权证吸引投资者。

正如筹资方式和筹资渠道之间有一定的配合关系一样,融资渠道与支付方式通常也有一定的配合关系。一般地,现金支付时的筹资渠道通常包括增资扩股、金融机构贷款、发行公司债券、发行认股权证或几种方式的综合运用；股票或综合证券支付时可以采用发行普通股、优先股和债券来融资。

四、设计和选择并购方案的两个典型案例

1. 康腾公司

康腾公司是由四个股东投资设立的有限责任公司。现在，海天公司准备并购康腾公司。并购前，海天公司委托律师事务所对康腾公司进行了尽职调查。经调查评估，律师认为康腾公司经营前景并不乐观，而且存在大量的或有债务及未决诉讼，或有风险非常大。但康腾公司的业务及资产对海天公司又极为重要。为此，律师为海天公司和康腾公司设计了如下并购方案：由康腾公司的下属子公司投资设立一个新的公司——凯瑞公司，由凯瑞公司反向收购康腾公司的核心资产和业务，然后，海天公司再通过收购凯瑞公司的股权实现并购的目的。

由于目标公司有大量的或有债务和未决诉讼，这是并购实践中经常发生债务黑洞和并购陷阱的直接因素，对并购构成巨大威胁。在这种情况下，最好选择收购资产而不是股权。因为通过收购资产，并购方获得的是目标公司的有形或者无形资产，对目标公司本身不承担任何责任。在实践中，除了本案所设计的方式外，并购方还可以在收购资产以后，再用这些资产重新投资注册一家新公司，从而使并购方和新公司与原目标公司彻底脱离法律干系，避免相关风险，减少未来经营活动中的不确定性。如果收购资产面临巨额费用或者税务负担，就应当权衡这种现实风险与或有风险的大小，如果前者大于后者，就可以考虑股权并购的方式，从而最终获得公司的控股权，彻底实现并购目的。

2. 海天公司

海天公司准备进入房地产服务行业，计划购买达达房地产公司经营的写字楼，然后经营写字楼的综合服务。但经律师审查评鉴，认为这种资产收购涉及房地产交易，而且经营还需要行业特许审批，程序复杂，并购资产的过程还会产生巨额的契税、营业税、交易手续费等各项税费。经过审慎研究，将此次并购方案修改为：由海天公司收购达达房地产公司的控股权而不是其房产。这样，不仅成功地获得了房地产综合服务业务，而且节约了巨大的额外成本。

第四节 并购后的整合

企业并购后在内部管理方面的整合，是指在管理制度、经营方式以及企业文化等方面的整合，主要涉及组织企业内部新旧业务的开展，监控企业内部职能部门和分支机构的流动，协商解决企业各部门间的利益冲突等方面。只有真正地融合，才能更有效地发挥协同效应。

一、文化整合

所谓文化整合是指将不同的文化质，经过合并、肢解、增强、减弱等方式，形成一种全新的文化质。美国管理大师彼得·德鲁克早就指出，与所有成功的多元化经营一样，要想通过并购成功地开展多元化经营，需要有一个共同的团结核心，必须具有"共同的文化"或至少有"文化上的姻缘"。可见，文化整合是并购后整合很重要的一个方面，而现实中往往被忽略。因为企业文化具有特殊性和多元化，不同的企业并购方式应有不同的文化整合策略和模式。

（一）企业文化整合的策略和模式

1. 吸收型（注入型）→文化同化

目标公司被并购方完全吸收并融入并购方文化中的整合。想要成功，通常会采取新的管理方法。同化不一定是公开征服、强行接受，潜移默化也是不错的选择。可简化表示为：$A + B = A$。

2. 保留型（平行型）→文化同化

被并购方独立运作时，可能采取这样的策略。它的好处是可以鼓励业务经营单位发展多元化经营，戴姆勒–奔驰与克莱斯勒的并购就是此类。可简化表示为：$A + B = A + B$。

3. 整合型→文化转化

并购方与目标企业都在并购方的意愿下进行最基本的改革。两者之间的协调不在于重新确定事业领域而在于重塑一家公司。可简化表示为：$A + B = C$。

4. 反并购型→文化同化

并购方的文化和组织结构也发生了变化，一般地，反并购型通过对并购方平行机构的操纵得以实现。这种方式比较少见。可理解成：$A + B = B$。

如前所述，IBM 的公司历史比联想足足长 80 年，两者文化的深度自然不能相提并论。新联想中，联想和 IBM 存在着明显的文化差异，在员工数目比重相同的情况下，到底是谁要融合谁的文化？在联想，文化中有很浓的制造企业的因素，强调执行和服从，如在联想开会迟到要被罚站，即使是高层会议也是如此，这一点对于尊重个人的 IBM 来说基本是不可能的。同样，IBM 的一些文化也很难在联想内实行。蓝色巨人 IBM 的文化属于比较传统的美国公司文化，公司文化很注重个人，员工在工作中的授权比较大。IBM 是一个非常程序化的公司，员工都遵守各种程序化的流程；联想则是一个发展速度快，带有国有民营色彩的公司。双方在以上各方面都必然存在着差异。当弱势企业收购强势企业的时候，最大的风险是如何树立新文化。

（二）文化整合的步骤

企业文化整合的实施应有三个阶段：一是改变企业文化环境，二是全面推行新文化，三是持续强化新文化。

在联想收购 IBM 一案中，文化整合中最核心的是高层管理人员的磨合，杨元庆在与史蒂芬·沃德的合作中提出了坦诚、尊重、妥协三个词。这表明，只要是最高层能够很好地融合在一起，下面的问题就好解决了。并购 IBM 的 PC 业务后，原联想 11000 名员工与 9000 多名 IBM 员工合并，形成一个人力规模达 2 万人的新联想集团。柳传志还否认了外界认为联想会降薪、大幅裁员的说法，"由于我们两家公司的业务结构具有很强的互补性，所以可以预见的人员调整将是极其微小的"。这无疑为合并后两家公司文化的融合，全面推行新文化营造了良好的氛围，打下了坚实的基础。

二、人力资源整合

美国管理大师彼得·德鲁克在并购成功的五要素中指出，公司高层管理人员任免是否得当是并购成功与否的关键。道理很简单，人是企业生产经营活动的主体，但是对人的管理也是最复杂的，因而在进行人力资源整合时需要谨慎行事。

1. 目标企业主管人员选择

并购后需要派出主管理人员对目标公司进行直接控制，主管人员选派不当会造成目标公司经营混乱、人才流失、客户减少从而导致并购目标落空。若被并购方与并购方不处于同一个领域或行业，对派出主管可能要求比较高，这时可以考虑留用原公司主管（现实中这一情形出现频率较高，调查数据为 85%）。

2. 人才安置

人才安置主要是指对企业未来发展至关重要的技术管理人员，可能会由于并购而离开原公司，并购方可以凭借业绩、名声留住他们，不具备这些优势时也可以采取提供更好的工作条件、加薪、升职、股票期权、新增资金或红利等。

3. 员工安置

过渡与整合阶段，企业利用并购整合的机会，推动人事改革，化冗员压力为优化资源；横向并购时，还可以利用员工的兼容性，节约培训成本。

三、生产经营整合

1. 企业经营方向的调整

企业经营方向的调整包括生产线的重复、供销系统调整等，还有减少不盈利的产品生产线或品种、增加盈利产品的生产线或品种等。

2. 企业职能的协同与匹配

企业职能的协同与匹配应从补短、补长两个方面进行。

3. 生产作业整合

生产完全相同或相似产品的并购双方在并购后，从技术、生产设备、工艺流程及员工素质等方面进行整合，优化生产作业组织。

4. 组织制度整合

按并购目标方经营目标和总体战略，对企业内部各部门、生产经营车间等的责、权、利进行重新安排。

5. 整合管理制度，统一行动规范

为了利于沟通，更有效控制目标公司，在过渡与整合阶段，并购方一般将自己良好的制度移植到目标公司。对于那些组织完整、业绩优良、财务状况良好的目标公司，并购方通常不改变其管理制度，尽力保持制度的稳定性和连续性。但多数情况下，尤其是中国企业并购，管理不善、制度落后、机制陈旧的目标企业数量很大。因此，把并购方的良好制度植入目标公司十分重要。推行新的管理制度会遇到很多困难，也是一个渐进过程，目标公司员工往往对新制度缺乏认同感而消极应付。因此，引入新制度时，应深入了解原有的企业制度，逐步将并购方的管理制度引入并贯彻。管理制度整合涉及企业经营的方方面面，比较重要的有工资制度、财务会计制度以及营销、人事、设备、物资和生产经营管理等制度。要强调的是并购后双方企业财务制度必须一致，财务管理制度的统一是实现并购双方一体化经营的最重要标志。深圳宝安并购武汉马应龙、荣事达并购威达的成功经验都说明贯彻优势企业的先进管理十分重要。荣事达在威达内部坚定不移地贯彻执行有效的管理制度，有力促进了并购双方企业的整合，实现了并购增值。

四、资产债务整合

一般地，企业并购是并购方为获取目标企业的可用资产而引起的，也是目标企业摆脱经营困境、调整财务结构、减轻负债的无奈选择。按照并购协议，调整并购双方资产负债是并购后期的重要内容。

资产整合是指在并购后期，以并购方为主体，对双方企业（主要是目标企业）范围内的资产进行分拆、整合，这是并购整合的核心。从中国企业并购整合的实践看，对资产整合主要侧重于固定资产、长期投资和无形资产的整合，而流动资产、递延资产及其他资产的整合则主要通过财务处理进行。固定资产的整合是并购整合的关键。并购方要结合自身的发展战略和经营目标，对固定资产进行鉴别、吸纳或剥离。吸纳目标公司固定资产至少要考虑以下因素：生产经营体系的完整性，这使整合后的企业具有核心业务涉及的原料采购、生产销售及科研一系列配套完整的经营组织体系；企业的战略发展，整合后的企业资产要适应战略发展规则；短期内能带来不低于期望的收益，不带来太大的财务压力。目标公司长期未产生效益的资产、不适合并购方总体发展战略要求的经营性固定资产、一些多余的生产行政管理资产（如办公设备等和其他难以有效利用的资产）应剥离出售。对于目标企业普遍存在的庞大社会职能系统应分类由相关社会部门整合，不能整合的应剥离。无形资产整合十分重要，并购涉及的无形资产包括目标企业拥有的专利权、专有技术、商标权、专营权及土地使用权等。要评估无形资产的现实价值，联系并购方的生产经营活动及其适用程度，予以保留或转让。那些与企业形象好、产品质量佳、服务好相联系的商标应保留。一般地，专营权不能转让，且因其稀缺，应充分利用。

债务整合是指将债务人负债责任转移和债转股等。债务整合没有从总体上减少或增加企业的资产总额，只是调整了财务结构，将企业负债率调整到一个合理的水平。债务整合的两种形式：一是承担债务式，并购方承担对方全部债务；二是债转股，并购方原股东的股权可能会被稀释。

五、并购整合的两个典型案例

（一）格林柯尔整合美菱

并购能否成功，关键是并购后的整合。对于美菱未来的整合工作，格林柯尔创始人顾雏军似乎并不担忧，要知道，当初科龙内外部关系错综复杂的"硬骨头"他都已经啃了下来。虽然科龙没有摘掉"ST"的帽子，但是从2001年超过15亿元的巨额亏损到2002年的9000万元利润，经营情况的改善有目共睹。

"美菱的亏损跟体制有关。"顾雏军分析说，"1992年11月美菱转制，以合肥美菱电冰箱总厂为主体的合肥美菱股份有限公司正式成立，并于次年在深圳挂牌上市。由于集团公司转制过程中的一些问题，导致美菱股份在为集团公司担保过程中背上了巨亏的包袱；加上家电行业的竞争激烈，日子并不好过。但是格林柯尔的入主，已经帮助美菱脱离了原来'婆婆'的掌控，成为更纯粹的市场化企业。对于提升企业竞争力问题，科龙的复苏已经提供了一套可行的方案。"

"从价值链上看，降低上游零部件成本，或者提高给下游销售渠道的货品价格，以及企业自身内部业务流程的管理水平等的提高都能给企业带来利润，而科龙业绩提升就是一个系统改造的结果。"顾雏军介绍了他的整合秘诀，并具体强调了以下四点：

1. 降低成本

在价格不变的情况下，成本的降低意味着利润的增加；同时，只有当企业的成本低于同行时，才能获得高于行业平均水平以上的利润。科龙扭亏为盈，第一个重拳就是大大降低了生产成本。当然，国内冰箱年销售量增长是5%，整体价格却每年下降4%，成本的下降只有高于这个速度，企业才能保证持续、稳定的利润。买进美菱后，格林柯尔的采购量足够大，以量制价，可以将压力转移到上游供应商身上，使降低价格成为可能。2003年9月，科龙、美菱等进行采购的联合招标，涉及品种超过500种，获得较低的采购价格。同时，生产流程设计、改造、信息手段的应用等也都是降低成本所必要的措施。

2. 渠道整合

并购美菱后顾雏军计划将五个品牌销售渠道统一，重新实行渠道招标，两家公司共同控制经销商，改变靠一家企业的控制力度差的状况，保证同一品牌市场价格的稳定。顾雏军要详细规划五个品牌的市场定位，并希望各品牌形成60%的合作关系，将竞争关系降低到40%。

3. 地域布局、物流等管理系统的完善

并购美菱后顾雏军的战略部署是：科龙坐镇华南；华东基地是上菱；吉诺尔供应东北、华北市场；美菱则可以主攻华中腹地，并支撑华东地区。生产基地的规划，使物流成本降低，最终获得价格优势。

4. 国际销售渠道的拓展

因为国际市场价格和利润水平高于国内市场，在国际市场上抢占先机，无疑是远远抛开竞争对手的有力举措。根据科龙年报数字，国际市场销量在科龙销售总量中所占比例，已由2001年前的不足10%上升到2004年的41%，再到2005年上半年的48%。2004年，冰箱外销业务增长更是高达87.5%。

（二）海尔集团兼并红星电器公司

海尔集团是在 1984 年引进德国利勃海尔电冰箱生产技术成立的青岛电冰箱总厂基础上发展起来的集科研、生产、贸易及金融各领域于一体的综合性国家特大型企业。在公司总裁张瑞敏提出的"名牌战略"思想指导下，通过技术开发、精细化管理、资本运营、兼并控股及国际化等手段，使一个亏空 147 万元的企业迅速成长为 1994 年在全国 500 强中名列第 107 位，成为中国家电集团中产品品种最多、规格最全、技术最高、出口量最大的企业，1996 年销售收入达 62 亿元，1997 年实现销售收入 108 亿元。目前集团产品有电冰箱、冰柜、空调、洗衣机、微波炉等几十个门类，集团年销售收入过亿元的企业有十几个。1996 年出口创汇达 5700 万美元，是世界第四大白色家电制造商、中国最具价值品牌。海尔在全球 30 多个国家建立本土化的设计中心、制造基地和贸易公司，全球员工总数超过 5 万人，已发展成为大规模的跨国企业集团，2007 年海尔集团实现全球营业额 1180 亿元。

1. 背景

青岛红星电器公司曾是我国三大洗衣机生产企业之一，拥有 3500 多名员工，年产洗衣机达 70 万台，年销售收入超过 5 亿元。但从 1995 年上半年开始，其经营每况愈下，出现多年未有的大滑坡现象，而且资产负债率高达 143.65%，资不抵债 1.6 亿元，前景堪忧。为了盘活国有资产和 3500 多名职工的生计，1995 年 7 月 4 日，青岛市政府决定将红星电器股份有限公司整体划归海尔集团。这是一次引人注目的旨在盘活国有资产而在政府牵线搭桥下进行的产权交易，其成败扣人心弦。

2. 并购目的

中国家用洗衣机行业快速发展始于 20 世纪 70 年代末，1995 年总产量达到约 950 万台。一般而言，家用洗衣机可分为单桶、双桶半自动洗衣机及全自动洗衣机，而全自动又可分为波轮、滚筒及搅拌式。单桶洗衣机为原始类型，1995 年时大多数厂商已不再生产。双桶半自动较全自动便宜，是当时中国市场的主流，而滚筒在欧洲较为普遍，但在亚洲以波轮更为常见。对于当时总容量达 900 多万台的洗衣机市场，海尔 70 多万台显然只是一个不大的数目。而且海尔洗衣机当时以滚筒为主，产品系列比较单一，要想扩大自己的市场份额，它必须扩大生产能力，提高产品线的长度。

红星作为一个老牌的洗衣机生产厂，其设备、技术以及工人的熟练程度在当时都应是相当好的，它所缺乏的主要是科学的管理和市场导向的生产经营模式，而海尔正是以管理和出色的市场观念而著称的，因此它们的结合有着极大的合理性。青岛市政府的出面使得这一并购进行得十分顺利，而且由于是由市政府将红星整体划归海尔，不需海尔出资，这大大降低了并购成本，也是海尔认为红星并购案例是它所进行的最成功并购的原因之一。通过这一并购，新成立的海尔洗衣机有限总公司不仅将原有的生产能力提高了一倍，产生了规模经济，并且极大地丰富了自己的产品线，大大增强了自己在洗衣机市场上的竞争能力。

3. 并购经过

（1）组织结构的变化。1995 年 7 月 4 日青岛红星电器股份有限公司整体划归海尔集团后，更名为青岛海尔洗衣机有限总公司，从而使它成为海尔梅洛尼洗衣机有限公司之后海尔集团下属的第二个洗衣机子公司。

（2）接管过程。海尔与红星电器的接管过程主要从以下三方面进行：

①文化先行。1995 年 7 月 4 日，海尔电冰箱股份有限公司副总经理柴永森奉命来到由红星电器公司更名的海尔洗衣机有限总公司，就任党委书记兼总经理。划归之初，海尔集团总裁张瑞敏便确定一个思路，海尔的最大优势是无形资产，注入海尔的企业文化，以此来统一企业思想，重铸企业灵魂，以无形资产去盘活有形资产，是最重要的一招。

海尔集团副总裁杨绵绵率海尔企业文化、资产管理、规划发展、资金调度和咨询认证五大中心的人员，在划归的第二天便来到红星电器公司，开始贯彻和实施“企业文化先行的战略”。“敬业报国，追求卓越”的海尔精神，开始植入并同化着“红星”的员工们。

随后，张瑞敏又亲自到“红星”，向中层干部们讲述他的经营心得，解释“80/20 管理原则”，灌输“关键的少数决定非关键的多数”这个“人和责任”的理念。张瑞敏强调，“企业最活跃的因素就是人，而在人的因素中，中层以上管理干部虽是少数，却在企业发展中负有 80% 的责任”。

令“红星”中层干部们耳目一新的“80/20 原则”和关于解决例行问题和例外问题要用不同方法的“法约尔跳板原则”，以及引用的中华民族的古训“德，才之帅也；才，德之资也”，唤起了“红星”广大中层干部的进取心，鼓起了他们奋发向上争一流的信心。

张瑞敏进而从分析企业亏损引申出海尔 OEC 管理，要求大家从我做起，从现在做起，从我出成果，从今天出成果，全方位对每天、每人、每件事进行清理、控制，日事日毕，日清日高。他提出，当前要群策群力，从三方面做起：以市场为中心，卖信誉，不是卖产品，一切工作都要围绕顾客需要和市场满意来做；降低成本，增加盈利能力，用最小投入得到最大产出；从现在起，每天作出计划，目标量化分解到人，抓紧抓死，要在 2~3 年内争创中国洗衣机第一名牌，最终在国际上创名牌。

② "范萍事件"。应该说 3500 多名红星电器公司员工，对企业划归"海尔"表示了欢迎和拥护的态度，但由于企业文化、企业管理、员工素质等的差异，他们对海尔的管理方法有认识偏差。

海尔的管理指导思想立足"以人为本"。对此，以柴永森为首的新领导班子，没有简单地采用单纯说教方式，而是抓住发生在员工身边的典型事例来引导员工自觉地进行观念上的转变。

一天，洗衣机生产车间发生了这样一件事，质检员范萍由于责任心不强，造成选择开关插头插错和漏检，被罚款 50 元。这本是一件小事，因为过去企业发生质量问题从来都是罚一线工人，但若是用海尔的管理观念来看这件事，则不应该如此简单处理，当事者周围的干部们更应当逐级承担责任。针对这件事，新领导班子利用集团主办的《海尔报》，开展了"范萍的上级负什么责任"的大讨论，并配发了评论"动真格的，从干部开始"。

以此为出发点，柴永森督促下级部门迅速处理企业数年来的洗衣机存库返修问题，但拖拉惯了的下级部门认为此事无关紧要，并没有按期照办，柴永森据此引咎自罚了 300 元。全新的海尔管理，使原红星人受到震撼，尤其是广大干部，开始认识到管理的差距与不足了。干部红黄榜迅速设立，先后有 10 位干部对自己工作的失误进行了自罚，许多长期难以根除的质量、供货、干部作风等问题由此得到解决。

抓住员工观念已有所转变的时机，柴永森组织全体员工分批参观海尔电冰箱等企业，使他们亲眼目睹海尔科学有序的管理现场、集团 OEC 管理，寻找自身差距。海尔现场管理的精髓是"责任到人"、"人人都管事，事事有人管"，除去生产环节，哪怕是车间里一扇窗户的玻璃，其卫生清洁也有指定员工负责。参观回来后，该公司各分厂都把严抓现场管理，落实每人、每事、每天的责任，作为开展工作、上水平的突破口，各分厂领导每天至少有 6 小时在车间，抓薄弱环节，解决实质问题，促使车间管理水平每天都有提高。过去现场管理较差，各种物品乱堆乱放的总装分厂，现场面貌从此变得整洁而有条理，崭新的《现场管理区域图》挂在车间大门处；最优、最差车间主任、员工及评比缘由，提醒大家注意的当日工作重点，工整地书写在黑板报上；日清栏内质量、生产、物耗管理、设备、文明生产、工艺、劳动纪律等条目标注清晰，一目了然；车间地面上新画的区域黄线，将各种物品的设置，界定了归位明确的界线。现在，该公司各分厂均改变了过去那种从投入到产出的无序状态，形成了系统管理。

③市场理念的导入。"我们一切工作的效果，最终是通过市场来反映的"。海尔集团这个经营理念，在海尔洗衣机有限总公司得到再次印证。在新理念的

导向下，该公司一切工作都围绕市场展开：建立健全了质保体系，建立了行之有效的奖罚制度，使产品走向市场有了可靠保证；建立高效运作机制，全面调整内部机构，撤销 34 个处室，成立销售部、财务部、制造部、技术质量部、综合部和科研所，实行 5 部 1 所管理；按照"公开竞争、择优上岗"原则，中层干部 105 人减至 45 人，改革干部制度，变"相马"式的干部提拔制度为"赛马"式的竞争制度；公开招聘、选拔一流人才，充实各部门干部岗位，仅销售部门即招聘了 50 多位大专学历以上的营销人员；崭新的用人观念，调动了干部的积极性，给企业人才市场注入了活力，也使洗衣机营销系统寻找到新的启动点；调整销售战略，重塑市场信誉，根据国内市场和消费者需求，克服种种困难，加大产量，将过去单纯面向国际市场的全自动洗衣机，在出口的同时投放国内市场，并冠以朗朗上口的"小神童"新品牌，新开发了一种适销对路、大容量的气泡双桶洗衣机，起名为"小神泡"，两种新品牌产品投放全国各地市场后，一炮打响，供不应求，使失去的洗衣机市场重回"怀抱"。

海尔集团还有条营销理念是，"只有淡季思想，没有淡季市场，越是淡季越应该做工作，越是淡季做工作越能收到效果"。过去，该公司营销人员在夏季前后的洗衣机销售淡季，常常是待在企业里轧账囤积。为改变营销人员的旧观念、旧习惯，该公司临时筹措出差资金，发动营销人员在淡季走向全国各地市场，强大的"淡季攻势"，果然使沉寂的洗衣机市场红火起来。

（3）整合的成效。红星公司在划归后不久，通过引进海尔竞价模式，使每台海尔 5 公斤洗衣机的配套成本降低 15.3 元，按每年 60 万台产量计算，1 年可降低成本近 1000 万元。在划归后的第 3 个月，公司实现扭亏为盈；9 月盈利 2 万元，10 月盈利 7.6 万元，11 月盈利 10 多万元，12 月一个月盈利 150 多万元，企业出现了越来越好的发展态势。据国家权威部门统计，该公司洗衣机销量，已从 1995 年 7 月的全国第 7 位上升为 1995 年底的第 5 位，全国市场占有率增长 3.7%。截至 12 月底，公司 1995 年出口洗衣机 8.2 万台，创汇 1230 万美元，位居全国洗衣机行业首位。1996 年海尔洗衣机发展势头更猛，一次性顺利通过了 ISO9001 国际质量认证，并囊括了洗衣机行业几乎所有的最高荣誉：荣获中国洗衣机"十佳品牌"第一名；出口量全国第一，仅一个品种出口日本就占日本进口总量的 61%，占中国出口日本的 91%；国家质量抽检连续两年荣登榜首，其中全自动洗衣机无故障突破了 7000 次大关，达到国际新水准；荣获全国消费者欢迎产品第一名、97 购物首选品牌第一名，曾在中国消费者协会投诉率调查活动中，成为唯一一家投诉率为零的企业。

思考题:

1. 并购的动因通常包括哪些?

2. 并购的运作形式有哪些? 并购程序如何?

3. 并购决策通常从哪几个方面进行? 分别受哪些因素影响?

4. 并购整合的内容包括哪些方面?

第五章 跨国并购

学习目的：掌握跨国并购的概念，了解跨国并购的历史与现状；理解并正确评价跨国并购的动因；掌握跨国并购的策划与运作的内容；理解跨国并购中环境分析的主要环境因素。

第一节 跨国并购的基本概念

从 1995 年以来，全球跨国并购浪潮风起云涌，到 2000 年进入高潮，近几年则回归步入调整期。跨国并购额从 1990 年的 1866 亿美元增加到 2000 年 1.1 万亿美元，其占全球直接投资的比重从 1995 年的 57%上升到 2000 年的 85%。近年来年跨国并购总额比 2000 年有所下降，但跨国并购在国际直接投资中的主体地位并未动摇。从 1978 年到 2008 年，全球跨国并购额（百万美元）与并购数量（件）通过图 5-1 反映如下：

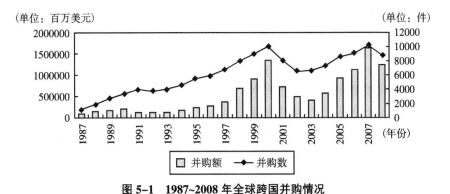

图 5-1 1987~2008 年全球跨国并购情况

从整体来看，1987~2008 年全球并购案件数量和并购额均呈现出稳步上升的趋势，只不过 2001 年以后全球并购波动性明显增强。1987 年全球并购数量是 1174 件，并购交易额为 973.1 亿美元；2001 年全球并购数量增加到 8098

件，交易额达到 7304.4 亿美元；2007 年全球并购数量达到创纪录的 10145 件，交易额达到 1.64 万亿美元。20 年来，全球并购数量扩大了 8.6 倍，交易量扩大了 16.8 倍。

一、跨国并购的基本概念

跨国并购（Cross-border M&A）是指一国跨国性企业为了某种目的，通过一定的渠道和支付手段，将另一国企业的一定份额的股权直至整个资产购买下来。跨国并购涉及两个或两个以上国家的企业，两个或两个以上国家的市场和政府控制下的法律制度，其中，"一国跨国性企业"是并购发出企业或并购企业，"另一国企业"是他国被并购企业，也称目标企业。这里所说的渠道，包括并购的跨国性企业直接向目标企业投资，或通过目标国所在地的子公司进行并购两种形式；这里所指的支付手段，包括支付现金、从金融机构贷款、以股换股和发行债券等形式。

二、跨国并购的分类

（一）从跨国并购双方的行业相互关系

从跨国并购双方的行业相互关系上，可分为横向并购，纵向并购和混合并购（见图 5-2），具体为：

1. 横向并购（Cross-border Horizontal M&A，水平式并购）

横向并购是指两个以上国家生产或销售相同或相似产品的企业之间的并购。其目的是扩大世界市场的份额，增加企业的国际竞争力，直至获得世界垄断地位，以攫取高额垄断利润。在横向跨国并购中，由于并购双方有相同的行业背景和经历，所以比较容易实现并购整合。横向并购是跨国并购中经常采用的形式。

2. 纵向并购（Cross-border Vertical M&A，垂直式并购）

纵向并购是指两个以上国家处于生产同一或相似产品但又处于不同生产阶段的企业之间的并购。其目的通常是为了稳定和扩大原材料的供应来源或产品的销售渠道，从而减少竞争对手的原材料供应或产品的销售。并购双方一般是原材料供应者或产品购买者，所以对彼此的生产状况比较熟悉，并购后容易整合。

3. 混合并购（Cross-border Conglomerate M&A，复合并购）

混合并购是指两个以上国家处于不同行业的企业之间的并购。其目的是为了实现全球发展战略和多元化经营战略，减少单一行业经营的风险，增强企业在世界市场上的整体竞争实力。

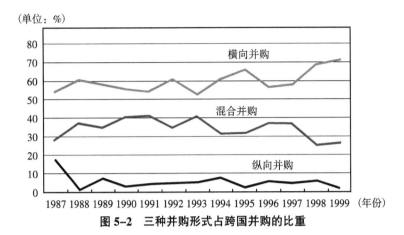

（单位：%）

图5-2　三种并购形式占跨国并购的比重

（二）从并购公司和目标公司是否接触

1. 直接并购

直接并购是指并购企业根据自己的战略规划直接向目标企业提出所有权要求，或者目标企业因经营不善以及遇到难以克服的困难而向并购企业主动提出转让所有权，并经双方磋商达成协议，完成所有权的转移。

2. 间接并购

间接并购是指并购企业在没有向目标企业发出并购请求的情况下，通过在证券市场收购目标企业的股票取得对目标企业的控制权。与直接并购相比，间接并购受法律规定的制约较大，成功的概率也相对小一些。

（三）按目标公司是否上市

1. 私人公司并购

私人公司并购，即并购公司是在非证券交易所对非上市公司的收购。

2. 上市公司并购

上市公司并购，即并购公司是在证券交易所通过对上市公司股票的收购实现并购的。

三、跨国并购的历史与现状

早期跨国公司的海外拓展业务基本上都是采取绿地投资（Green Field Investment）的方式。绿地投资又称创建投资或新建投资，是指跨国公司在东道国境内依照东道国的法律设立部分或全部资产所有权归外国投资者所有的企业。绿地投资会直接导致东道国生产能力、产出和就业的增长。绿地投资一般发生在发展中国家（不排除因东道国的政策性限制）。如我国自改革开放以来的外商直接投资基本为绿地投资，目前跨国公司在非洲的国际直接投资也均为绿地投资。

绿地投资有两种形式：一是建立国际投资企业，其形式有国外分公司、国外子公司和国外避税地公司；二是建立国际合资企业，其形式有股权式合资企业和契约式合资企业（见图 5-3）。

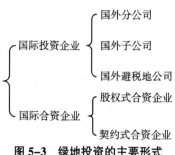

图 5-3　绿地投资的主要形式

随着全球经济的发展，在发达国家或具有较先进的工业部门和较发达的资本市场的发展中国家，国际直接投资更加青睐于采用跨国并购的方式。这是因为，这些国家已具备了被并购的条件，有十分成熟或较为成熟的行业和成为跨国并购的目标企业。因此，跨国并购可以说是国际直接投资和东道国经济发展到一定水平的必然结果。

自 20 世纪 80 年代后期，跨国并购交易在国际直接投资流量中所占的比重愈来愈大，从 1987 年的 52%上升到 2000 年的 88%。跨国并购在国际直接投资中已起到非常重要的作用，并已成为国际直接投资的主要形式。2000~2004 年，全球的跨国并购出售额占国际直接投资的流入总量，由 82%下降到近 60%，其中 2003 年降至近年来最低点，仅相当于 2000 年高峰期的 1/4。但从 2004 年开始，伴随着世界经济重新复苏，国际企业间的并购又重新成为跨国投资的一个亮点，当年跨国并购出售额达 3806 亿美元，同比上升了 28%；跨国并购交易数达 5113 起，同比增长 12%。

据美国调查分析机构汤臣金融 2006 年 1 月 10 日数据，美国企业并购以9045 件居世界首位；日本企业并购达到了创纪录的 2552 件，居其次；英国以2425 件居第三位。这些数据显示，跨国并购正在加速成为国际投资的主要形式。

四、跨国并购的特点及影响因素

（一）跨国并购的特点

1. 并购规模不断扩大（总量、单笔），形成世界级超大型跨国公司

这一方面如德国的戴姆勒–奔驰与英国的克莱斯勒合并价格为 393 亿美元，

英国石油公司收购北美阿莫科的金额为 550 亿美元,英国沃达丰公司以 1430 亿美元收购德国曼内斯曼公司,以及美国的 AOL(美国在线)与时代华纳公司之间的并购等。从 1998~2007 年跨国并购的件数与规模如表 5-1 所示。

表 5-1　1998~2007 年金额超过 10 亿美元的跨国并购

年份	事件数目(件)	占当年比例(%)	金额(十亿美元)	占当年比例(%)
1998	111	1.4	408.8	59.0
1999	137	1.5	578.4	64.0
2000	207	2.1	999.0	74.0
2001	137	1.7	451.0	61.7
2002	105	1.6	265.7	55.0
2003	78	1.2	184.2	44.8
2004	111	1.5	291.3	51.5
2005	182	2.1	569.4	61.3
2006	215	2.4	711.2	63.6
2007	300	3.0	1161	70.9

2. 发达国家成为跨国并购的主角

发达国家的跨国并购总量主要由欧盟和美国组成。欧盟的跨国并购资本输出量逐渐下降,而资本流入量则没有明显趋势。美国的资本输出量逐渐增加,资本流入量从 2000 年至 2002 年 5 月呈下降趋势,在 2002 年 6 月至 2005 年呈增加趋势;但欧盟和美国是净资本输出国。2000~2005 年,发达国家跨国并购资本输出量所占比例总体上呈下降趋势,在 86.5%~95% 波动,平均为 90.62%。其中欧盟所占比例从 70% 下降到 43.3%,平均为 53.5%;美国所占比例从 17.4% 增加到 37.9%,平均为 27.2%。而发达国家跨国并购资本流入量占比从 93.6% 下降到 83%,平均为 86.2%。其中欧盟所占比例在 56.5%~37%,平均为 47.2%;美国占比在 38.2%~24.2%,平均为 29.9%。2006 年由于采矿业的几笔交易使北美的跨国并购几乎翻倍;在欧洲,英国是最主要的收购目标国,西班牙成为主要的收购国。

3. 跨国并购的行业呈现多元化趋势

2006 年以来,全球许多行业都发生了规模高达逾百亿美元的并购交易,资源开发、金融、电信、房地产等领域一直是资金流向比较集中的部门。在 2007 年上半年,全球 10 宗最大的并购交易案件中,有 4 件发生在资源领域。其中,力拓和加拿大铝业公司的并购就达 380 亿美元。此外,金融领域一直在全球并购资金的产业流向中占有很高的比重。2007 年的前 11 个月,全球银行业并购额便达到创纪录的 3700 亿美元。其中,仅苏格兰皇家银行牵头组成的财团收购荷兰银行一宗，就超过 1000 亿美元，成为世界银行业有史以来最大的并购案。除了金融、资源领域外，传媒（IT）、钢铁等行业的并购也同样如火如荼。例如，在传媒（IT）行业，新闻集团 50 亿美元收购道琼斯、Google 以 31 亿美元并购 Double Click、以及诺基亚 81 亿美元吞并 Navteq 等，都成为 2007 年该领域格外醒目的并购案件。服务业的横向并购有利于减少过剩的生产能力，提高技术创新能力，以取得行业领先地位。技术密集型产业的横向并购是为了增强实体规模，提高科技研发能力，确立技术上的领先地位。2004 年，服务业并购占全球的比重，已由 2003 年的 53.7%上升到 62.7%，其中金融服务业又占到服务业并购总额的 1/3。

4. 股票置换成为跨国并购的主要交易方式和手段

在跨国并购中，特别大的跨国并购一般通过股份互换来实现，一是可减少现金支付，二是可以对资本利得延迟交税。从 1989 年到 2005 年，随着跨国并购总量的增加，通过股份互换完成的交易在增加。股份互换从 1989 年的 10%左右，增加到 2005 年的 17%左右。例如，在 2007 年的"欧洲银行财团并购荷兰银行事件"中，由苏格兰皇家银行（RBS）、西班牙国际银行（SBP）和比利时与荷兰合资的富通银行（FORB）组成的财团以 711 亿欧元（956 亿美元）的天价击败竞争对手巴克莱银行，成功收购了荷兰银行，欧洲银行财团的收购方案中股份支付的比例相当高。

5. 横向并购是主流

20 世纪 90 年代以来的跨国并购主要是横向并购。无论是在传统产业领域还是在新兴产业领域，横向并购都占主导地位。混合并购的目的在于分散风险和深化范围经济，相对于横向并购，其重要性则大幅度下降。垂直并购所占比例低于 10%，所涉及的行业集中在电子和汽车工业，目的在于降低生产链前向和后向关联的不确定性和交易成本以及获取范围经济收益。

（二）影响跨国并购的主要因素

1. 经济全球化

经济全球化趋势的不断加重日益将各国的生产、贸易与消费纳入一体化中。由在国外拥有 80 多万个子公司的 6 万多家跨国公司的全球性拓展，控制了 40%的全球产出、60%的贸易、70%的技术转让和 90%的国际直接投资，极大地推动了经济全球化的进程。

同时，经济全球化要求各种生产要素在全球范围内配置，这使各国内部市场与外部市场的界限日趋模糊，跨国公司的外部环境发生急剧变化，它们不得不面对更多的竞争对手，在更残酷的国际竞争中生存。跨国并购是跨国公司拓展全球市场、在竞争中取胜的一个杀手铜。

2. 技术进步

20 世纪 90 年代以来，技术进步日新月异，对世界经济高速发展起了重大的推动作用。同时，它也是影响跨国并购的重要因素。

一方面，技术进步使跨国公司分散在世界各地的经营活动得到更好的协调和管理，从而为跨国公司进行跨国并购提供了有利条件。如利用电子商务有可能重新安排供应链，缩短了商品进入消费领域的环节；技术进步通过降低运输成本、信息与通信成本，从而极大地缩小了经济空间等。结果是跨国公司可以更有效率地进行跨国并购。它们可以在国际生产体系内部进行更好的联络、更便宜地进行跨国界的商品和人员的转移，可以把生产和管理过程进行分解并在不同的国家重新布局，以实现成本的最低化。

另一方面，技术进步反过来也使跨国公司面临着更大的竞争压力，促使其进行跨国并购。在大多数行业，创新的成本和风险与日俱增，而且还需要持续不断地吸收和发展新的技术和管理手段。跨国公司需要付出更大努力以保持其创新领先地位，开拓新的技术领先领域，赶上新知识、产品生命周期缩短的步伐。在一个以技术变化快、高风险研发项目开支不断增加为特点的环境中，许多跨国公司感到有必要通过跨国并购来分摊创新成本，获得新的技术资产以增强其创新能力。20 世纪 90 年代以来的跨国并购越来越验证了这一点。

3. 各国外国直接投资管理政策的调整

外国直接投资管理政策的调整主要包括贸易投资自由化和一些行业解除管制。贸易自由化的发展，一方面扩大了市场范围，从而吸引了企业设立子公司；另一方面市场的透明度也得以提高，从而降低了跨国并购的成本，促进了跨国并购的迅速发展。外国直接投资政策既包括绿地投资政策也包括跨国并购投资政策。在跨国并购投资方面，全球普遍的政策调整主要包括取消必须成立合资企业的规定、取消对外资不能占多数股权的要求和取消对外商不能享有所有权的规定等。同时，许多国家尤其是发达国家在诸如电信、运输、电力、金融服务等服务行业放松了管制。据统计，1991~2000 年，各国外国直接投资制度共引进了 1185 项管理上的改变，其中 1121 项是朝着更有利于外国直接投资的。仅 2000 年，就有 69 个国家做出 150 项管理上的改变，其中 147 项是有利于外国投资者的。

4. 资本市场自由化的推动

从 20 世纪 80 年代开始，大多数发达国家已经实现了资本账户的自由化，对跨国借贷和证券投资不再进行限制。20 世纪 90 年代中期以来，很多发展中国家和转型经济国家也开始进行了资本账户的自由化。资本市场自由化一方面为跨国并购解除了制度障碍，从而促进了跨国并购活动更广泛地进行；另一方面金融衍生工具的增加对跨国并购提供了技术上的保证，发行股票和债券在跨国并购的融资中所占比重越来越高，公司基金和风险投资的发展成为中小企业跨国并购的主要融资渠道。

第二节 跨国并购的动因

一、垄断优势理论

1.跨国公司的垄断优势论

海默（H.Hymer）于 1960 年在其博士论文《一国企业的国际经营：对外直接投资研究》中首次提出了垄断优势理论（Monopolistic Advantage Theory），后由同为麻省理工学院的 C.P.金德贝格在 20 世纪 70 年代进行了补充和发展。海默认为，一家企业之所以要对外直接投资，是因为它有比东道国同类企业有利的垄断优势，从而在国外进行生产可赚取更多的利润。该理论主要是回答一家外国企业的分支机构为什么能够与当地企业进行有效的竞争，并能长期生存和发展。其核心观点是，企业的垄断优势和国内、国际市场的不完全性是企业对外直接投资的决定性因素。

2.跨国公司的垄断优势

跨国公司从事对外直接投资时，会遇到诸多障碍（如语言、法律、文化、经济制度的不同等），与东道国相比，跨国公司在这些方面处于劣势。因此，跨国公司要进行对外直接投资，就必须拥有某种垄断优势（如技术、先进管理经验、规模经济、信息、国际声望、销售等优势），这些垄断优势足以抵消上述劣势，因此可以保证其在对外直接投资中获取丰厚利润。

跨国公司由于其庞大的资产和抗风险能力，能够进行大量的研究与开发投资，通过率先技术创新，从而形成技术领先与技术垄断，如，拥有优于竞争对手的专利权、专利技术、生产诀窍、新产品开发能力等，具体包括：

（1）实行横向一体化和纵向一体化的优势。前者使跨国公司对价格有一定的控制能力，后者使跨国公司获得外部规模经济的优势。

（2）拥有市场的优势。如获得营销技术、专利、商标等优势。

（3）由于跨国公司资金雄厚、技术先进和实行全球性经营战略使其在生产和管理技能、方式上占有绝对优势。

（4）由于面向发展中国家投资，使其具有获得廉价劳动力的优势。

（5）实行限制政策也给对外直接投资带来优势。

3. 理论评价

垄断优势理论突破了传统国际资本流动理论的束缚，指出对外直接投资是以不完全竞争为前提的，是一种企业寡头垄断和市场集中相联系的现象。西方学者普遍认为，垄断优势理论奠定了当代跨国公司与对外直接投资理论研究的基础，并对以后的各种理论产生了深远的影响。

但垄断优势理论的不足之处在于它缺乏普遍意义，由于研究依据的是 20世纪 60 年代初对西欧大量投资的美国跨国公司的统计资料，因此对美国跨国公司对外直接投资的动因有很好的解释力，但却无法解释 60 年代后期日益增多的发展中国家跨国公司的对外直接投资，因为发展中国家的企业并不比发达国家有更强的垄断优势。而且，该理论偏重于静态研究，忽略了时间因素和区位因素在对外直接投资中的动态作用。

二、内部化理论

内部化理论又称市场内部化理论，是西方跨国公司研究者为了建立跨国公司理论时提出和形成的理论观点，是当前解释对外直接投资的一种比较流行的理论。

自 1970 年以来，以英国里丁大学学者巴克莱（Peter.J.Buckley）、卡森（Mark Casson）与加拿大学者罗格曼（A.M.Rugman）为主要代表人物的西方学者，以发达国家跨国公司（不含日本）为研究对象，沿用了美国学者科斯（R.H.Coase）的新厂商理论和市场不完全的基本假定，于 1976 年在《跨国公司的未来》(The Future of Multinational Enterprises) 一书中提出了建立跨国公司的一般理论——内部化理论。该理论主要回答了为什么和在怎样的情况下，到国外投资是一种比出口产品和转让许可证更为有利的经营方式。后来，经济学家罗格曼、吉狄、杨等进一步丰富和发展了该理论。

内部化理论强调企业通过内部组织体系以较低成本，在内部转移优势的能力，并把这种能力当做企业对外直接投资的真正动因。在市场不完全的情况下，企业为了谋求整体利润的最大化，倾向于将中间产品、特别是知识产品在企业内部转让，以内部市场来代替外部市场。

1. 代表人物

（1）科斯（R.H.Coase），不完全竞争市场假设目的是长期保持知识产品独占优势。

（2）巴克莱（P.J.Buckley）、卡森（M.Casson）在《跨国公司的未来》中对跨国公司内部机构、跨国公司之间的关系、跨国公司的营运模式进行了非常深入的分析，把传统的跨国公司理论与国际贸易理论、理性预期等理论有机地结合起来。

（3）罗格曼（A.M.Rugman）——《跨国公司的内幕》。

2. 观点与主要内容

（1）外部市场机制失败，这主要是同中间产品（如原材料、半成品、技术、信息、商誉等）的性质和买方不确定性有关。买方不确定性是指买方对技术不了解，卖方对产品保密、不愿透露技术内容，因此跨国公司愿意纵向一体化。

（2）交易成本受各种因素的影响，公司无法控制全部因素。如果实现市场内部化，即把市场建立在公司内部，通过内部转移价格可以起到润滑作用。

（3）市场内部化可合理配置资源，提高经济效率。国际直接投资倾向于高技术产业，强调管理能力，使交易成本最小化，保证跨国公司经验优势，市场内部化可实现这些要求。

该理论从国际分工不通过世界市场，而是通过跨国公司内部来进行这点出发，研究了世界市场的不完全性以及跨国公司的性质，并由此解释了跨国公司对外直接投资的动机与决定因素，其中市场不完全性及企业的性质是内部化理论的核心。

该理论有助于说明各种类型跨国公司形成的基础。其后有些学者将技术优势及内部化概念进一步引申，以解释发展中国家跨国公司的发展。该理论还解释了跨国公司在出口、直接投资与许可证安排这三种方式之间选择的根据。

3. 现实意义

内部化理论是西方学者跨国公司理论研究的一个重要转折。以前的理论主要研究发达国家（主要是美国）企业海外投资的动机与决定因素，而内部化理论则研究各国（主要是发达国家）企业之间的产品交换形式与企业国际分工与生产的组织形式，认为跨国公司正是企业国际分工的组织形式。

与其他理论相比，内部化理论属于一般理论，能解释大部分对外直接投资的动因。而其他国际直接投资理论仅从产品或生产要素等某个侧面来分析跨国公司对外直接投资的原因，因此内部化理论不同程度地包含了其他理论。因而该理论有助于对跨国公司的成因及其对外投资行为的进一步深入理解。

4. 理论评价

内部化理论从内部市场形成的角度阐述了对外直接投资理论，对跨国公司的内在形成机理有比较普遍的解释力。与其他对外直接投资理论相比，它适用于不同发展水平的国家，包括发达国家和落后国家，因而在跨国公司理论研究中具有相当于"通论"和"一般理论"的地位，大大推进了对外直接投资理论的发展。更为重要的是，该理论强调了知识产品内部一体化市场的形成，更加符合当今国际生产的现实状况。

内部化理论的不足之处是该理论过分注重企业经营决策的内部因素，却忽略了对影响企业运作的各种外部因素的分析，对跨国公司的国际分工和生产缺乏总体认识，对对外直接投资的区位选择等宏观因素也缺乏把握。

三、产品生命周期理论

1. 产品生命周期理论概念

产品生命周期（Product Life Cycle，简称 PLC），是产品的市场寿命，即一种新产品从开始进入市场到被市场淘汰的整个过程。弗农（R.Vernon）认为，产品生命是指上市后的营销生命，和人的生命一样，要经历形成、成长、成熟、衰退这样的周期。就产品而言，也就是要经历一个开发、引进、成长、成熟、衰退的阶段。而这个周期在不同的技术水平的国家，发生的时间和过程是不一样的，期间存在一个较大的差距和时差，正是这一时差，表现为不同国家在技术上的差距。它反映了同一产品在不同国家市场上的竞争地位的差异，从而决定了国际贸易和国际投资的变化。为了便于区分，弗农把这些国家依次分成创新国（一般为最发达国家）、一般发达国家和发展中国家。

弗农于 1966 年发表《产品周期中的国际投资和国际贸易》一文，提出了著名的产品生命周期理论。他把产品的生命周期划分为三个阶段：新产品阶段、成熟产品阶段和标准产品阶段。他认为，产品生命周期理论可以解释发达国家出口贸易、技术转让和对外直接投资的发展过程。

2. 理论评价

产品生命周期理论首次将对外直接投资与国际贸易、产品生命周期纳入一个分析框架，同时将静态分析和动态分析有效地结合起来，因此具有一定的理论地位。该理论的特点是：第一，将垄断优势与区位选择结合起来进行综合分析，较为全面地阐释了开展对外直接投资的动机、时机与区位选择之间的动态关系。第二，说明企业的比较优势会随着产品生命周期的阶段性发展而发生动态变化，旨在启发各国顺应产品生命周期，根据自身的资源禀赋和比较优势开展跨国生产和国际贸易。该理论还说明，由于新技术不断涌现，产品生命周期日益缩短，为保持技术领先地位，企业必须更加重视研究与开发，不断创新。

但产品生命周期理论的不足在于：第一，理论的出发点是第二次世界大战后美国跨国公司在西欧的直接投资，因此难以解释后起投资国如西欧、日本与发展中国家的对外直接投资行为与规律。第二，无法解释跨国公司全球生产体系建立起来以后遍及全球的投资行为，也无法说明非替代出口的投资增加以及跨国公司海外生产非标准化产品的现象。第三，从目前全球直接投资的存量和流量来看，其中大部分是发生在美国、欧盟与日本等发达国家产业内的双向投资行为，对这一现象该理论无法解释。

四、边际产业扩张理论

边际产业扩张理论又称边际比较优势理论，是日本学者小岛清（K. Kojima）教授根据日本国情，于 1978 年在其代表作《对外直接投资》一书中提出的。小岛清在把微观分析作为既定前提的基础上，注重从宏观动态角度来研究跨国公司的对外直接投资行为。该理论认为，对外直接投资应该从本国已经处于或即将处于比较劣势的产业，即边际产业开始，并依次进行。其结果不仅可以使国内的产业结构更加合理、促进本国对外贸易的发展，而且还有利于东道国产业的调整、促进东道国劳动密集型行业的发展，对双方都产生有利的影响。

小岛清指出，日本的对外直接投资与美国相比有三点明显的不同：一是美国的海外企业大多分布在制造业部门，从事海外投资的企业多处于国内具有比较优势的行业或部门；而日本对外直接投资主要分布在自然资源开发和劳动力密集型行业，这些行业是日本已失去或即将失去比较优势的行业，对外投资是按照这些行业比较成本的顺序依次进行的。二是美国从事对外直接投资的多是拥有先进技术的大型企业；而日本的对外直接投资以中小企业为主，所转让的技术也多为适用技术，比较符合当地的生产要素结构及水平。三是美国对外直接投资是贸易替代型的，由于一些行业对外直接投资的增加而减少了这些行业产品的出口；与此相反，日本的对外直接投资行业是在本国已经处于比较劣势而在东道国正在形成比较优势或具有潜在的比较优势的行业，所以对外直接投资的增加会带来国际贸易量的扩大，这种投资是贸易创造型的。

五、国际生产折衷理论

国际生产折衷理论（The Eclectic Theory of International Production）又称国际生产综合理论，是由英国经济学家邓宁（John H. Dunning）于 20 世纪 70 年代在《贸易、经济活动的区位和跨国企业：折衷理论方法探索》中提出来的。1981 年，邓宁在《国际生产和跨国企业》一书中对折衷理论又进行了进一步阐述。该理论认为，对外直接投资主要是由所有权优势（O）、区位优势（L）和内部化优势（I）这三个基本因素决定的，即 OLI 优势。

邓宁认为其折衷理论具有三个方面的特点：①吸收了过去 20 多年中出现的各种直接投资理论的优点；②与直接投资的所有权形式有关；③能解释国际企业营销活动的三种主要方式，即出口、技术转让和直接投资。

所有权优势又称厂商优势，是指一国企业拥有或能够获得的，其他企业所没有或无法获得的资产及其所有权，包括技术优势、规模优势、组织管理优势、金融货币优势。内部化特定优势是指跨国公司运用所有权特定优势，以节约或消除交易成本的能力。内部化的根源在于外部市场失效。邓宁把市场失效分为结构性市场失效和交易性市场失效两类，结构性市场失效是指由于东道国贸易壁垒所引起的市场失效，交易性市场失效是指由于交易渠道不畅或有关信息不易获得而导致的市场失效。区位优势是指跨国公司在投资区位上具有的选择优势。区位优势也是跨国公司发展对外直接投资时必须要考虑的一个重要因素。它包括两个方面：一是直接区位优势，即因东道国的有利条件而形成的对外直接投资优势，如好政策、大市场；二是间接区位优势，即因投资国的不利条件而形成的对外直接投资优势，如贸易壁垒、高运费。

折衷理论的主要结论可以归纳为以下四个方面：一是跨国公司是市场不完全性的产物，市场不完全导致跨国公司拥有所有权特定优势，该优势是对外直接投资的必要条件。二是所有权优势不足以说明企业对外直接投资的动因，还必须引入内部化优势才能说明对外直接投资为什么优于许可证贸易。三是仅仅考虑所有权优势和内部化优势仍不足以说明企业为什么把生产地点设在国外而不是在国内生产并出口产品，故必须引入区位优势，才能说明企业在对外直接投资和出口之间的选择。四是企业拥有的所有权优势、内部化优势和区位优势，决定了企业对外直接投资的动因和条件。

邓宁的折衷理论在理论渊源上融合了以往各种学说的精华，并加以归纳与总结，使理论更加丰富，较以往的各种理论更全面地解释了企业国际经营的动因，从而形成了一个具有普遍性的理论体系。但是，该理论的不足之处在于，过于注重对企业内部要素的研究，忽略了企业所处的特定社会政治、经济条件对企业经营决策的影响。

第三节 跨国并购的策划与运作

跨国并购的策划包括并购目标策划和并购形式策划。在进行并购目标策划时，企业首先应明确为何要进行并购，通过并购想达到什么目的。企业并购的目标一般不外乎扩大市场份额、排挤竞争对手、提高利润率、分散投资风险、获取品牌和销售渠道等。企业并购形式的策划，可采取"积极式"和"机会式"两种不同方式。

跨国并购的运作严格意义上应包括跨国并购策划、目标企业价值评估、选择并购支付方式、融资方式选择以及并购整合等过程。

一、目标企业价值评估

目标企业价值评估包括对目标企业并购前价值的评估和并购后增长价值评估两部分。一方面，对目标企业并购前价值进行评估时要注意以下四个方面的问题：第一，采用的企业价值评估方法是否符合国际标准。各种估价体系本身存在很大偏差，对企业价值的评估方法和准则是多种多样的，以此确定的目标对象自然就会存在很大偏差。第二，有利率风险和汇率风险。跨国并购是到异国进行企业的局部或全部并购，涉及两种或两种以上货币的利率和汇率问题，所以跨国并购中最常见的就是利率风险和汇率风险。第三，了解目标企业的资产负债情况。由于地域的关系，存在很大的信息不对称问题，并购方对目标公司的企业情况很难准确了解，加上类似商誉的无形资产价值不像物质资产的价值那样较容易量化，因此对并购后该公司远期利润的估计也困难较大，从而给目标企业的价值评估带来麻烦。第四，目标企业的财务报表是否能保证真实。目标公司很可能存在财务舞弊的现象，诸如为逃税漏税而伪造财务报表，为了达到上市、配股、不被终止上市等目的，进行盈余管理等；也有可能因为会计人员技术操作上的失误，财务报表本身存在各种错误和漏洞，而且目标公司不愿透露某些关键性的商业机密，披露信息不完全。另一方面，对并购后增长价值进行评估时，应采用资产可用性原则，以避免并购的目标企业的资产高估，避免并购后有些资产不可用或过时。为此，要对目标企业资产进行详细分析，看目标企业的资产能否为并购后的经营管理、产品策略和生产经营等提供效用。

二、跨国并购支付方式分析与选择

跨国并购的支付方式主要有现金支付、股票支付和综合证券支付。现分别分析各种不同的支付方式。

现金支付估价简便易行且金额确定，不必承担证券风险，也不受并购后目标国的经济发展前景、利息率、通货膨胀率等变化的影响。但采用现金支付应考虑以下因素：

（1）短期的流动性。
（2）中期或长期的流动性。
（3）税务筹划。
（4）汇率风险。
（5）现金支付的融资分析。

股票支付也是跨国并购支付方式的主要手段。随着跨国并购数额的日益增大，此种并购方式所占的地位越来越重要，如德国的戴姆勒—奔驰与美国的克莱斯勒公司就是用现金和股票综合方式支付的。这种支付方式主要考虑两个方面的问题，一是股息或货币的限制，二是外国股权的限制。

综合证券支付是指收购方公司在收购时，不仅采用现金、股票作为支付方式，而且还采用认股权证、可转换债券等多种形式的证券作为支付形式。例如，2002 年 11 月青岛啤酒股份公司在跨国并购中成功地发行了可转换债券，联想收购 IBM 的 PC 业务部采用国内的贷款另加股份，均属于综合证券支付方式。

影响支付方式选择的因素有：①制度限制；②并购方当前的财务状况；③税收；④目标企业股东与并购方企业股东的要求；⑤会计处理方法。

三、跨国并购融资方式的选择

企业通常采用的方式有内部融资和外部融资。内部融资主要是指使用内部留存，包括企业税后利润、未使用或未分配的专项基金、变卖企业闲置资产、企业应付账款、企业各项应付税金和利息等。外部融资主要有股票、债券、卖方融资、杠杆收购等。从资金的最终来源看，并购中应用较多的融资方式是外部融资，包括债务融资、权益融资和介于两者之间的混合融资。

权益融资虽然可以通过发行股票迅速筹集到大量资金，且没有固定到期日和付现的限制，但会导致控制权分散。

相对于权益融资，债务融资成本要低一些，而且债务融资不会稀释股权。但是债务要还本付息，财务负担过重，将会导致资本结构恶化，企业容易陷入债务危机。

四、跨国并购整合

跨国并购整合是指跨国公司对目标公司实施并购后，根据并购目的对目标企业资产（包括有形资产和无形资产）进行的全面的、彻底的和全方位的组合和再造。整合管理是企业跨国并购不可分割的重要组成部分，直接关系到企业跨国并购的成败。

整合过程是跨国公司并购价值的实现过程，是并购战略意义的价值体现。其本质是通过并购企业和目标企业的基本资源或活动在新的企业和新的区域（不同国家与地区）内进行重新配置，从而在更高层次上构筑新的更强的价值链或价值网。

基于核心能力的企业并购整合模式分为战略层次整合、职能活动层次整合和要素层次整合三个层次。战略层次整合是围绕企业战略性资产的构筑和培育展开的，而职能活动层次整合是并购后整合管理的切入点，要素层次整合是战略层次整合的内在基础。并购后的整合具体还是反映在这些职能活动的整合过程中。

跨国并购引起了企业内外部环境的变化，因此需要并购后的企业进行一定的战略调整，这就是战略整合的内容。经营战略方面的整合对并购的成功与否至关重要，要达到"1＋1＞2"的效果，并购方必须利用自己的特殊经验和强项来弥补被并购企业的弱项，把被并购企业的经营发展纳入并购方的整体发展中，取得协同效应。

战略性资产要素有效整合的落脚点还是要体现在企业各项具体职能活动中。然而对于一家企业而言，并不是每一个要素、每一种协同都同等重要。协同的重要性因企业不同而千差万别。

在组织资本中，最具有战略性资产特征的是行业专属管理能力和行业专属人力资源，而这些能力和资源是附着在以个体和组织为载体的技能和知识系统、管理系统、价值观系统中的。因此，在要素层次整合管理过程中，要把这些要素作为基于核心能力的并购后整合管理基础，通过建立合理的组织结构，以保证这些资源要素的顺利整合，其中核心是技能和知识系统的整合。

中国资本"走出去"有主权财富基金、国有企业和民营企业三剑客。不同的出身决定了它们不同的特点和行为模式。

中国投资有限责任公司（下称"中投"）是目前中国唯一的主权财富基金，管理的金额高达 2000 亿美元。中投最初成立时，目的就很明确，为中国的外汇储备保值增值，而不是帮助中国实现产业升级换代。简单地说，只要中投的长期盈利超过同期美国国债收益，那它就是成功的。

国有企业是近年来中国资本"走出去"的一个主角，特别是号称中国企业"国家队"的央企，更是手握重金，在世界各地寻求投资机会。这些投资有两大类：一类是资源类的投资，它占了中国资本对外投资金额的大头。仅 2008 年 2 月宣布的中铝入股力拓并成为其最大单一股东一项投资，中方就投入了 128.5 亿美元；中石油更是频频出击，在全球各地进行大手笔投资，并已经在全球的 29 个国家收购了 81 个油气项目；中化、五矿、中信、中海油等也不甘落后，纷纷在海外寻找合适的投资机会，购买油井和矿山。另一类是基于技术和品牌考虑的投资。除了资源类的投资之外，中国的国有企业还做了一些基于技术和品牌考虑的跨国投资，这一类投资的问题就比较明显。中国的国有企业的管理水平原本就不是那么高，现在要跨文化进行管理，问题就容易被放大，最终导致投资失败。上海汽车收购韩国双龙汽车就是一个典型的失败收购，似乎在中国民营企业才能打并购的"持久战"。中国的民营企业的海外投资和并购做得比较早，不过，金额相对要小很多。它们或是为了实现买壳上市，例如，2002 年浙江金义集团通过借壳实现在新加坡上市；或是为了购买技术，例如，2001 年浙江华立收购飞利浦旗下一项 CDMA 技术。民营企业的并购中，唯一能跟 2010 年吉利并购沃尔沃相提并论的就是联想集团并购 IBM 的 PC 业务。虽然联想的大股东是中科院，从这个意义上也应该算是国有企业，不过，由于其运行机制几乎完全类似民营，所以，它被广泛地视做民营企业。2004 年12 月，联想宣布斥资 10 多亿美元收购 IBM 的 PC 业务，经过漫长的磨合和学习，一直到 2009 年初，在出现了巨额亏损后，杨元庆才开始出任新联想的CEO。此前，基于文化融合等考虑，联想一直使用美国人做 CEO，按照柳传志的介绍，他们事先准备的时间更长。好在联想在 2009 年表现得还不错，新的战略获得了一些成绩，股价也有不小的涨幅。不过，现在还很难得出结论，说那是一场成功的并购。在中国，国有企业最高领导人的任免有点像所谓的"干部任命制"，在这种制度下，CEO 们很难有像柳传志、杨元庆一样的耐心，事先做好六七年的磨合准备。因此，一定程度上可以说中国民营企业更善于打并购"持久战"。

第四节 跨国并购的环境

一、跨国并购的国际投资环境

国际投资环境是指在一定时间内，东道国（地区）拥有的影响和决定国际直接投资进入并取得预期经济效益的各种因素的有机整体。

国际投资环境按照构成国际投资环境诸因素的属性可分为政治因素、经济因素、基础设施因素、法律因素、社会文化因素和自然地理因素六类。

二、跨国并购的法律环境

跨国并购由于涉及两个或两个以上国家的公司，因而所涉及的法律问题也就特别复杂，其影响的广度和深度是非常之大的，其涉及的法律可能有银行法、公司法、证券法、会计法、外资法、反垄断法、劳动法、社会保障法、外汇管理法等法域，形成错综复杂的法律关系。

1. 美国的跨国并购的法律环境

美国是世界上并购活动最活跃的国家，也是并购法律体系最为复杂的国家。美国涉及跨国并购的现有法律主要有《美国联邦证券法》、《反托拉斯法》（由三部反垄断法《谢尔曼法》、《克莱顿法》和《联邦贸易委员会法》构成）及政府颁布的《并购准则》。

2. 英国的跨国并购的法律环境

英国对外资进入证券市场进行管制并对外资收购上市公司控制权有相应的限制。

3. 日本的跨国并购的法律环境

由于国内市场狭小，日本对于外资进入长期采取相对严格的控制态度。《外汇与外贸管理法》和《关于禁止私人垄断和确保公平交易法》，严格限制外国投资者在日本成立控股公司，不仅只允许跨国公司在日本拥有一家控股公司，而且规定"控股公司本身即构成违法"。此外还规定，"国外公司不论规格大小，只要持有国内股票，就必须向公平交易委员会报告"。

4. 欧盟的跨国并购的法律环境

为了实现欧共体经济融合，把握产业重构的重大契机，欧盟颁布了主要股权指令和反托拉斯条款。强调只有具有"共同市场影响力"的企业才能参与并购，根据规定，"具有共同市场影响力"是指：第一，参与并购的企业在世界范围内的营业额至少为 50 亿欧元。第二，参与并购的企业中至少有两家企业其各自在欧盟范围内的销售额均超过 2.5 亿欧元。这样，中小企业以及营业收入主要来自欧盟以外的企业之间的并购行为将不易受到欧盟政策的影响。第三，如果每一家参与并购的企业在欧盟范围内的营业额中，至少有 2/3 的部分都来自同一个成员国，则此并购行为就不被视作具有共同市场影响力。

思考题：

1. 跨国并购理论有哪些，请对这些理论进行评价。

2. 跨国并购的运作流程是什么？

3. 跨国并购的环境分析从哪些方面开展？

第六章 企业重组

学习目的：掌握企业重组的概述，熟悉各种标准下企业重组的分类情况；理解托管经营、联合经营这两种扩张型企业重组方式的运作程序；能区分托管经营与承包经营及租赁的区别；掌握剥离、分立的动机，理解剥离、分立对企业价值的影响；掌握股份回购的动因及意义，了解关于股份回购的相关法规；熟悉新《破产法》下对破产重组程序的规定；掌握资产置换、股权置换、买借壳上市的概念。

第一节 企业重组概述

一、企业重组的概念

在 CNKI 知识元数据库中，企业重组的概念在学术文献中的解释达 24 种之多。《现代经济词典》、《21 世纪汉英经济实用词典》、《金融大辞典》、《中华金融辞库》、《中国会计百科全书》和《新世纪企业家百科全书》等工具书对企业重组的定义也不尽相同。

一般认为，企业重组（Enterprise Reshuffle）是指企业以资本保值增值为目标，运用资产重组、负债重组和产权重组方式，优化企业资产结构、负债结构和产权结构，以充分利用现有资源，实现资源优化配置。它又称"企业改组、改制"（Enterprise Reorganization）或"公司重组"，国家税务总局 1998 年 6 月 24 日颁布的《企业改组改制中若干所得税业务问题的暂行规定》以及 2009 年 4 月 30 日财政部和国家税务总局联合出台的《关于企业重组业务所得税处理若干问题的通知》（财税〔2009〕59 号）中就分别用了这两个名称。

从经济学角度看，企业重组是一个稀缺资源的优化配置过程。企业重组对资源的优化配置主要体现在企业自身和社会经济整体两个层面上。对企业自身来说，通过对企业自身拥有的各种要素资源的再调整和再组合，提高了企业自身运行效率；对社会经济整体来说，企业重组实现了社会资源在不同企业间弃弱济强的优化组合，提高经济整体运行效率。

从法律角度看，公司是为降低交易成本而构建的一系列契约的联结。在市场经济条件下，这些契约关系以法律的形式体现，因此企业重组在现实的运作中又表现为这些法律关系的调整。

广义的企业重组，包括企业的所有权、资产、负债、人员、业务、管理制度等要素的重新组合和配置；狭义的企业重组仅指企业的资产重组；一般用广义。

从以上企业重组的概念可以看出，它与企业层面的资本运营的内涵与外延均非常接近，在现实中也总是将这两个概念通用，均涉及收购、兼并、剥离、分立等多种具体方式。但也有一部分人会把兼并、收购独立出来与重组并列，认为并购是重组之外的一种更综合性的资本运作方式。与第一章的第二节相照应，本章所指企业重组是并购之外的其他资本运营方式的统称。

二、企业重组的分类

（一）根据企业重组的内容将企业重组分为六类

1. 业务重组

业务重组是指对重组中企业的业务进行重新分割、组合或新设，以挖掘最大增长潜力。它是企业重组的基础，是资产重组、债务重组、管理制度重组等的前提。如手机制造商摩托罗拉计划于 2009 年 7 月把其家庭和移动网络业务重组为三个独立业务部门，即宽带家庭解决方案、宽带接入解决方案和蜂窝网络部门。

2. 资产重组

资产是指企业拥有或控制的能以货币计量的经济资源，包括各种财产、债权和其他权利。资产分为流动资产、长期股权投资、固定资产、无形资产、递延资产等。资产重组是对资产存量、存在方式及产权结构进行重新组合的一种交易行为，是企业重组的核心，狭义的企业重组通常就是指资产重组。资产重组目的是盘活资产，提高资产使用效率，实现资产最大限度增值。如上菱电器将其下属的包括四家子公司在内的部分不良资产、应收账款、在建工程和长期投资进行剥离，同时增发新股用于投资上海通用冷冻空调设备有限公司和上海电气集团印刷包装机械有限公司，新投资带来了近 8000 万元净利润，同时让上菱电器向计算机、通信等高科技领域渗透。

3. 债务重组

债务重组是指对现有债权债务关系进行调整及对调整后的债权债务关系进

行长期管理。具体包括对现有的债务进行清理、评估、重新组合、转换形式，并在必要的情况下变更债权债务关系；对债券的流通、定价、还本付息、债权管理绩效进行考核等。会计准则中的债务重组是指在债务人发生财务困难的情况下，债权人按照其与债务人达成的协议或法院的裁定书做出让步的事项。可见企业重组中的债务重组的范畴比会计准则的债务重组事项要更广泛一些。例如，郑州百文集团有限公司 2000 年 11 月公布债务重组议案提出：非关联企业三联集团公司支付 3 亿元人民币购买信达资产管理公司持有的 15 亿元债权；三联集团公司购买上述债权后将全部豁免但要求公司全体股东，包括非流通股和流通股股东将所持公司股份的约 50% 过户给三联集团公司；不同意将自己股份中的约 50% 过户给三联的股东将由公司按公平价格回购。

4. 产权重组

产权重组是指通过吸纳、转让、新增、分割等方式，对企业的产权结构进行调整，对产权主体进行重新组合和整合形成新的产权主体。产权重组是企业重组中的决定性环节，其内容和形式从本质上决定着企业重组的性质和内容。

产权重组与资产重组有密切联系，企业产权重组是资产重组的纽带，资产重组是产权重组的载体和表现形式。但两者也有区别，主要表现为以下三个方面：

（1）企业产权是所有者对投入经营所有物所产生的各种财产权利，是企业资产的核心；资产是企业经营的所有物。其来源有两方面，一是所有者投入形成，二是负债形成，所以，从终极所有权的角度看，资产的范畴大于产权。

（2）企业通过负债所形成的资产，其终极所有权虽然不属于企业的投资人，但是在出资人承担债务责任的前提下，企业有权支配由债权人出借给企业的资金所形成的资产。所以，当企业重组产权时可能带动全部资产（包含投资人投入和债权人借入所形成的资产）的重组。

（3）产权重组的主体应为资产所有者及其代理人。如上菱电器在重组中首先是由原控股股东（国家股持有者）——上海轻工控股集团将其所持的上菱电器 64.55% 的股份无偿划给上海电气集团总公司。

5. 人力资源重组

人力资源重组也叫人员重组，是指在企业重组过程中，对企业高层管理人员以及职工的选择和安排。人员重组是其他重组过程的保障和基础，保留和激励那些最优秀和忠实的人才，企业才能取得成功。人员重组的基本目的在于优化劳动组合，提高劳动生产率。

6. 管理体制重组

管理体制是指管理系统的结构和组成方式，即采用怎样的组织形式以及如何将这些组织形式结合成为一个合理的有机系统，并以怎样的手段、方法来实现管理的任务和目的。管理体制重组是指将企业的工厂式的管理体制或有限责任公司的管理体制转变为符合公司特点的现代股份公司体制。

人员重组与业务重组、体制重组往往是密切相关的，业务重组会带来人员重组，而体制重组也会导致业务重组及人员重组。例如，2009年9月英特尔公司在官方网站上宣布了几项公司重要的组织变更，对其业务进行重组，以将其所有主要产品部门整合，组成一个新分支——Intel Architecture Group，并任命公司副总裁西恩·默洛尼（Sean Maloney）和戴迪·佩尔莫特（Dadi Perlmutter）领导该分支。

（二）根据企业重组与企业规模的关系将企业重组分为三种

1. 扩张式重组

扩张式重组意味着企业边界的扩大或经营范围的扩大。通常表现为资产或产权的兼并与收购，也包括联营与托管。鉴于教材的第四章专门介绍了并购这种方式，本章第二节将重点介绍后两种扩张式重组方式。

2. 紧缩式重组

紧缩式重组是与扩张式重组对应的一种重组形式，是指对企业的股本或资产管理费用重组从而缩减主营业务范围或缩小企业的规模。如减少企业的某些固定资产、无形资产，甚至减少企业的子公司或分公司。具体的重组手段包括分立、剥离、分拆上市、股份回购等，将在本章第三节中重点介绍。

3. 整合式重组

整合式重组主要是通过置换的方式交易企业资产及产权。由于置换是按照等价交换的原则进行的，所以置换前后的资产、产权数量不变。据此将这一类的重组方式从扩张式重组与紧缩式重组中划出。本章第四节将重点介绍各种整合式重组方式。

（三）根据企业重组的目的将企业重组分为四类

1. 生产经营性重组

生产经营性重组的目的在于更好地经营自己的产品。具体分三步：首先要达到自己生产规模的扩张，其次要提高产品市场占有率，最后要提高产品质量、降低生产成本。

2. 资本经营性重组

资本经营性重组是资本所有者在对资本市场的状况进行分析、选择后，规划企业规模的发展或紧缩，决定资产在不同企业间的重组进而决定并购其他企业或卖出本企业资产等行为。正如第一章所述，资本只有在流动中才能增值，资本所有者进行资本经营性重组的动力就是追求资本收益最大化。

3. 生产经营与资本经营混合性重组

在第一章对生产经营与资本经营进行了比较，其经营的主体不同，导致两者在目标上有所区别，但两者之间又以利润最大或最大增值为纽带，从而相互依赖、相互促进，所以在很多情况下重组的目的不仅仅是生产经营的要求，也同时是资本经营的要求。

4. 体制变革性重组

体制性变革是指对产权制度、领导体制、管理体制的根本性改革。为达到改革的目标，常常需要进行产权、资产、人员等的重新组合与分配。我国早期实行的承包经营制，当前仍在进行的社会主义市场经济制度改革都是体制性变革的代表。在变革中一方面使得企业经营更加灵活有效，另一方面也促进资本的合理流动和优化配置。

（四）根据纳税规定将企业重组分为六种

2009 年 4 月 30 日出台的《关于公司重组业务公司所得税处理若干问题的通知》（以下简称"59 号文件"）明确了企业重组的范围，是指企业在日常经营活动以外发生的法律结构或经济结构重大改变的交易，包括以下六种类型：

1. 企业法律形式改变

企业法律形式改变是指企业注册名称改变、住所以及企业组织形式（包括有限责任公司、股份有限公司、个人独资企业、合伙企业）等的简单改变，但符合"59 号文件"规定的其他重组类型除外。

2. 债务重组

债务重组是指债务人发生财务困难的情况下，债权人按照其与债务人达成的书面协议或者法院裁定书，就其债务人的债务作出让步的事项，包括豁免、延期、债转股等。

3. 股权收购

股权收购是指一家企业（以下称为"收购企业"）购买另一家企业（以下称为"被收购企业"）的股权，以实现对被收购企业控制的交易。收购企业支付对价的形式包括股权支付、非股权支付或两者的组合。

4. 资产收购

资产收购是指一家企业（受让企业）购买另一家企业（转让企业）实质经营性资产的交易。受让企业支付对价的形式包括股权支付、非股权支付或两者的组合。

股权收购和资产收购均是按收购对象划分的收购的种类。这在第四章中有单独的介绍。

5. 合并

合并是指一家或多家企业（以下称为"被合并企业"）将其全部资产和负债转让给另一家现存或新设企业（以下称为"合并企业"），被合并企业股东换取合并企业的股权或非股权支付，实现两家或两家以上企业的依法合并。

合并可分为吸收合并和新设合并两种方式。吸收合并是指两家以上的企业合并时，其中一家企业吸收了其他企业而存续（对此类企业以下简称"存续企业"），被吸收的企业解散。新设合并是指两家以上企业并为一家新企业，合并各方解散。合并相当于第四章所提到的兼并。

6. 分立

分立是指一家企业（以下称为"被分立企业"）将部分或全部资产分离转让给现存或新设的企业（以下称为"分立企业"），被分立企业股东换取分立企业的股权或非股权支付，实现企业的依法分立。分立可以采取存续分立和新设分立两种形式。存续分立是指被分立企业存续，而其一部分分出设立为一家或数家新的企业。例如，A 公司将部分资产剥离，转让给 B 公司，同时为 A 公司股东换取 B 公司 100%股权，A 公司继续经营。在该分立重组中，A 公司为被分立企业，B 公司为分立企业。新设分立是指被分立企业解散，分立出的各方分别设立为新的企业。例如，A 公司将全部资产分离转让给新设立的 B 公司，同时为 A 公司股东换取 B 公司 100%股权，A 公司解散。关于分立在本章的第三节会有单独介绍。

第二节　扩张型企业重组

一、托管经营

（一）托管经营的概念

1. 托管经营的含义

托管经营，也称委托经营，是指企业资产所有者将企业的整体或部分资产的经营权、处置权，以契约形式在一定条件和期限内，委托给具有较高经营管理水平、较强经济实力并能承担相应风险的其他法人或自然人进行管理。

2. 托管经营的性质和目的

托管经营通过"外在于"企业的经营者投入一定数量的启动资金，并把有效的经营机制、科学的管理手段、科技成果、优质品牌等引入企业，对企业实施有效管理。同时，托管经营过程中受托方凭借自身的管理和资金优势获取一定的经济回报。托管经营的实质是企业的所有权与经营权分离，通过市场对企业的各种生产要素进行优化组合，提高企业的资本营运效益。托管经营的目的是促进企业政企分开，明晰企业所有者、经营者、生产者的责权利关系，达到资源优化配置、拓宽外资引进渠道以及资产增值三大目的，从而谋取企业资产整体价值的有效、合理的经济回报。

3.托管经营中的法律关系

托管经营在委托方与受托方当事人之间形成托管的法律关系，委托方和受托方都以此享有一定的权利和承担相应的义务。

（1）委托方的权利和义务。委托方主要享有以下五方面权利：①托管行为的决定权和签约权。委托方有权选择受托方，有权决定是否签订托管协议。②按照合同的约定收取托管经营收益。这是托管经营中委托方享有的一项主要权利。由于托管经营通常是有偿托管，受托方基于其托管行为享有获得报酬的权利，委托方当然也应当有权对被托管企业的经济收益进行再分配。因为托管经营并没有改变企业的所有权主体。③对受托方的经营状况进行考察。托管方有权对受托方对被托管企业的经营状况进行考察，以保证被托管企业被正当经营。④在受托方提供担保的情况下，委托方当事人可以对抵押物的权属等问题进行核查。⑤当受托方未能按照合同的约定完成托管任务时，委托方可以处分受托方提供的担保物或者要求受托方给予赔偿。

委托方的义务主要有以下三个方面：①按照合同的约定向受托方支付报酬。当受托方按照合同的约定完成托管任务时，受托方有权获得报酬。②指示的义务。托管行为通常需要委托方当事人给予受托方当事人明确的指示，当受托方当事人要求委托方给予指示时，委托方应当及时进行指示，否则因此而给被托管企业造成的损失，不得要求受托方赔偿。③配合受托方当事人进行托管经营的义务。委托方当事人应当及时地向受托方提供有关的资料等，不得随意非法干预受托方的经营。

（2）受托方的权利和义务。受托方在托管经营中享有以下三方面权利：①使用、支配被托管企业的资产。由于受托方在托管法律关系中是托管企业财产的实际占有者，根据托管合同的本质，受托方有权对企业财产进行使用和支配，当然，这种使用和支配应当以保证托管企业的正当经营为目的。②决定被托管企业的一些基本经营政策、方针。受托方可以根据实际需要，自行决定被托管企业的机构设置，按照国家有关政策规定自行决定被托管企业的劳动用工制度、工资奖金制度；自行决定和实施企业的生产经营和管理。③获得报酬的权利。

受托方的义务主要有以下两个方面：①保管被托管企业财产的安全，保障被托管企业的合法权益不受侵犯。由于被托管企业实际上被受托人占有和支配，自然应当由受托人承担保管义务。受托方未尽合理注意义务而给被托管企业财产造成损失的，受托方当事人应当负赔偿责任。②积极完成托管任务的义务。这是受托方的基本义务。受托方应当根据合同的约定和诚实信用的原则对被托管企业进行托管经营，不得实施有损于被托管企业的行为。受托方应当按时向委托方提供被托管企业的资产负债表、损益表、收益分配表、财务状况变动表等报表，年终决算表应当经过会计师事务所审核验证。

4. 托管经营的法律特征

（1）托管双方当事人是托管的主体。委托方通常是被托管企业的所有者，一般指被托管企业的开办单位、主管部门和出资者。当被托管企业的开办单位与主管部门、出资者不一致时，应当以实际出资者作为托管企业的委托方。以尊重所有权和经营权相分离的原则，防止托管经营进一步走入传统的政企不分的老路。对托管企业为股份制企业或者股份合作制企业时，企业的托管经营属于其经营重大事项，其决定权不归企业经营者所有，必须由股东董事会行使。个体企业和合伙企业的委托人为个人和合伙人。受托方当事人一般为生产经营的经济效益较好的企业，与被托管企业的经营有一定的相似之处。在目前情况下，个人成为受托方当事人条件应当严格控制。当然随着经济的发展和经济体制的完善，可以逐渐放宽个人受托人的条件。

（2）托管客体——被托管企业具有相对独立性。托管经营的客体是企业，一般是指微利、亏损或严重亏损的国有中小型企业。在托管之后，托管企业仍然具有相对独立性。企业托管后已经改变了原有的经营方式，在一定程度上企业的财产使用权发生了变化。但是，由于企业并未发生所有权的转移，企业托管与企业兼并不同，企业仍然保留原来的企业名称和经济性质，也不同于企业租赁，即只保留企业财产所有权，不保留原企业职工和独立核算制度。企业被托管后，托管方与受托企业发生的经济往来，应属一般的经济关系，适用相应的经济法律、法规来调整。对于受托方当事人超越托管权限，侵犯托管企业的合法权益的行为，委托方有权予以抵制和拒绝。如果受托方当事人已经损害了托管企业的经济利益，且该行为不属于托管合同约定的形式范围，托管企业可以直接提起诉讼要求受托方予以赔偿。

（3）托管合同只是内部合同，只是对委托方和受托方当事人发生相应的法律效力，不具有对抗第三人的法律效力。被托管企业的债权债务并不发生转移。根据企业托管经营的前后，可以分为托管前的债权债务和托管后的债权债务。因企业的托管，不涉及办理工商登记手续，因而对托管企业的债权人来讲无法发生公示效力。对于托管前的债务，债权人当然仍只能向被托管企业进行追偿。同样对于托管前的债权，托管前的债权托管企业仍可以向债务人进行追偿。尽管委托方已经将被托管企业的财产交给受托方当事人进行经营，由于受托方经营不善可能客观上损害了债权人权益，债权人也不得向受托方直接追偿，而只能将委托方当事人列为诉讼主体，在其交付受托方处置的资产范围内承担责任。同时对于在托管期间内发生的债务，债权人仍只能向托管企业进行追偿。纵然受托方当事人在托管的过程中可能引起托管行为而获得收益，债权人也不得以此为由将受托方作为债务清偿的主体。受托方与委托方之间只是一种委托的法律关系，一般情况下受托方当事人不承担连带责任。

5. 企业托管常用形式

（1）整体托管经营。微利或亏损的中小型企业一般可以实行整体托管经营，即将整个企业交给受托方进行经营。

（2）分层托管经营。大型企业可以对其下属的分厂或车间化整为零、分而治之，实行分层式托管经营。

（3）部分托管经营。部分托管经营是指可从企业中划出几条生产线或生产车间，对其实行托管经营。

（4）专项托管经营。专项托管经营也叫单项托管经营，是对企业的某项业务，如产品生产组织、产品销售或产品设计等单个环节实行托管经营。

（5）企业的债务、债权托管。债权、债务托管是指将企业的债务、债权委托给受托方进行管理。

（6）股权托管。股权托管是指将企业的股权交给受托方进行经营。

6. 托管经营与承包、租赁经营的区别

托管经营不是承包经营、租赁经营的简单翻版，三者有着严格的界限。托管经营与承包经营的区别：

（1）产生的基础不同。承包经营是计划经济下经营权的转移，不能从根本上落实企业经营自主权；而托管经营是以法人财产权的确立为基础的，与市场经济相适应，不仅赋予受托者一定经营权，还赋予它部分资产处置权和收益分成权，有利于受托方更好地进行自主经营。

（2）经营者主体不同。承包经营的经营者与企业主管部门存在千丝万缕的关系，通常是由组织部门任命；托管经营的经营者是由通过市场选择的受托方派出的，体现着受托方的利益，从而形成与所有者、生产者不同的独立的利益主体。

（3）选择机制不同。承包经营的经营者大都限于企业内部或行业内部，且多为个人，其承担风险的能力差，与发包方"一对一"的谈判也具有局限性；

而托管经营面向市场，由市场匹配托管经营的双方，选择空间广阔，受托方以自身资信能力作抵押，或以第三者担保为条件，以委托资产保值为指标，其内部利益激励和约束机制的强化，增强了经营者的责任感与经营意识。

（4）合同的核心不同。承包合同一般侧重于公司业绩的实现，常以财务目标作为合同的核心内容，这会刺激经营者为追求合同目标采取牺牲长期利益的短期行为和事实上的"包赢不包亏"，由国家承担无限责任；而托管合同虽然也提出利润、销售收入等财务目标，但重点是要求改善公司内部管理，以委托资产的保值增值为目标，可以强化经营者的责任感，从而克服短期行为。

（5）报酬支付不同。承包人只有在实现合同中的财务目标后才能获得相关报酬；而受托人一般是向委托人收取固定的管理费用，或在此基础上按业绩的比例收取额外费用。

托管经营与租赁经营的区别：

（1）目的不同。托管经营主要是通过委托方与受托方生产要素的优化配置，转换企业经营机制，达到搞活企业的目的；而租赁经营是承租者以支付租金的方式取得企业财产使用权和一定范围内的处置权，对出租方而言，则是借以创造收益的一种方式。

（2）经济责任不同。托管经营中受托方的利益被委托企业利益制衡，与企业所有者、生产者共同分担经营风险、分享经营成果；租赁经营中，不论承租方经营状况如何，都必须定期向出租方交纳足额、固定的租金，从而使得出租方不承担任何经营风险。

（3）适用范围不同。托管经营有整体、部分、分层、专项等多种经营形式，可适用于各种行业，任何类型和规模的企业；租赁经营适用范围较小，只适合于小型企业和局部资产。

（二）企业托管的基本动因

1. 盘活存量资本，为部分危困企业解决困难

实行托管的企业，大多数都是实行股份制改造无聚资、"租、卖、兼"无吸引力、破产倒闭无承受力的"三无"企业。受托方接管后，采取增加投入、检修设备、技术改造、狠抓产品质量、积极拓宽市场渠道等措施，使大部分低效资产和闲置设备得到充分利用，恢复生产与企业活力。

2. 提高运营效率

企业托管通过合同关系界定了企业所有者和企业经营者的权利、义务关系，为实现政企分开、政资分开和两权分离创造了条件。同时，由于受托方是在全社会范围内择优而来，其资金实力较强，管理水平也较高，可以让受托企业的管理更加科学，从而提高企业资产保值增值能力。

3. 减少操作障碍

企业托管是在不宜大范围内推进企业破产和收购、兼并的情况下，针对企业产权主体不清、明确产权所需的配套法规严重滞后、社会保障体系不完善、国有资产代表权责不清等问题，在不改变或暂不改变原先产权归属的条件下，直接进行企业资产等要素的重组和流动。托管不立即进行产权交割，因而不涉及国有资产的出售，不存在政策上的障碍；被托管企业只是将企业全部或部分资产的经营权、收益权、处置权交给受托方，国有资产的所有权仍然留在委托方，因此在托管期间不会出现资产的更换和职工安置问题，不会影响到社会安定。而且，托管经营通常只转让经营权，不转让所有权，这有利于"两权分离"，避免资产所有者对企业干预太多，更好地体现现代企业自主经营的原则。

4. 减少体制障碍

在公司制改革中，关于企业的社会包袱、债务负担沉重等历史遗留问题还没有一个较好的解决办法，因此，公司制改革并未达到初始目的。由于托管这一方式能够在不改变或暂不改变原有产权归属的前提下，对暂不具备改制为公司的企业进行经营权的暂时让渡，可以有效回避企业破产、购并中的某些敏感性问题和操作难点，是现有条件下推进国有企业改革的有效模式之一。

（三）托管经营的一般程序

托管经营是一项涉及面广、程序复杂的改革工作，应结合企业实际，重点把握以下基本操作程序：

1. 摸清企业家底

托管经营双方在托管经营前应按照国家有关规定全面进行清产核资、界定产权、评估资产，并由国家资产管理部门审核出具资信证明。以经核定的净资产总额作为被托管企业资产保值增值的基数。

2. 组织招投标评审

由各级政府的体改部门会同有关部门组成招投标评审委员会，按照公开、公平、公正原则，通过新闻传媒或召开新闻发布会等形式公布托管经营双方的招投标信息，组织托管经营双方见面、进行双向选择。对达成托管经营意向的托管标的及受托方的资信情况和经营管理能力进行评审，提出评审意见，为双方签订合同提供依据。

3. 签订托管经营合同

托管经营双方经过论证、相互磋商，在对双方权利、义务和托管经营目标、经营方略、风险责任、利益分配、合同终止等合同条款达成一致后，签订托管经营合同。合同期限一般是3~5年。

托管经营合同的一般条款包括：委托人、受托人方代表名称；被托管企业名称和资产、负债、人员等现状；托管经营形式；托管经营期限；托管经营目标；委托方、受托方的权利、义务；被托管企业法定代表人的产生及在托管经营期间的职责、权限；含离退休职工在内的企业职工的安置及待遇；被托管企业原有债务的承担、偿还方式；资金的注入、管理、回报的形式；收益分配与风险承担办法，受托人风险抵押金缴纳的方式、额度、时间；托管经营监督、审计、自律形式和考核办法；违约责任；合同中止与变更；托管经营期满，双方办理效果核准、确认、移交、验收财务、财产等有关事宜；双方约定的其他内容。

4. 履行法律手续

托管经营合同签订并进行公证后，由委托方向受托人颁发委托经营书。之后到工商行政管理部门办理法定代表人变更的确认手续。

(四) 国内外企业托管经营的实践

1. 德国的政府托管模式

企业托管经营起源于德国，是德国政府在东西德统一后，针对东德那些濒临亏损破产境地、拍卖不成的国有企业实行整顿再出卖或破产，以实现国有企业私有化的过渡性措施。其具体做法是在两德统一之前依照有限责任公司的形式成立托管局负责对原东德国有企业及相关国有资产实现私有化的过程。

1990 年前后，德国政府对原东德国有企业进行大规模重组，而这一任务是通过托管局完成的。托管局成立于两德统一前，是依照有限责任公司的组织形式设立的。托管局具有双重身份，一方面作为政府设立的机构，隶属于联邦政府，其业务工作受到联邦财政部、经济部的监督以及 9 人执行委员会的控制和审计局的审计；另一方面作为企业法人，又相对独立于联邦政府，拥有财政预算额度内的国际资本市场的融资能力。

德国托管局重组国有企业分三步：第一步是将 8000 家大型工业联合体和国有企业，分解成 12000 多家中型或小型企业；随之将其改组为有限责任公司和股份有限公司，新公司的产权由托管局独家持有；同时建立大中型国有企业数据库。第二步是评估企业价值。第三步是在综合分析的基础上，将国有企业分成三大类分别重组，将基本条件较好的企业立即出售；对条件较差，但有发展前途的企业由托管局通过委托或租赁承包等形式限期整顿；对第三类企业即无可能恢复竞争能力或造成严重污染的企业采取停业和关闭的办法。

2. 捷克的统一银行托管模式

统一银行托管模式是指政府委托统一银行管理商业银行不良债权的方式。自 1990 年以来，捷克斯洛伐克实行二级银行制度，国家银行成为中央银行，商业信贷业务由三家商业银行承担。这三家银行承接了原国家银行的资产与负债，但"流通中的货币"一项，仍保留在国家银行的资产负债表中，由此导致三家银行资产负债表不平衡。同时因以下两大原因，使三家商业银行的市场运作先天不足：一是初始资本不足；二是所承接的信贷资产中，大约有40%的周转性贷款，这种贷款是由于国家过度征税以此弥补企业损失而发放的，且无期限，年利率仅为6%，大量的低息、无限期贷款，必将导致商业银行支付困难。

1991年6月，将商业银行2/3的周转性存贷款（约1102亿捷克货币单位）转移给统一银行账户。同时，各商业银行将与转移贷款资产相等额的负债，包括国家银行分解时提供的再分配资金和部分存款，转移到统一银行账户，旧体制的遗留问题转移给统一银行，为国有商业银行的民营化奠定了基础，也使企业的融资成本降低，企业有了长期稳定的资金。从捷克统一银行的运作职能看，它实际上是银企重组过程中的债权托管机构。

截至1992年6月，企业已偿还了到期180亿捷克货币单位贷款，剩余920亿捷克货币单位贷款。捷克政府成立统一银行的目的，是为了重组国有企业和国有银行。为了解决历史遗留问题，从1992年开始，捷克对国有银行实行民营化改造，经过数年的重组，捷克的国有银行商业化改造基本完成。

3. 我国企业托管的实践模式

早在1990年，江西南昌市政府及企业主管部门就曾把"托管经营"作为企业改造的一种形式，委托经济实力较强的大中型企业带动扶植弱小或亏损企业发展。1992年原国家体改委的体改所提出了设立国有亏损企业托管局的构想。1996年，原国家经贸委印发的《关于放开放活国有小型企业的意见》中，提供了九种可供参照的改革形式，其中第八种就是企业托管。同年，厉以宁也编著《企业托管出活棋》一书介绍托管经营这一新的改革方式。实践中大致存在以下六种企业托管模式：

（1）海南的企业国有资产委托运营。关于企业国有资产委托运营，《海南经济特区企业国有资产条例》明确定义，"企业国有资产委托运营是指国有资产管理部门将公司制企业的国有资产通过合同方式委托给其他企业进行运营，并由受托企业承担保值增值责任"。委托运营被提到建立新型国有资产管理体制的基础和实施国有资产产权管理方式的高度上认识。甚至认为成立国有资产管理局的初衷就是搞活企业国有资产的委托运营。

（2）黑龙江的委托经营。原黑龙江省体改委《关于国有企业委托经营试点工作的意见》中给"委托经营"的定义是，"指企业产权所有者通过法律形式将企业经营管理权交由职业性的具有较强经营管理能力并能承担相应经营风险的法人（主要是指企业及事业、社团法人）或自然人有偿经营，以明晰企业所有者、经营者和生产者的责、权、利关系，实现经营力价值和企业效益最大化的一种经营方式"。实行委托经营旨在实现经营商品化,培育和形成企业经营管理者职业阶层,提高企业经营管理水平,分散企业经营风险,强化国有资产保值增值的责任,提高企业的经济效益和社会效益。

(3)南昌托管经营。南昌市从 1990 年即开始探索企业托管经营。根据南昌市经济委员会提交的"全省国有小型工业企业深化改革工作会"的经验材料介绍,"所谓托管经营,就是政府委托经济实力强的大中型企业采用以大带小、以强带弱的方式对产品结构或技术装备结构相近的小型企业,特别是亏损、困难的小型企业,实行委托经营管理。这作为一种过渡形式,为进一步调整企业组织结构打下一个良好的基础"。托管经营实质是优势企业兼并劣势企业的一种过渡形式。

(4)"中现"企业非国有化托管。1994 年,香港韵利发展集团总裁刘恩嘉先生在黑龙江组建"中现"企业咨询管理有限公司,以法人身份在肇东人造毛皮有限责任公司进行旨在实现企业经营力商品化的"中现"模式试点,实行承担风险式的委托经营。"中现"模式的最大特点是,变国家对企业的投资关系为借贷关系,国家从企业的投资者转变成债权人,按借贷条件收取本息。待借贷关系消失,国有企业非国有化即已实现。

(5)"鞍山一工"股权托管。1996 年 7 月,鞍山第一工程机械股份有限公司(以下简称"鞍山一工")托管辽宁工程机械(集团)有限责任公司(以下简称"辽工集团")所属三家合资企业的中方股权。鞍山一工托管的特点是,托管是上市公司托管大型合资企业的中方股权,开上市公司托管之先河;被托管企业是效益较好的合资企业。

(6)广发证券托管。1998 年 10 月 6 日,广发证券受中国人民银行委托全权托管广东国际信托投资公司(以下简称"广信公司")下属证券交易部和基金部,并于 2001 年 7 月成功收购了广信公司深圳公司的九家证券营业部。

二、联合经营

(一)联合经营的概念

联合经营也叫公司联营,是指两个或两个以上的经济实体针对某一产品的开发、生产以及销售达成一致,以不同的出资方式进行合作的一种扩张性的产权资本运营方式。例如,2007 年第二季度,IBM 与日本理光公司成立一家名为"Infoprint Solutions"的合资公司,由其运营和管理 IBM 打印机业务。理光最初持有合资公司 51% 的股份,并于接下来三年从 IBM 手中逐步收购剩余股份。

（二）联合经营的特征

1. 联营公司是独立从事经营活动的营利性经济组织，具备法人资格

联营公司其所有权属于联营的多家公司，从资产实体上独立于原公司，从产权结构上与原公司不可分割。

2. 联营公司具有较强针对性

联营公司为某种产品的开发、生产和销售而建立，具有很强的针对性，合作时间也会随着产品经营结束而终结，一般具有短暂性。

3. 联营公司的组织结构具有松散性

联营公司的组织结构具有松散性，合作任务的针对性以及合作时间的短暂性决定了联营公司的组织结构松散，以及联营公司的不稳定性。这一点与控股公司或全面收购公司明显不同。

（三）建立联营公司的动因

1. 获得融资渠道

这种动因主要针对高风险、高收益的产业来说。例如，一家较小的公司有着产品或技术开发的设想，但缺少资金支持。同时，由于投资者对该产品或技术了解较少，不愿意投资于该项目，这样导致企业很难在正常的资本市场上获取资金。然而，可能有某家或某几家企业对该产品和技术了解较多或者它们本身与该行业有关，愿意提供资金、技术、生产设备等与之合作，通过建立联营公司共同开发、生产或销售该产品。这样，一方面，解决了融资方的资金问题，实现了产品设计开发的初衷；另一方面，让拥有资金的一方寻找到了资金保值、增值的途径。当然，由于高风险性，也可能会收不回原始投资。

2. 获取学习机会

由于建立联营公司的目的多数是对新产品、新技术的开发，所以，在生产过程中涉及的知识或技术相当复杂，为此，最合适、最有效的办法就是干中学、学中干。这比公司专门花费大量的人力、财力和物力举办培训班效果要好得多，成本也低得多，因为很多科研或技术的实践性很强，必须深入到实践中方能领会其深层次的精髓。据国外针对联营企业的一份调查表明，50%的联营企业声明其动机是获取知识。

3. 加强自我保护

国际上有一种"蛛网战略"（Spider Web Strategy），它是描述在产品市场或稀缺资源的竞争者之间建立均衡的一种企业战略。比如，处于高度集中的产业中的小企业，可以与该产业中的几家主要企业建立联营企业，从而形成均衡的自我保护网。美国的电报电话公司（AT&T）及施乐公司（Xerox）也都参与了数十家的联营企业，通过建立联营企业，它们的财务资源、技术资源和管理资源都可以共享，从另一个角度实现了战略互补。

4. 规避法律障碍

在国外，反垄断当局为了限制垄断企业的发展，制定了多项关于企业规模扩张的限制政策，从而使得一些兼并活动不能实现；而联营本质上是扩张，形式上却是收缩，表面上看是通过分立或资产剥离的方式建立新的公司，使企业的绝对数目增加，尤其是处于研发领域的联营企业。因此，所在国政府当局不但不会限制，反而鼓励和支持联营企业的建立。阿希什·南达（Ashish Nanda）和彼得·威廉森（Peter J. Williamson）以 IBM 的 Rolm 系统业务和德国西门子公司的合资为例，通过分析 IBM 将主要为有形资产的业务部分直接出售给西门子，而将其余部分通过合资后转移给西门子这一行为，得出结论，买方经常把合资作为进入国外新市场的一种手段。

5. 缓解重组之痛

阿希什·南达和彼得·威廉森在《哈佛评论》上发表论文指出，如果把业绩不佳的业务直接卖掉可能会将业务置于死地，因为这会使员工人心涣散，并且可能的买主也认识不到业务真正的潜在价值。合资可以使买方在完全购入企业之前就了解到一些不为人知的情况，从而常常使买方获得比直接购买更高的收益。

第三节　紧缩型企业重组

一、剥离

（一）剥离的含义

剥离（Divestiture）是指公司为实现财富最大化或整体战略目标，将其现有的某些子公司、部门、固定资产或无形资产等出售给其他公司，并取得现金或有价证券的回报的重组活动。剥离的资产可能是不良资产，也可能是优良资产。

剥离与本书前面章节介绍的并购业务之间存在一定的联系。例如，在并购业务完成后，并购公司可能采用剥离的方式出售部分被并购公司的资产或业务，以实现现金回报；也可能会通过剥离公司原有部分资产或业务方式，来避免受到反垄断法的起诉；有时还采用剥离的方式来纠正一项草案甚至是错误的并购业务；在目标公司收到来自其他公司的并购威胁时，甚至可能会剥离掉所谓"皇冠上的明珠"，来抵制并购公司的并购意图。尽管剥离和并购业务之间存在着上述种种联系，也存在一些共同的特征，但是剥离绝不仅仅是并购的反过程。剥离通常有着与并购不同的动因和目的，需要采用不同的分析手段和实施方法。

（二）剥离的类型与形式

1. 按照被剥离公司的意愿划分

按照被剥离公司的意愿来划分，剥离可以划分为自愿剥离和非自愿剥离或被迫剥离。自愿剥离是指当公司管理人员发现通过剥离能够对提高公司的竞争力和资产的市场价值产生有利影响时进行的剥离。非自愿剥离或被迫剥离是指政府主管部门或司法机构以违反垄断法为由，迫使公司剥离其一部分资产或业务。

2. 按照剥离中资产出售的形式划分

按照剥离中资产出售的形式来划分，剥离可以划分为出售固定资产、出售无形资产、出售子公司等形式。出售固定资产是指出售公司的厂房场地、设备等固定资产，以及将生产某种产品相关的全套机器设备出售给其他公司。出售无形资产是指将某一个品牌、专利权、土地使用权等无形资产出售给其他公司。出售子公司是指将独立、持续经营的子公司整体出售给其他公司，包括产品生产线和相关的职能部门及其人员。

3. 按照剥离业务中出售资产的性质划分

按照剥离业务中出售资产的性质划分，剥离可以划分为经营性资产剥离和非经营性资产剥离。经营性资产是指用于企业生产经营的机器、设备、厂房等，由于这些资产可能会由于企业生产规模的变化、科技的进步等因素而不再适用或原来就配置不当，将这部分资产出售可以增强企业资本的流动性，提高企业资产的使用效率。非经营性资产是指企业自设的与企业生产经营没有直接关系的资产，如医院、职工宿舍、浴室、幼儿园、食堂等，将这些资产出售可以使企业集中精力加强生产经营管理，也可以集中更多的资金用于改进生产。

（三）剥离的动因

1. 剥离非相关业务，追求主业清晰

某些集团公司由于实行多元化经营，其业务范围涉及面非常广泛，通俗地说就是摊子铺得太大，即使非常有经验和才能的管理人员也不可能精通各个行业，其精力也难以顾及所有的业务；同时，作为企业外部的证券分析人员也会无法正确理解公司纷繁的业务，从而会低估公司的市场价值；而且，各种投资机构都在评定证券投资级别时，"归核化"公司——即"主业清晰"公司往往被加级。

2. 满足公司对现金的需要

公司有时候需要大量现金来扩张主营业务或还债，而通过借贷和发行股票来筹集资金可能会面临一些障碍，尤其在杠杆收购中，为了偿还收购中借入的巨额债务，通常会出售被收购的部分资产或业务来满足企业对现金的需要。

3. 适应经济环境的变化和企业发展战略转移的需要

企业为了适应市场环境的变化，保持经营活力和竞争能力，必然不断从夕阳产业向朝阳产业转移，和这种产业转移相伴随的就是资产剥离和并购。通过资产剥离使企业脱离传统产品的生产；通过并购涉足新的领域，换取新的扩张。

4. 纠正错误投资决策、改善公司业绩

企业在扩张的过程中，难免有投资决策失误，投资的项目不能发挥预期效益，反而成为企业经营的包袱。对我国上市公司来说，如果业绩不佳，其股价表现可能会受到影响，更严重的是丧失配股资格；如果连年亏损还会遭遇"ST"（Special Treatment，特别处理），或"PT"（Particular Transfer，退市）的命运。因此，为提高经营效率，对亏损或业绩不好的资产或业务进行剥离，尽快摆脱不利局面。

5. 优化资源配置、提升资产价值的需要

企业内部的一些资产有时对并购方来说比对剥离方更能发挥其价值，剥离的资产大多也是由更能充分发挥其资产价值的企业购买。因此，剥离的结果优化了资源配置，提升了资产的价值。

此外，西方的反垄断法会要求进行过大规模横向并购的企业剥离部分资产或业务，否则要起诉其违反了法律。

公司的剥离决策很少是由于单个原因引起的，常常会涉及多个因素，因此，对这些动因应该综合考虑。

6. 实现既得收益，获得其他发展机会的资源

企业的一些并购动机可能是出于目标企业价值被低估、潜力没有充分发挥的原因，而不是为了经营该企业。通过并购，重新整合目标企业的资产后，并购方可能会再次出售，兑现投资收益，转而投资于其他更有发展机会的项目。

（四）剥离方案的实施

在公司制订出一项剥离方案以后，接下来的任务就是如何实施这一决策。公司实施一项剥离方案通常包括以下一些过程：

1. 选择公司内部的专业人员或聘请外部专业顾问

一家公司在实施一项剥离方案时，既可以在公司内部选择专业管理人员参与，也可以从公司外聘请专业顾问人员，这取决于公司的规模及部门设置、该项剥离业务的工作量大小、实施的难易程度以及公司与外部专业顾问机构间的关系。一般来说，大公司都设有计划、财务部和研究发展部，甚至设有专门从事并购和剥离的部门。如果这些部门的大量专业人员熟悉兼并与收购市场以及剥离的具体程序，就可以由他们去完成一项剥离方案。而中小规模的企业由于缺少内部专业人员，通常需要聘请外部顾问机构，外部顾问机构通常包括投资银行、专业的并购与剥离顾问公司、经纪公司、会计师事务所、管理顾问公司等。这些机构一般都有并购和剥离方面的专家和专业人员，能够帮助一家公司有效地完成一项剥离方案。聘请的外部专业顾问机构最好是那些熟悉剥离业务或所在行业的机构。

2. 准备一份剥离业务的备忘录

备忘录可以由公司内部人员准备，也可以由外部顾问人员准备。备忘录的内容一般应包括公司剥离的原因、公司的历史及背景、公司目前的状况、公司的未来发展潜力、产品生产线状况（如果是一家制造业公司）、公司的服务能力（如果是一家服务公司）、公司的人员状况、固定资产状况、房地产和公司的综合财务状况等。公司的财务状况应该包括3~5年的利润表、目前的资产负债表、现金流预测和短期财务状况预测等。

3. 确定可能的购买者

由公司内部人员或在外部顾问人员的帮助下准备一份可能的购买者的清单，在此基础上再决定是采用个别谈判的方式还是采用拍卖的形式来选择最终的购买者。两种方式的选择取决于准备出售的业务的特点、市场效率、管理人员的期望和偏好等因素，这可以根据具体情况来选择。如果选择个别谈判的方式，一般可以在能够控制的基础上同时与3~5家公司接触。前期谈判的主要目的是确定符合条件的购买者，以便在初步达成一致意向的基础上进入实质性的谈判。如果在前期接触中发现不能达成一致意见，那么应尽快转向其他的购买者。

拍卖也是确定最终购买者的一种有效的手段。与个别谈判方式相比，拍卖一般具有以下四个优点：一是具有较高的效率，拍卖可以在最短的时间内把最大数量的、可能的购买者吸引过来，从而成本低且不易受外界的干扰；二是简便易行，拍卖可以避免个别谈判中寻找购买者和多次谈判过程中可能遇到的麻烦；三是易于控制，由于拍卖最后期限事前已经确定，因此出售方能够控制出售的进程和市场竞争中的反应，从而消除个别谈判中可能造成的时间延误，因为在此种方式下，投资者若不能迅速做出反应，不但会失去一次投资机会，而且还浪费了时间和财力；四是透明度高，拍卖标的在拍卖场所会进行详细展示和介绍，现场竞价，公开、透明。

拍卖与个别谈判方式相比，也有一些不利因素：一是保密性差；二是容易引起公司雇员的不安；三是容易引起竞争性反应，即剥离资产被竞争对手买走，威胁剥离方的未来；四是容易引起市场反应，在某些特定的产业中，剥离可能会引起市场的不安，一些消费者可能会担心在剥离实施的过程中公司不能保证产品和服务的正常供给以及难以确定谁是新的所有者，剥离以后公司会采取什么样的政策等问题，因此，可能会转向消费其他厂商的产品。

通过以上的比较可以看出，如果公司的管理人员希望在剥离过程中不泄露公司秘密，最大限度地保持雇员稳定，并避免可能产生的竞争性反应和可能引起的市场不利反应就应该选择个别谈判的方式。此外，在实施剥离方案时应注意两点：第一，在整个剥离的实施过程中，公司要保持关键管理人员的稳定；第二，在剥离方案实施过程中，公司的管理班子应该像没有做出剥离决策一样，继续正常地经营将要被剥离的业务，这对剥离方案的顺利实施也是非常重要的。

二、分立

（一）分立的含义

分立（Spin-off）是指将母公司在子公司中所拥有的股份，按比例分配给现有母公司的股东，形成一家与母公司有着相同股东的新公司，从而在法律上和组织上将子公司的经营从母公司的经营中分离出去的一种重组形式。由于现有的股东对母公司和分立出来的子公司保持着同样的权利，所以在分立过程中不存在股权和控制权向第二方转移的问题。这里的子公司可以是原来就存在的子公司，也可以是为了分立临时组建的子公司。

分立可以看作是一种特殊的剥离，但是纯粹的分立与剥离之间又存在着区别，经过纯粹的分立后的新公司拥有独立的法人资格，而股东直接持有新公司（过去子公司）的股票，可以直接参与公司的经营管理，从而取得更大的控制权。最重要的是，在纯粹分立中不存在各利益主体之间的现金或证券支付，而这种支付在剥离中通常会发生。

（二）分立的类型和形式

1. 按照分立后原公司是否存续划分，可以分为派生分立和新生分立

派生分立是指公司以及其部分财产和其他生产要素另设立一家新公司的行为。分立后，原公司仍然存在，保留法人资格，新公司依法进行工商登记后也取得法人资格。原公司债权、债务可由原公司与新公司达成的协议分担，也可以由原公司独立承担。

新设分立是指公司将其全部财产和其他生产要素分解成若干份，重新设立两个或者两个以上的新公司，原公司解散。新公司依法登记法人资格后成为独立的法人，仍然属于原来所有者，原公司的债权、债务由新公司按照所达成的协议分担。

2. 按照股东对公司所有权结构变化形式划分，可以分为上文提到的纯粹分立、并股和拆股

并股是指母公司以其在子公司中占有的股份，向部分（而不是全部）股东交换其在母公司的股份。并股会导致两家公司的所有权结构发生变化，它需要一部分母公司的股东愿意放弃其在母公司中的利益，转向投资于子公司，所以不像纯粹分立那样经常发生。

拆股是指母公司将控制权移交给子公司的股东，与纯粹分立比较相似。拆股后，母公司所有的子公司都分立出来，母公司从此不复存在。拆股后，管理队伍会发生变化，所有权比例也可能发生变化，这取决于母公司选择何种方式向其股东提供子公司的股票。

（三）分立的动因与效应

1. 适应经营环境的变化

公司的经营环境包括技术进步、产业发展、国家有关法规和税收条例的变化、经济周期的改变等。由于上述因素的变化，使得母公司与子公司之间目前的安排可能是低效率的联合，因此，把子公司从母公司中分立出去是更合理的选择。

2. 消除"负协同效应"，提高公司价值

对一家大的公司来说，由于其经营的各项业务各有特点，不适合按照同样的管理模式来经营。因此，将一家大的企业按照业务特点划分成两家或更多家有着不同管理人员的独立实体，则可能减少甚至消除其中的一些由于管理原因而造成的低效率。一些经济学家认为，通过分立可以为子公司和母公司重新定位，在确定子公司和母公司各自比较优势的基础上，可以使其更加集中于各自的优势业务，从而为公司的股东创造更大的价值。此外，分立常常能够创造出一个简洁而有效率的分权化的公司组织，使公司能够更快地适应经营环境的变化。

3. 更好地把管理人员与股东的利益结合起来

企业分立以后，管理人员能够更好地集中于子公司相对较少的业务。此外，分立对管理人员的报酬也有影响，可以降低代理成本。分立出来的公司管理人员可以通过签订协议，使其报酬的高低直接与该业务单位的股票价格相联系，而不是与母公司的股票价格相联系，因而起到激励作用。母公司和子公司的管理人员也都相信，他们现在可以更直接地影响到公司的绩效，他们比在一家较大公司的一个部门工作时有了更大的自主权和责任感，也因此可以得到更多的报酬。

4. 作为公司反兼并与反收购的一项策略

有时收购方收购目标公司的目的仅是为了获得目标公司的某项特定资产。一般来说，这一特定资产可能就是目标公司的一家子公司。如果目标公司能够清楚地意识到收购方的这一意图，那么就可以通过子公司分立的方式将这一特定资产分立出去，也即剥离"皇冠上的明珠"，从而打消收购方的收购意图。

5. 更好地适应和利用有关法规

按照美国《税法》的规定，公司为了使收入免缴税收，可以通过分立的方式组建不动产投资信托公司和特权信托公司。不动产投资信托公司的投资业务一般限于与不动产相关的资产上；特权信托公司的投资业务一般限于与自然资源相关的资产上。只要这种信托把其大部分收入直接分配给股东，那么该收入在公司一级就不用纳税，因而可以为股东带来较高的收入。例如，美国南方联合公司发现其在新墨西哥州拥有的煤气公司，由于经营亏损，成为整个公司的一个包袱。煤气公司亏损的主要原因是，它属于受政府管制的业务，其收益水平受到有关法规的限制，其结果是使得公司的其他业务为煤气公司的亏损提供补贴。为了避免上述问题，南方联合公司决定将煤气公司从母公司中分立出去，这样煤气公司就可以得到政府的补贴。此外，还有一些分立则是为了避免《反托拉斯法》的起诉。

(四) 分立的程序

企业分立应该遵循一定的程序，主要包括下面六个步骤：

1. 董事会起草分立方案

当企业董事会初步达成企业分立的意向后，应着手提出、起草分立草案，以便给企业股东大会讨论。

2. 股东会做出分立决定

不同类型的企业在这一方面有所不同，国有独资公司，应由国家授权投资的机构或者国家授权的部门来做出分立决定。《公司法》规定：有限责任公司作出分立决定，须经代表 2/3 以上表决权的股东通过；股份有限公司的分立决议，须经出席股东大会的股东所持表决权 2/3 以上通过，并经国务院授权的部门或省级人民政府批准。

3. 签订分立合同

企业分立时，应当根据股东会做出的决议签订分立合同，以便对原企业的债权、债务、权利、义务、职工等做出安排。分立合同应采用书面形式，一般包括下列内容：

（1）分立后原公司是否存续。

（2）存续公司或新设公司的名称与住所。

（3）企业的财产如何分割。

（4）原企业的债权、债务的处理方法。

（5）分立后各方的公司章程内容。

（6）分立时需要载明的其他事项，如企业职工的安置等。

4. 编制资产负债表及财产清单

资产负债表是反映企业在某一会计期间的财务状况的报表，它根据资产、负债和所有者权益的相互关系，按照一定的分类标准和一定的顺序排列编制而成。企业分立时，应将分立后各方拥有的资产、负债及所有者权益情况记载于资产负债表中，并将各方分得的全部动产、不动产、债权、债务以及其他财产一一列入财产目录，编制财产清单。财产清单要准确、翔实、清楚，并要保存好。

5. 进行公告

企业应当自做出分立决议之日起 10 日内通知债权人，并于 30 日内在报纸上公告 3 次。债权人自接到通知之日起 30 日内，未接到通知书的自第一次公告之日起 90 日内，有权要求企业清偿债务或者提供相应的担保。不清偿债务或者不提供相应担保的，企业不得分立。

6. 办理工商登记

派生分立的，新企业要履行注册登记手续，老企业如果因分立而导致有关工商登记事项发生变动的，也应该到工商管理机关进行变更登记；新设分立的，原企业不再存续，应办理注销登记，新企业要按照有关规定进行工商注册登记。登记时，应提交分立协议和决议，以及企业在报纸上登载分立公告至少3 次的证明和债务清偿或者债务担保情况的说明。股份有限公司分立，还应当提交国务院或者省级人民政府的批准文件。

三、剥离与分立对企业价值的影响及原因分析

（一）剥离与分立的宣布期效应

国外有关实证研究显示出以下三个方面：

（1）如果以剥离或分立公告宣布日后两日的超常收益率计算，卖方公司股东的超额收益率一般在 1%~2%，但买方公司的股东却不一定能取得超额收益。

（2）如果卖方在最初的资产剥离公告中不宣布出售价格，则对卖方公司的股票价格没有重大影响。若卖方公司宣布出售价格，对其股价的影响则取决于公司的售出比例，该比例用宣布的出售价格与宣布期前一个月最后一天的股票

价格之比来衡量。当这一比例低于 10% 时，不会对股价产生重大影响；以后随着出售比例的增加，卖方的平均超常收益也将增加。

（3）不同的剥离或分立形式会对卖方公司股票产生不同的超额收益率。一般地，剥离出售的超额收益率为 1%~2%，而分立产生的超额收益率为 2%~3%。

（二）剥离与分立产生价值增值的原因分析

西方财务理论研究提出了许多观点，用以说明企业剥离与分立导致持续经营下企业价值提高的原因，其主要包括：

1. 投资者"主业突出"偏好学说

20 世纪 60~90 年代，企业界盛行多元化发展思路，认为多元化经营可以有效地分散投资风险，发掘新的市场机会。但实践表明，很多跨行业经营的企业在日后发展中遇到了很大困难，尤其是高层管理人员对非本行业的业务领域缺乏经验，盲目扩张，拖累了集团企业整体盈利水平。于是需要培植主导产业和关联度强的产品群，加强公司的市场竞争力。据美国证券资料公司的数据，在 AT&T 宣布一分为三的消息后，其股价迅速上涨 11%。美国学者 Hiteowers 和 Rogers 的调查数据资料显示，有 6 家房地产公司宣布将其下属房地产公司的资产分拆掉，但市场对此几乎没有反应；而另有 20 家工业企业宣布分拆其房地产子公司时，在两天内股价平均上涨 9.1%。这些反映出投资者已经知道把分拆公司的业务放在其母公司整体业务结构中进行考察。

2. 管理效率学说

由于公司管理层能力有限，不可能在所有业务方面都经营得十分出色，最优秀的企业家在其企业经营范围扩展到一定程度时，也会遇到企业效益下滑的尴尬局面。因此，在分拆时通常宣称是将不适应企业主营业务发展的部分加以分立，以使公司的经营重点集中于主营业务。对于综合性公司，由于财务上的统一核算与合并报表，个别部门的业绩往往无法体现，因此难以实现利益与责任的统一。当部门目标与公司总体目标发生冲突时问题将更为严重。这对发扬奋发向上的企业精神十分不利。若将个别部门分离出来成为独立的上市公司，使公司的股价直接与其经营管理直接相关，则有利于公司激励机制的建立。

3. 债权人的潜在损失学说，也叫财富转移学说

公司财富的增加来源于公司债权人的隐性损失。公司分立减少了债权的担保，使债权的风险上升，相应地减少了债权的价值，而股东却因此得到了潜在的好处。在实际中，许多债务契约附有股利限制（限制股票股利包括公司分立）和资产处置的限制（限制资产出售）。

4. 选择权学说

股票可以看作是投资者的一种选择权。公司分立后，股东拥有两种股票，相应地就有两个选择权，只对两家企业各自的债权承担有限责任，而不承担两家企业之间的连带责任关系，这样投资风险降低，投资价值就随之提高。公司分拆增加了证券市场上的投资品种，而且分立后的两家公司拥有不同的投资机会与财务政策，可以吸引不同偏好的投资者。例如，两家公司采用不同的分红比例、留存比例或提供不同的资本收益机会，投资者就有了更多的投资机会。

四、股份回购

（一）股份回购的含义

股份回购（Stock Repurchase）是指出于特定目的，公司通过一定途径将已发行在外的股份重新购回的行为。股份回购在公司资产重组中不仅仅是纯粹改变公司资本结构的金融交易，还使公司现金资产减少，因而是公司资产收缩性重组的组成部分，涉及上市公司的资本结构与股利分配政策。

（二）股份回购的动因

公司进行股份回购是有多方面的动因的。公司股份回购决策受其分配、投资、资本结构、公司控制、报酬政策等的影响。因此，在考虑企业回购股份的动因时，要全面考虑。

1. 作为现金红利的替代品

当公司的资本超过投资需要时，公司既可以保留多余的现金，也可以分给股东，给股东的方式除了支付红利外，也可以股份回购的方式支付。有时候，公司宁愿用股份回购的方式而不用红利的方式给股东现金回报，原因有两个：第一，在公开市场回购时，公司无须承诺购买，股份回购也不像红利那样定期发生，因而在分配资本方面更具弹性。第二，现金股息按普通收入所得税征税，税率较高，而且公司进行股份分配时必须缴纳。股东因股份回购而得到的现金只有在回购价格超过股东的买价时才按很低的特惠资本收益税率征税。因此，用股份回购的方式来间接分配利润可以避税。

2. 提高公司股价

股份回购不仅在分配多余现金方面提供了弹性，而且在何时分配方面也具有极大的灵活性，因为公司可以等到公司股价被低估时回购。内部人与股东之间的信息不对称，可能导致公司的价值被错估。内部人觉得股价被低估时，就会回购股份以向市场发出本公司股价被低估的信号，市场的反应会推动股价的上扬，获得超常收益。

3. 优化公司资本结构

股份回购会减少权益资本，提高负债除以权益的比率。如果回购是靠多余的现金和可转让的有价证券进行的，则增加的程度依赖于计算杠杆比率的方法；如果回购是用发行债券来支付的，则不管计算方法如何，杠杆比率都会增加很大。随着杠杆比率的增加，依靠债务融资的回购也会增加扣除税后的利息支付额。当公司的实际财务杠杆比率低于最佳杠杆比率时，公司就可以回购股份来实现。

4. 为股票期权激励计划提供股票来源

股份回购不仅改变公司的财务杠杆比率，而且可以允许公司经理分配现金而又不冲淡每股的价值。持有股票期权的经理们可能对保持股价特别感兴趣。股票期权就会鼓励经理们用股份回购代替红利。为此，许多公司将股份回购作为经理期票计划中的股票来源。许多西方公司为了激励高级管理人员，往往购回本公司股份并将其作为"期票期权"奖励给高级管理人员。

5. 作为反收购的防御手段

许多股份公司的大股东为了确保其在公司的控股权，往往采取回购股份的方式，使自己的持股比例相应上升，控股权得以加强，从而使收购者一筹莫展。此外，公司的大额现金常常是收购者的主要收购目标，动用现金进行股份回购可以减少现金，从而打消收购者的收购积极性。这是反收购战术中的"焦土战术"。

（三）股份回购的方式

在成熟的股票市场上，常用的股份回购方式有公开市场收购、现金要约回购、可转让出售权、私下协议批量购买和交换要约五种。

1. 公开市场收购

公开市场收购是指公司在股票市场上以一个潜在投资者的身份，按照公司股票当前的价格回购本公司发行在外的股份。美国上市公司90%以上的股票回购采用的是公开市场收购方式。公司通常使用该方法在股票市场表现欠佳时小规模回购特殊通途（如股票期权、雇员福利计划和可转换证券执行转换）所需的股票。

2. 现金要约回购

现金要约回购可以分为固定价格要约回购和荷兰式拍卖回购。

固定价格要约回购是指公司在特定时间发出的以某一高出股票当前市场价格的价格水平，回购既定数量达到要约。为了在短时间内回购数量相对较多的股票，公司可以宣布固定价格回购要约。这种方式的优点是赋予所有股东向公司出售其所持股票的均等机会，而这种方式下公司通常享有在回购数量不足时取消回购计划或延长要约的有效期的权利。与公开市场收购相比，固定价格要约回购通常被市场认为是更积极的信号，其原因可能是要约价格存在高出市场当前价格的溢价。但是，溢价的存在也使得固定价格要约的执行成本较高。

荷兰式拍卖（Dutch Auction）出现于1981年Todd造船公司的股票回购。此种方式的股票回购在回购价格确定方面给予公司更大的灵活性。在荷兰式拍卖的股票回购中，首先，由公司指定回购价格的范围（通常较宽）和计划回购的数量（可以用上下限的形式表示），而后股东进行投标，说明愿意以某一特定价格水平出售股票的数量；其次，公司汇总所有股东提交的价格和数量，确定此次股票回购的"价格—数量曲线"；最后，根据实际回购数量确定最终的回购价格。

3. 可转让出售权

在股份回购中，公司不能强迫投资者出售其手中的股票。通常的做法是公司设定股票回购数量的最高限额，每个股东可以根据自己的意愿选择接受或拒绝回购要约。可转让出售权就是实施股份回购的公司赋予股东在一定期限内以特定价格向公司出售其持有股票的权利。之所以称为"可转让"是因为此权利一旦形成，就可以同依附的股票分离，而其分离后可在市场上自由买卖。执行股份回购的公司向其股东发行可转让出售权，那些不愿意出售股票的股东可以单独出售该权利，从而满足了各类股东的需求。此外，因为出售权的发行数量限制了股东向公司出售股票的数量，所以这种方式还可以避免股东过度接受回购要约的情况。

4. 私下协议批量购买

私下协议批量购买通常作为公开市场收购方式的补充而非替代措施。批量购买的价格通常会低于当前市场价格，尤其是在卖方首先提出的情况下。但是有时公司会以超常溢价向某些存在潜在威胁的非控股股东批量购买股票。因为这种股票回购不是以全体股东财富最大化为出发点的，所以该行为存在委托代理问题。

5. 交换要约

作为使用现金回购股票的替代方案，公司可以向股东发出债券或优先股的交换要约。交换要约中存在的主要问题是两种证券流动性的差异，为了补偿交换证券缺乏流动性的弱点，公司往往需要支付较高的溢价。或许因为这个原因，现实中绝大多数股份回购都采用现金形式进行。

（四）股份回购的国内外法律规定

股份回购是目前世界各国公司法所普遍规定的制度，是西方成熟资本市场上重要的金融工具。股份回购有其弊端，实践中容易引发一些负面效应，如与传统公司法原理相冲突；可能违反资本维持原则，不利于债权人利益的保护；可能违反股东平等原则，易引发内幕交易等。但股份回购同时也有其重要功能，如在优化资本结构、保护少数股东利益、防御外部恶意收购和推进现代激励机制等方面都具有现实意义。各国关于股份回购的立法主要有"原则禁止、例外允许"和"原则允许、例外限制"两种模式。

1. 中国对股份回购的法律规定

从我国的现状来看，允许满足一定条件的公司回购自己的股份，不仅有利于国有股减持任务的完成，而且对改善我国长期以来不规范的股权结构，解决国家股和法人股所存在的问题也有一定的积极作用。但目前我国实施的股份回购都是发生在上市公司与其国有大股东之间，属于定向股票回购，虽然有利于解决我国上市公司国有大股东控股比例过高并且股票不能流通所引致的问题，但与"同股同权"的宗旨相违背，所以有必要从法律上对其作出明确规定。2006年1月1日开始实施的新《公司法》完善了我国现行股份回购法律。修订后的《公司法》第一百四十三条对股份公司回购股份用途做出了新的规定，允许股份公司在下面四种情况下回购公司股份：①减少公司注册资本；②与持有本公司股份的其他公司合并；③将股份奖励给本公司职工；④股东因对股东大会作出的公司合并、分立决议持异议，要求公司收购其股份的。针对第三种情况，修正案同时还规定，奖励给公司职工的回购股份，不得超过本公司已发行股份总额的5%；用于收购的资金应当从公司的税后利润中支出；所收购的股份应当在一年内转让给职工。第七十五条规定，公司连续5年不向股东分配利润，而公司该5年连续盈利，并且符合《公司法》规定的分配利润条件的，对股东会的该项决议投反对票的股东可请求公司按照合理价格收购其股权。2006年6月6日，证监会发布了《上市公司回购社会公众股份管理办法（试行）》征求意见稿，中国证券市场上市公司回购社会公众股随后首度开闸。

《香港公司购回本身股份守则》规定，回购股份必须事先获得股东的批准，回购最高金额为公司股份上一个月在联合交易所成交额的25%，年回购额不得超过已发行股份总额的25%；上市公司不得在联交所以现金以外的代价购回股份，不得违背交易所交易规则所订立的结算方式；上市公司在交易所不得明知而向关联人士购回股份，而关联人士在交易所也不得明知而将其股份售予发行人等。可见我国香港地区对股份回购具有明确、具体的要求，且禁止关联交易。

2. 国外对股份回购的法律规定

目前世界范围内对公司股份回购的法律规定，存在着两种立法模式：一是"原则禁止、例外允许"，又称德国模式或欧洲模式，以德、法等国家为代表。受法定资本制的影响，这种立法模式原则上禁止公司进行股份回购，但同时作出例外规定，只有在法定条件下，才允许公司有条件地回购其股份，但原则上必须限期处分。二是"原则允许、例外限制"型的美国模式，以美国为典型。

美国各州的法律规定虽不尽相同，但大多数原则上允许公司回购自己的股份，对公司回购股份相应限制较少，有些州还允许作为库存股（Treasury Stock）持有。

（1）原则禁止、例外允许。

①德国。德国1870年的《旧商法》对股份回购作出禁止性规定，后几经修改，最后于1965年的《股份法》作出规定，原则上禁止股份回购，但扩大允许取得的范围，后又历经多次修改，但内容大致皆着重于增列"例外许可"的种类，以放宽企业对自己股份的回购制度的适用。

根据1998年新修订的《股份法》第71条第1款规定，在以下例外的八种情况下，允许公司取得自己的股份：其一，购买股份为了使公司避免遭受严重的、迫在眉睫的损失所必需时；其二，此种股票是提供给现任及曾任公司与关联企业的董事等主要成员及从成员取得时；其三，基于本法第305条第2项的规定，向反对股东补偿时，具体指当企业与其他企业缔结企业契约或编入其他公司名下时，为对外部股东或反对股东进行补偿，企业向其购回自己股份时；其四，股票购买是无偿实现的，或是一个信贷机构以购买股票来履行其代购委托任务；其五，依概括之权利继受自己股份时；其六，金融机构根据股东大会决议进行有价证券的交易而取得股份时；其七，企业根据股东大会的决议而取得股份时；其八，企业将自己股份抵押时被当作取得自己股份。

德国《股份法》对取得行为的限制主要体现在：第一，数量上的限制。根据《股份法》第71条第2款规定：除了无偿取得、继受取得和经股东大会决议减资取得的情形外，基于其他目的所取得的公司股份与该公司已经购进并且现在仍然占有的股票金额加在一起，不得高出其资金总额的10%。第二，取得财源的限制。德国《股份法》将公司买回股份的资金仅限于可分配盈余。第三，取得程序上的限制。为确保股东平等原则，企业取得自己股份必须经股东大会决议。董事会应在股东大会上就取得自己股份的原因、目的、股份数、票面总数、所占资本比例及所支出的对价等提出报告。当董事会决定向特定人员处分股份时，董事会必须在股东大会前公告其理由，并且经股东大会的特别决议通过。在以可分配盈余取得自己股份进行减资时也要求出席股东所持有的表决权3/4以上同意方可施行。第四，要求取得股份的信息公开。根据《股份法》第160条规定，德国企业应在其营业报告书以及资产负债表的附属明细书中，记载其自己股份的现存数量、现值、票面金额、所占资本比重、持有时间及理由以及当年度所取得、转让自己股份的数量、票面金额、所占资本比重、取得或转让金额的用途等内容。第五，对于买回的自己股份的处置的限制。德国《股份法》在第71条对此作了详尽的规定。对于员工持股情形，为防止套利现象发生，公司应于取得后一年内发给职工。企业违反限制规定而购入的自己股份必须在取得之后的一年内予以转让。如果公司以合法方式购得的自己股份总票面价值已超过基本资金的 10%，超过部分必须在三年内对外转让，否则将强制消除；并且这类自己股份不得享有包括表决权以及利益请求权等在内的任何权益。第六，违法行为的防止。公司对第三人提供金融援助以买回自己股份的行为无效；公司为使第三人为公司计算买回其股份或使第三人负担买回的义务，而与第三人之间发生的法律行为无效；以第三人的名义为公司计算而买进自己股份应计入公司持有的自己股份，不得超过持有数量的限制。对于子公司可否取得母公司的股份问题，德国 1965 年的《股份法》持有严格限制相互转投资的态度，就从属子公司而言，除在特定情形下，其持有母公司的股份数限于 10% 的限度内。

②法国。在 1966 年前，法国《公司法》并没有关于公司取得自己股份的明文规定，只在判例中根据《公司法》的基本原则，认为在下列情况下，容许公司取得自己股份：一是未直接、间接违背资本维持原则；二是不违背股东平等原则；三是遵守法定程序（如以资本购买时，需经过减资的特别协议）；四是与公司之利益一致。否则，即使未以公司名义取得，如实质上为之计算，其取得仍属无效。法国公司法与德国同受欧盟《公司法》第二指令颁布的影响，其对股份回购的规定与德国趋同。最近修正的 1994 年《公司法》第 217 条第 1 项规定，禁止公司直接或通过一个以其名义但为了本公司利益进行活动的人认购或购买公司自己的股份。这是法国对待股份回购制度的基本态度，即"原则禁止、例外许可"。在《公司法》第 217 条及其他款项中规定了与德国相类似的合法取得事由，主要有非因亏损而减少资本时、因购买限制转让的股份所持股份时、提供员工持股所需时、为调整股价经股东大会决议授权时、依概括承受和法院裁定时等情形。但是，《公司法》在第 365 条又规定了法国所独有的买回自己股份的类型，即当公司面临被相关股东以公司成立后相关要件上有缺陷或一个股东无行为能力的理由，就公司决定或者决议提起无效之诉时，股东可以通过赎回其在公司的权利而取消其利益，从而使其在公司的表决权不对公司决定具有影响力。在对取得股份数量限制上，要求因特定事由取得的股份总数与该类股份总数之和不得超过该类股份总数的 10%。在为提供员工持股所需和为调整股价经股东大会授权而购买自己股份时，公司所动用的资金仅限于可分配的盈余，并且这两类要经股东大会通过，程序上要达到一定标准。前者要经由股东大会的特别决议，而后者经过普通决议即可施行。法国《公司法》也很重视取得股份的资讯公开，对公司以他人名义而取得自己股份明文禁止。公司对其拥有占其资本 10% 以上股份的，应在其购买之日起两年的期限内出让股份，该

期限届满时，这些股份应予以消除。至于违法取得的自己股份必须在一年内转让。为提供员工持股所购入的股份应在自购买之日起一年内进行分配或授予期权。买回的股份不得享有股东决议权、新股承购权及利益请求权。这种"原则禁止、例外允许"的立法模式为大多数国家和地区公司立法所采用，除德国外，还包括英国、法国、意大利、瑞士、瑞典和中国台湾地区等。

（2）原则允许、例外限制。自1930年以后，美国大多数州开始规定在特定情况下允许公司以资本买回股份，赋予公司以经理之判断，不受限制地决定以任何剩余金（Surplus）买回股份，但如有合理的理由相信公司预期不能或因此不能清偿债务时，不得买回。也有相当数量的州，其法规要求经全部或特定多数股东表决之同意授权，可以买回公司自己的股份。然而，少数州明确地禁止买回股份。为了说明美国公司有关股份回购立法的现状，下面就以美国最典型的《模范商业公司法》，以及特拉华州、纽约州和加利福尼亚州的《公司法》为例来进行说明。

1950年，美国律师协会（ABA）制定了旨在供各州参考的《模范商业公司法》（Model Business Corporation Act，又称《标准公司法》）。该法案在美国司法领域具有重要的影响力。1984年新的示范法，即经修正的《模范商业公司法》正式实施，得到了多数州的接受。1984年前的美国《模范商业公司法》规定，公司有权购买、取得、接受或以其他方式获得、持有、拥有、典质、转移或以其他方式处置自己股份；但公司通过直接或间接的方法购买的自己股份，只应在可供此使用的非保留（Unreserved）和未限制的营业盈余（Unrestricted Earned Surplus）范围内作出；以及如公司章程允许，或经对此有表决权的多数股份持有者的同意，只应在可供此使用的非保留和未限制的资本盈余的范围内作出。营业盈余或资本盈余被用来衡量该公司购买自己股份时，只要上述股份作为库藏股被公司持有，在上述盈余应被限制。但一经处置或取消上述股份，应立即取消这种限制。值得注意的是，尽管有上述财源的限制，但有下列四种情况可例外不受这种限制：为消除非整数股份（Fractional Shares）；为收取或解决欠公司的债务；支付依本法令有权要求公司收购其异议股东之股份；依本法令其他规定，以赎回或购买的方式，收回可赎回的股份，但购买价格不得超过赎回价格。但无论如何，"当公司无力偿付其债务或当上述购买或支付将使其无力偿付其债务时，不应购买或支付本公司的股份"。1984年修正后的《模范商业公司法》，将自己股份的取得视为盈余分配的方法之一，被购买的股份，构成已授权但未发行的股份。如公司章程未禁止其重新发行购回的股份，则其重新发行依该法第6.21条规定处理。其关于发行的权力除章程保留于股东大会外，由董事会决定；如章程禁止取得的股份再发行，授权股份应将取得的股份从中扣除。

特拉华州的《公司法》对股份回购的规定，在美国各州中属于宽松类型。其《公司法》第160条规定，"只要不损及资本，公司可以购买自己的股份。公司回购的股份，为库藏股，无表决权或者作为决定表决权的依据"。但在判例上，也对回购股份的权力设有诸多的限制，如不得损害公司资本、不得出于不正当目的，绝非允许公司任意而为。

加州《公司法》（California Corporations Code）第166条视公司取得自己股份为盈余分配的方法之一，允许公司取得自己股份。公司取得自己的股份，视为已授权的未发行股票，而未采用库藏股制度。所取得的股份，如公司章程禁止再发行，则授权股份数中应将取得的股份予以扣除。

（五）股份回购对中国上市公司的影响

1. 股份回购的积极作用

对股份回购作用的正确认识决定了股份回购立法的价值取向，在资本市场成熟的西方国家，一般认为股份回购的积极作用包括以下五个方面：

（1）提高公司股价，稳定资本市场。通过实施股份回购，调节股票供应量，实现股价的价值回归。股票价格决定于股票内在价值和资本市场因素，通常在宏观经济不景气时，股市进入低迷状态，持续低迷引发股票抛售，导致股价下跌、流动性减弱的恶性循环。当市场过度低估公司股价时，为促使市场注意而借由公司买回自己股份，发挥向市场传送公司股价被过低评价的信息，以便公司股价恢复其真正的价值，即所谓的信号理论。当股市暴跌时，回购股份不仅能发挥公司股价被低估的信号效果，而且能创造需要使股市稳定，此时股份回购不失为稳定股市的紧急措施。

（2）有利于建立员工持股和股票期权制度。在国外公司中员工持股是非常普遍的现象。员工持股计划（Employee Stock Ownership Plan，ESOP），是指公司员工通过持有公司股份而成为公司股东，并通过参加股东大会参与公司的民主管理。而股票期权是一种期待权，具备取得权利的部分要件，受法律保护，具有权利性质的法律地位。具体来说，是指经营者在与公司约定的期间内（如3~5年）享有以某一预先确定的价格购买一定数量本公司股票的权利，这种股票期权是公司内部制定的面向高级管理人员等特定人员的不可转让的期权。实行股票期权计划，可以促使经营者更加关心投资者的利益、资产的保值增值和企业的长远发展。但要实现员工持股计划和股票期权计划，对公司而言，则必须拥有相应的股份。由于新股发行手续烦琐、程序复杂、成本较高，因此解决职工持股计划与股票期权制度的股票来源的较好途径就是股份回购，公司选择适当的时机从股东手中回购本公司股票作为库藏股，依程序交给职工持股会管理或直接作为股票期权奖励给公司管理人员，可以充分调动公司经营管理人员的积极性，增强公司内部的凝聚力和向心力，形成有效的激励和约束机制。

（3）改善资本结构和调整股权结构。通过回购股票，公司可以降低所有者权益，从而提高财务杠杆，达到资本结构的最优化。就资本成本而言，一般长期负债的筹资成本最低，普通股最高。因此，在一定限度内增加长期负债或减少权益资本的比重都会降低公司的融资成本，但是，增加负债也会增加财务风险，超过一定限度则会导致财务状况恶化，最终引起资本成本的增加。因此，如何按最低加权平均资本成本来确定各种资金来源的最佳比例关系，就显得至关重要。优化资本结构，取决于公司对自身发展状况和经营环境的判断，这也是公司实施股份回购的一个重要的决策依据。与此同时，股份回购还给广大投资者提供了一次较好的重组机会，让那些对企业分别予以长期与短期收益期望的所有者重新进行选择，有利于调整股权结构和优化公司治理结构。

（4）防御外部恶意收购。股份回购是公司实施反收购策略的有力武器。所谓恶意收购，是指收购人意图在收购后将目标公司资产变卖以获取高出收购成本的利润。进入20世纪80年代以后，由于恶意收购盛行，股份回购规模持续增长，几乎每天都有股份回购事件发生，它成为西方成熟资本市场上反收购的重要工具。其原因在于：①向外部股东进行股份回购后，原来大股东的持股比重就相应上升，其控股权自然得到加强；②如公司有大额现金储备就容易成为被收购对象，在此情况下，公司动用现金进行股份回购可以减少被收购的可能性，并可以直接以比市价高的价格公开购回本公司股份使股价上涨，提高了收购的成本，从而减少了被收购的可能性，这就是反收购技术中的"焦土战术"；③公司受到恶意收购威胁时，可以向发出威胁的重要股东进行定向回购要约，以高于市场的溢价购回股份，在一定程度上可起到阻止收购的作用；④如公司的资产负债率较低，在进行股份回购后，可以适当地提高资产负债率，更充分有效地发挥财务杠杆效应，以增强公司未来盈利预期，从而提升公司股价，抬高收购门槛。

（5）保护中小股东利益。现代公司决策通常采用"资本多数决"原则，这一原则虽然体现了股东民主、资本平等的理念。但是在实践中，大股东由于持有公司多数有表决权的股份，在缺乏有力制约的情况下，往往采取各种手段损害公司和其他中小股东的利益。如果建立股份回购制度，那么在重大事项表决中，大股东与中小股东利益发生严重冲突时，中小股东可以要求公司以公平合理价格回购股份，这样一方面减少公司经营中的摩擦与冲突，降低协调成本；另一方面也充分保障了中小股东权益，使之免受不公平的损害。

除上述积极功能外，股份回购对净资产收益率具有一定调节作用；可以作为股利政策的一种手段，利用税差合理避税；还常常用于公司合并以及上市公司转为非上市公司的重组计划中等，因此股份回购是具有多种功能的资本运作和企业经营的重要手段。

2. 股份回购的消极作用

（1）损害债权人的利益。股份回购在缩减权益资本的同时，扩大了债务资本承担的风险，债权人的利益受股东权益保障的程度降低。西方有关股份回购理论中"债券持有人掠夺假说"就认为，股份回购产生的收益是掠夺普通债券和优先股持有人利益的结果。此外，对公司而言，资本结构的改变在增加财务杠杆抵税效应的同时，公司的筹资风险也在逐步增加，公司的筹资成本率可能会上升，一旦公司总资本收益率低于借款利率，其权益资本收益率就会随着财务杠杆率的提高而下降。此时，公司将承担巨大的财务风险，债权人承担的风险更大。为了规范证券市场，保护投资者和债权人的利益，许多国家对上市公司回购股份都规定了较为严格的限制。除了对股票回购范围加以限制外，各国还对股票回购的资金来源予以限定。

（2）股份回购容易误导投资者，造成市场运行秩序紊乱。上市公司回购本公司股票，易导致其利用内幕消息进行炒作，或对一系列财务指标进行人为操纵，使投资者蒙受损失。如果监管不力，当管理层经营不善、财务状况恶化时，会利用股份回购提高每股收益、净资产收益率等指标，从而提升股价，误导投资者，扰乱正常的市场运行秩序。

（3）股份回购影响公司长期发展潜力，助长内幕交易和投机。公司拿出大量现金实施回购，必将影响公司的财务结构。虽然回购在短期会增加每股收益等盈利指标，但现金的减少和资产质量的降低将会影响公司长期发展潜力，牺牲其他股东中长期的投资利益。股份回购对二级市场的股价影响较大，易助长内幕交易和投机行为。可能存在主要问题有低价回购股份、再高价增发或配售、损害中小投资者利益。存在"库藏股"时投机行为会加剧。

股份回购的这些负面作用并不是不可避免的，如果对上市公司股份回购的条件做出严格规定，就有可能抑制其负面作用，而有效发挥其积极作用。

3. 股份回购的现状

在成熟的证券市场中，回购股份与上市公司股本扩张一样，适时、合理地进行股本收缩，是上市公司在不同发展阶段和外部环境条件下所采取的一种有效的发展策略和资本重组方式。这一早已在国外成熟证券市场上司空见惯的资本运作方式，不但有利于调整和改善股本结构，提高资本运作效率，为上市公司的长远发展奠定良好的基础，而且有利于稳定并提升公司股价，为广大股东提供更为丰厚的投资回报。例如，IBM 公司于 2005 年 4 月 26 日表示，该公司批准增加 50 亿美元的额外资金用于股票回购项目。IBM 表示，该公司将经常在公开市场和私人交易市场上回购股票，而主要依据是市场发展情况。2005 年 3 月，雅虎公司董事会批准了一项股票回购计划。根据这项计划，雅虎可以在未来五年，根据市场条件、雅虎股价和其他因素的变化，适时回购最高达 30 亿美元的普通股。

与成熟的证券市场相比较，我国股份回购现状怎样？如何进一步规范发展股份回购这一资本运作方式？接下来将进一步分析探讨。一般情况下，国外股份回购的方式主要有三种，即固定价格要约收购、荷兰式拍卖回购和公开市场回购。结合我国具体情况，股份回购具体形式如表 6-1 所示。

表 6-1　我国股份回购分类比较

回购股票类型	回购的目的	资金来源	回购方式
国有股回购	减持国有股	以企业自有资金为主	在交易所外，以协议方式回购
流通股回购	建立上市公司股权激励制度	使用自有资金，资金总额不得超过企业未分配利润和资本公积金之和	公开市场股票回购
	稳定公司股价		固定价格要约回购和荷兰式拍卖回购

自 20 世纪 90 年代以来，我国资本市场相继出现了多起股份回购案例，1992 年豫园股份的合并回购、1994 年陆家嘴协议回购国有股后增发 B 股、1996 年厦门国贸回购减资案、1999 年云天化与申能股份部分国有股的成功回购等，股份回购引起市场的广泛关注，并成为当年证券市场的一个亮点。2000 年冰箱压缩（已更名：海立股份）与长春高新回购、2001 年青岛啤酒与科龙电器回购、2002 年深高速回购等，这些将股份回购交易推上了日程。表 6-2 对部分已实施股份回购案例的基本情况作了比较分析。

概括我国股份回购的现状，主要表现在以下三个方面：

（1）早期阶段，股份回购主要采用协议回购国有股的形式，目的是优化上市公司股权结构，完善公司治理结构，实现国有资本战略性转移，提高国有资本运营效率。回购的最终目的是提升公司市场价值。如陆家嘴、申能股份、云天化、冰箱压缩、长春高新等回购案例。

（2）中期阶段，选择在境外上市的公司采用要约回购的形式，选择股市处于较低的水平时，从公开市场收购流通中的外资股，目的主要是增强投资者的信心、稳定公司股价、提升业绩，实施员工持股计划等。如青岛啤酒、科龙电器、深高速等上市公司在香港交易所回购 H 股案例。

（3）近期，选择在国内上市的公司回购社会公众股的形式，目的是稳定和

表6-2 部分上市公司股份回购基本情况统计

证券名称	回购股份类型	回购形式	支付方式	回购特点
豫园股份	国有股	协议回购	合并回购	中国股市第一例为合并而实施股份回购,大豫园作为小豫园的大股东,采用协议回购方式把小豫园的所有股票(包括国家股、法人股、社会公众股)悉数回购并注销,合并后新公司再发新股
陆家嘴			现金回购	进行减资回购,规范股权结构并不是最终目的,最终目的是通过国家股减资回购,再增发一定数量的流通股(B股),进一步增资。把股份回购当成一种策略性的资本运营工具
厦门国贸				为了发行新股进行资本扩展而回购注销老股,同陆家嘴很相似
申能股份				回购股份具有资产重组的性质:一方面,大股东在仍然掌握控制权的基础上,变现了部分国有股,获得了现金,上市公司也因回购股份调整和改善股本结构,提高公司市场价值;另一方面,大股东用回购所得的部分现金购买上市公司部分不良资产,可以优化公司的资产结构,提高公司资产的营运质量和运作效率
云天化				实施股份回购,可以最大限度地发挥资金杠杆作用,遏制公司每股收益下滑的趋势。此次股份回购公司将原本应向外投资的资金投向了自身现有的资产
冰箱压缩				同申能股份相似
长春高新			资产回购	第一大股东欠上市公司的款,大股东以上市公司回购国有股为支付形式
青岛啤酒	H股	公开市场回购,要约回购	自有资金回购	直接在二级市场回购H股
科龙电器				
深高速				
邯郸钢铁	A股	公开市场回购		在二级市场回购A股
华菱管线				
银基发展				

维护公司股价,抑制股市过度投机行为,实施员工持股计划,建立公司有效的激励和约束机制,也是为了解决当前面临亟待解决的股权分置问题。如邯郸钢铁、华菱管线、银基发展等回购流通A股的案例。

五、企业破产重组

(一) 破产与破产界限

1. 破产的概念与意义

破产是指在债务人不能清偿其到期债务时，由法院强制执行其全部财产，公平清偿全体债权人；或者在法院监督下，由债务人与债权人达成和解协议，整顿复苏企业，清偿债务，避免倒闭清算的经济行为。

企业破产是市场经济发展的客观要求。首先，市场经济的竞争法则就是优胜劣汰，在竞争中获胜的企业得到发展，在竞争中没有获胜的企业则被淘汰、破产，市场机制这只"看不见的手"调整和引导着企业的行为，形成优质产品取代劣质产品、高效企业取代低效企业的良性循环，实现资源要素的优化配置。其次，企业破产是经济结构调整的一个有效途径。破产可以使社会有限的资源在企业间重新组合，从而带来产业结构、产品结构和企业组织结构的有效调整，促进经济的有效发展。最后，企业破产是维护债权人和债务人利益，维护经济秩序的重要手段。

2. 破产界限

破产界限是指法院以宣告债务人破产的法律标准，在国外统称为破产原因。破产界限主要有两种立法方式：一种是列举方式，即在法律中列举若干表明债务人丧失清偿债务能力的具体破产行为，凡存在这些行为者，便认定达到破产界限。另一种是概括注意，即对破产界限作抽象的概括规定。它着眼于破产发生的一般原因，而不是具体行为，通常有三种概括：①不能清偿或无力支付；②债务超过资产，即资不抵债；③停止支付。我国《破产法》采用的是概括主义立法方式，也有国家将两种立法方式结合使用。

《中华人民共和国企业破产法》规定，"企业因经营管理不善造成严重亏损的企业，不能清偿到期债务的，依照本法规定宣告破产"。从上述规定可以看出，破产界限的实质标准是不能清偿到期债务，因丧失清偿能力而无法偿还的客观经济状况。

(二) 破产重组的一般程序

根据 2007 年 6 月 1 日颁布的最新《中华人民共和国企业破产法》的规定，破产清算的基本程序大致分为以下五个程序：

1. 申请和受理

（1）申请。破产申请的主体，我国实行的是绝对的破产申请主义，即破产程序只能从由法定破产申请权人提出申请而开始，法院不得依职权主动开始破产程序。根据《破产法》的规定， 债务人有本法第二条规定的情形（第二条企业法人不能清偿到期债务，并且资产不足以清偿全部债务或者明显缺乏清偿能力的，依照本法规定清理债务。企业法人有前款规定情形，或者有明显丧失清偿能力可能的，可以依照本法规定进行重整），可以向人民法院提出重整、和解或者破产清算申请。

债务人不能清偿到期债务，债权人可以向人民法院提出对债务人进行重整或者破产清算的申请。

企业法人已解散但未清算或者未清算完毕，资产不足以清偿债务的，依法负有清算责任的人应当向人民法院申请破产清算。

向人民法院提出破产申请，应当提交破产申请书和有关证据。

破产申请书应当载明下列事项：①申请人、被申请人的基本情况；②申请目的；③申请的事实和理由；④人民法院认为应当载明的其他事项。

债务人提出申请的，还应当向人民法院提交财产状况说明、债务清册、债权清册、有关财务会计报告、职工安置预案以及职工工资的支付和社会保险费用的缴纳情况。人民法院受理破产申请前，申请人可以请求撤回申请。

（2）受理。债权人提出破产申请的，人民法院应当自收到申请之日起五日内通知债务人。债务人对申请有异议的，应当自收到人民法院的通知之日起七日内向人民法院提出。人民法院应当自异议期满之日起十日内裁定是否受理。如无异议，人民法院应当自收到破产申请之日起十五日内裁定是否受理。有特殊情况需要延长前两款规定的裁定受理期限的，经上一级人民法院批准，可以延长十五日。

人民法院受理破产申请的，应当自裁定作出之日起五日内送达申请人。申请人是债权人的，同时还应送达债务人。债务人应当自裁定送达之日起十五日内，向人民法院提交财产状况说明、债务清册、债权清册、有关财务会计报告以及职工工资的支付和社会保险费用的缴纳情况。

人民法院裁定不受理破产申请的，应当自裁定作出之日起五日内送达申请人并说明理由。申请人对裁定不服的，可以自裁定送达之日起十日内向上一级人民法院提起上诉。

人民法院受理破产申请后至破产宣告前，经审查发现债务人不符合本法第二条规定情形的，可以裁定驳回申请。申请人对裁定不服的，可以自裁定送达之日起十日内向上一级人民法院提起上诉。

人民法院裁定受理破产申请的，应当同时指定管理人，也叫破产财产管理人、破产受托人。可以由有关部门、机构的人员组成的清算组或依法设立的律师事务所、会计师事务所、破产清算事务所等社会中介担任。

人民法院应当自裁定受理破产申请之日起二十五日内通知已知债权人，并予以公告。通知和公告应当载明下列事项：①申请人、被申请人的名称或者姓名；②人民法院受理破产申请的时间；③申报债权的期限、地点和注意事项；④管理人的名称或者姓名及其处理事务的地址；⑤债务人的债务人或者财产持有人应当向管理人清偿债务或者交付财产的要求；⑥第一次债权人会议召开的时间和地点；⑦人民法院认为应当通知和公告的其他事项。

自人民法院受理破产申请的裁定送达债务人之日起至破产程序终结之日，债务人的有关人员（指企业的法定代表人，经人民法院决定，可以包括企业的财务管理人员和其他经营管理人员）承担下列义务：①妥善保管其占有和管理的财产、印章和账簿、文书等资料；②根据人民法院、管理人的要求进行工作，并如实回答询问；③列席债权人会议并如实回答债权人的询问；④未经人民法院许可，不得离开住所地；⑤不得新任其他企业的董事、监事、高级管理人员。

人民法院受理破产申请后，债务人的债务人或者财产持有人应当向管理人清偿债务或者交付财产。债务人的债务人或者财产持有人故意违反前款规定向债务人清偿债务或者交付财产，使债权人受到损失的，不免除其清偿债务或者交付财产的义务，也即债务人对个别债权人的债务清偿无效。

人民法院受理破产申请后，管理人对破产申请受理前成立而债务人和对方当事人均未履行完毕的合同有权决定解除或者继续履行，并通知对方当事人。管理人自破产申请受理之日起两个月内未通知对方当事人，或者自收到对方当事人催告之日起三十日内未答复的，视为解除合同。管理人决定继续履行合同的，对方当事人应当履行；但是，对方当事人有权要求管理人提供担保。管理人不提供担保的，视为解除合同。

人民法院受理破产申请后，有关债务人财产的保全措施应当解除，执行程序应当中止；已经开始而尚未终结的有关债务人的民事诉讼或者仲裁应当中止；在管理人接管债务人的财产后，该诉讼或者仲裁继续进行；有关债务人的民事诉讼，只能向受理破产申请的人民法院提起。

2. 债权申报和债权人会议

（1）债权申报。人民法院受理破产申请后，应当确定债权人申报债权的期限，自人民法院发布受理破产申请公告之日起计算，最短不得少于三十日，最长不得超过三个月。债权人应当于债权申报期限内向管理人申报债权，未按时申报的，可以在破产财产最后分配前补充申报；但是，此前已进行的分配，不再对其补充分配。为审查和确认补充申报债权的费用，由补充申报人承担。

可申报债权的范围：①债务人所欠职工的工资和医疗、伤残补助、抚恤费用，所欠的应当划入职工个人账户的基本养老保险、基本医疗保险费用，以及法律、行政法规规定应当支付给职工的补偿金，不必申报，由管理人调查后列出清单并予以公示。职工对清单记载有异议的，可以要求管理人更正；管理人不予更正的，职工可以向人民法院提起诉讼。债务人的保证人或者其他连带债务人已经代替债务人清偿债务的，以其对债务人的求偿权申报债权。②债务人的保证人或者其他连带债务人尚未代替债务人清偿债务的，以其对债务人的将来求偿权申报债权。但是，债权人已经向管理人申报全部债权的除外。连带债务人数人被裁定适用本法规定的程序的，其债权人有权就全部债权分别在各破产案件中申报债权。③管理人或者债务人依照本法规定解除合同的，对方当事人以因合同解除所产生的损害赔偿请求权申报债权。债务人是委托合同的委托人，被裁定适用本法规定的程序，受托人不知该事实，继续处理委托事务的，受托人以由此产生的请求权申报债权。④债务人是票据的出票人，被裁定适用本法规定的程序，该票据的付款人继续付款或者承兑的，付款人以由此产生的请求权申报债权。⑤未到期的债权，在破产申请受理时视为到期。附利息的债权自破产申请受理时起停止计息。附条件、附期限的债权和诉讼、仲裁未决的债权，债权人可以申报。

债权人申报债权时，应当书面说明债权的数额和有无财产担保，并提交有关证据。申报的债权是连带债权的，应当说明。连带债权人可以由其中一人代表全体连带债权人申报债权，也可以共同申报债权。

管理人收到债权申报材料后，应当登记造册，对申报的债权进行审查，并编制债权表并提交第一次债权人会议核查。债权表和债权申报材料由管理人保存，供利害关系人查阅。债务人、债权人对债权表记载的债权无异议的，由人民法院裁定确认；有异议的，可向受理破产申请的人民法院提起诉讼。

（2）债权人会议。依法申报债权的债权人为债权人会议的成员，有权参加债权人会议，享有表决权。债权尚未确定的债权人，除人民法院能够为其行使表决权而临时确定债权额的外，不得行使表决权。对债务人的特定财产享有担保权的债权人，未放弃优先受偿权利的，不享有是否通过和解协议的表决权及债权人会议的其他职权。债权人会议设主席一人，由人民法院从有表决权的债权人中指定，负责主持债权人会议。还应当有债务人的职工和工会的代表参加，对有关事项发表意见。

债权人会议行使下列职权：①核查债权；②申请人民法院更换管理人，审查管理人的费用和报酬；③监督管理人；④选任和更换债权人委员会成员；⑤决定继续或者停止债务人的营业；⑥通过重整计划；⑦通过和解协议；⑧通过债务人财产的管理方案；⑨通过破产财产的变价方案；⑩通过破产财产的分配方案及人民法院认为应当由债权人会议行使的其他职权。

第一次债权人会议由人民法院召集，自债权申报期限届满之日起十五日内召开。以后的债权人会议，在人民法院认为必要时，或者管理人、债权人委员会、占债权总额 1/4 以上的债权人向债权人会议主席提议时召开。召开债权人会议，管理人应当提前十五日通知已知的债权人。债权人在向人民法院或者债权人会议主席提交债权人的授权委托书后，可以委托代理人出席债权人会议，行使表决权。

除非另有规定，债权人会议的决议，由出席会议的有表决权的债权人过半数通过，并且其所代表的债权额占无财产担保债权总额的 1/2 以上。决议对全体债权人均有约束力。同时，债权人会议应当对所议事项的决议作成会议记录。

债权人认为债权人会议的决议违反法律规定，损害其利益的，可以自债权人会议作出决议之日起十五日内，请求人民法院裁定撤销该决议，责令债权人会议依法重新作出决议。

债务人财产的管理方案及破产财产的变价方案，经债权人会议表决未通过的，以及破产财产的分配方案经债权人会议二次表决仍未通过的，均由人民法院裁定，并在债权人会议上宣布或者另行通知债权人。债权额占无财产担保债权总额 1/2 以上的债权人对债务人财产的管理方案或破产财产的变价方案的裁定不服的，以及所有债权人对破产财产分配方案不服的，可以自裁定宣布之日或者收到通知之日起十五日内向该人民法院申请复议。复议期间不停止裁定的执行。

（3）债权人委员会。债权人会议可以决定设立债权人委员会。债权人委员会由债权人会议选任的债权人代表和一名债务人的职工代表或者工会代表组成，其成员不得超过九人，且应当经人民法院书面决定认可。债权人委员会行使下列职权：①监督债务人财产的管理和处分；②监督破产财产分配；③提议召开债权人会议；④债权人会议委托的其他职权。

债权人委员会执行职务时，有权要求管理人、债务人的有关人员对其职权范围内的事务作出说明或者提供有关文件。管理人、债务人的有关人员违反规定拒绝接受监督的，债权人委员会有权就监督事项请求人民法院作出决定；人民法院应当在五日内作出决定。

3. 重整

（1）重整申请。债务人或者债权人可以直接向人民法院申请对债务人进行重整。债权人申请对债务人进行破产清算的，在人民法院受理破产申请后、宣告债务人破产前，债务人或者出资额占债务人注册资本 1/10 以上的出资人，可以向人民法院申请重整。

（2）重整期间。人民法院经审查认为重整申请符合规定，应当裁定债务人重整，并予以公告。自人民法院裁定债务人重整之日起至重整程序终止，为重整期间。在重整期间，关于经营管理的规定包括：①经债务人申请，人民法院批准，债务人可以在管理人的监督下自行管理财产和营业事务。已接管债务人财产和营业事务的管理人应当向债务人移交财产和营业事务，管理人的职权转由债务人行使。②管理人负责管理财产和营业事务的，可以聘任债务人的经营管理人员负责营业事务。③对债务人的特定财产享有的担保权暂停行使。但是，担保物有损坏或者价值明显减少的可能，足以危害担保权人权利的，担保权人可以向人民法院请求恢复行使担保权。④债务人或者管理人为继续营业而借款的，可以为该借款设定担保。⑤债务人合法占有的他人财产，该财产的权利人在重整期间要求取回的，应当符合事先约定的条件。⑥债务人的出资人不得请求投资收益分配。⑦债务人的董事、监事、高级管理人员不得向第三人转让其持有的债务人的股权。但是，经人民法院同意的除外。

（3）重整终止。在重整期间，有下列情形之一的，经管理人或者利害关系人请求，人民法院应当裁定终止重整程序，并宣告债务人破产：①债务人的经营状况和财产状况继续恶化，缺乏挽救的可能性；②债务人有欺诈、恶意减少债务人财产或者其他显著不利于债权人的行为；③由于债务人的行为致使管理人无法执行职务。

（4）重整计划的制订和批准。债务人或者管理人应当自人民法院裁定债务人重整之日起六个月内，同时向人民法院和债权人会议提交重整计划草案。期限届满，经债务人或者管理人请求，有正当理由的，人民法院可以裁定延期三个月。债务人或者管理人未按期提出重整计划草案的，人民法院应当裁定终止重整程序，并宣告债务人破产。

债务人自行管理财产和营业事务的，由债务人制订重整计划草案；管理人负责管理财产和营业事务的，由管理人制订重整计划草案。债务人或者管理人应当向债权人会议就重整计划草案作出说明，并回答询问。

重整计划草案应当包括下列内容：①债务人的经营方案；②债权分类；③债权调整方案；④债权受偿方案；⑤重整计划的执行期限；⑥重整计划执行的监督期限；⑦有利于债务人重整的其他方案。

下列各类债权的债权人参加讨论重整计划草案的债权人会议，依照下列债权分类，分组对重整计划草案进行表决：①对债务人的特定财产享有担保权的债权；②债务人所欠职工的工资和医疗、伤残补助、抚恤费用，所欠的应当划入职工个人账户的基本养老保险、基本医疗保险费用，以及法律、行政法规规定应当支付给职工的补偿金；③债务人所欠税款；④普通债权；⑤重整计划草案涉及出资人权益调整事项的，应当设出资人组，对该事项进行表决。

重整计划不得规定减免债务人欠缴的应当划入职工个人账户的基本养老保险、基本医疗保险费用以外的社会保险费用；该项费用的债权人不参加重整计划草案的表决。

人民法院应当自收到重整计划草案之日起三十日内召开债权人会议，对重整计划草案进行表决。必要时还可决定在普通债权组中设小额债权组对重整计划草案进行表决。出席会议的同一表决组的债权人过半数同意重整计划草案，并且其所代表的债权额占该组债权总额的 2/3 以上的，即为该组通过重整计划草案。各表决组均通过重整计划草案时，重整计划即为通过。

自重整计划通过之日起十日内，债务人或者管理人应当向人民法院提出批准重整计划的申请。人民法院经审查认为符合本法规定的，应当自收到申请之日起三十日内裁定批准，终止重整程序，并予以公告。

部分表决组未通过重整计划草案的，债务人或者管理人可以同未通过重整计划草案的表决组协商。该表决组可以在协商后再表决一次。双方协商的结果不得损害其他表决组的利益。未通过重整计划草案的表决组拒绝再次表决或者再次表决仍未通过重整计划草案，但重整计划草案符合下列条件的，债务人或者管理人可以申请人民法院批准重整计划草案：①按照重整计划草案，本法第八十二条第一款第一项所列债权就该特定财产将获得全额清偿，其因延期清偿所受的损失将得到公平补偿，并且其担保权未受到实质性损害，或者该表决组已经通过重整计划草案；②按照重整计划草案，本法第八十二条第一款第二项、第三项所列债权将获得全额清偿，或者相应表决组已经通过重整计划草案；③按照重整计划草案，普通债权所获得的清偿比例，不低于其在重整计划草案被提请批准时依照破产清算程序所能获得的清偿比例，或者该表决组已经通过重整计划草案；④重整计划草案对出资人权益的调整公平、公正，或者出资人组已经通过重整计划草案；⑤重整计划草案公平对待同一表决组的成员，并且所规定的债权清偿顺序不违反本法第一百一十三条的规定；⑥债务人的经营方案具有可行性。

再表决后的重整计划草案经人民法院审查认为符合规定的，自收到申请之日起三十日内裁定批准，终止重整程序，并予以公告。若重整计划草案未获得通过且未获得批准，或者已通过但未获得批准的，人民法院应当裁定终止重整程序，并宣告债务人破产。

（5）重整计划的执行。重整计划由债务人负责执行。人民法院裁定批准重整计划后，已接管财产和营业事务的管理人应当向债务人移交财产和营业事务。自人民法院裁定批准重整计划之日起，在重整计划规定的监督期内，由管理人监督重整计划的执行，债务人应向管理人报告重整计划执行情况和债务人财务状况。监督期限届满时，管理人应当向人民法院提交监督报告。自监督报告提交之日起，管理人的监督职责终止。经管理人申请，人民法院可以裁定延长重整计划执行的监督期限。管理人向人民法院提交的监督报告，重整计划的利害关系人有权查阅。

经人民法院裁定批准的重整计划，对债务人和全体债权人均有约束力。债权人未依照本法规定申报债权的，在重整计划执行期间不得行使权利；在重整计划执行完毕后，可以按照重整计划规定的同类债权的清偿条件行使权利。债权人对债务人的保证人和其他连带债务人所享有的权利，不受重整计划的影响。按照重整计划减免的债务，自重整计划执行完毕时起，债务人不再承担清偿责任。

债务人不能执行或者不执行重整计划的，人民法院经管理人或者利害关系人请求，应当裁定终止重整计划的执行，并宣告债务人破产，但为重整计划的执行提供的担保继续有效。

人民法院裁定终止重整计划执行的，债权人在重整计划中作出的债权调整的承诺失去效力。债权人因执行重整计划所受的清偿仍然有效，债权未受清偿的部分作为破产债权，只有在其他同顺位债权人同自己所受的清偿达到同一比例时，才能继续接受分配。

4. 和解

债务人可以依照规定，直接向人民法院申请和解；也可以在人民法院受理破产申请后、宣告债务人破产前，向人民法院申请和解。同时，应当提出和解协议草案。人民法院经审查认为和解申请符合本法规定的，应当裁定和解，予以公告，并召集债权人会议讨论和解协议草案。对债务人的特定财产享有担保权的权利人，自人民法院裁定和解之日起可以行使权利。

和解协议经出席会议的有表决权的债权人过半数同意，并且其所代表的债权额占无财产担保债权总额的 2/3 以上，即为债权人会议通过，经人民法院裁定认可，终止和解程序，并予以公告。管理人应当向债务人移交财产和营业事务，并向人民法院提交执行职务的报告。经人民法院裁定认可的和解协议，对债务人和全体和解债权人均有约束力。和解债权人是指人民法院受理破产申请时对债务人享有无财产担保债权的人。和解债权人未依照本法规定申报债权的，在和解协议执行期间不得行使权利；在和解协议执行完毕后，可以按照和解协议规定的清偿条件行使权利。

裁定终止并宣告债务人破产的情形包括：①和解协议未获债权人会议表决通过，或已经债权人会议通过但未获得人民法院认可的，人民法院应当裁定终止和解程序，并宣告债务人破产。②债务人应当按照和解协议规定的条件清偿债务。因债务人的欺诈或者其他违法行为而成立的和解协议，人民法院应当裁定无效，并宣告债务人破产。此情形下和解债权人因执行和解协议所受的清偿，在其他债权人所受清偿同等比例的范围内，不予返还。③债务人不能执行或者不执行和解协议的，人民法院经和解债权人请求，应当裁定终止和解协议的执行，并宣告债务人破产。

人民法院裁定终止和解协议执行的，和解债权人在和解协议中作出的债权调整的承诺失去效力。和解债权人因执行和解协议所受的清偿仍然有效，和解债权未受清偿的部分作为破产债权，只有在其他债权人同自己所受的清偿达到同一比例时，才能继续接受分配。和解债权人对债务人的保证人和其他连带债务人所享有的权利，不受和解协议的影响。

5. 破产清算

（1）破产宣告。人民法院依照本法规定宣告债务人破产的，应当自裁定作出之日起五日内送达债务人和管理人，自裁定作出之日起十日内通知已知债权人，并予以公告。

债务人被宣告破产后，债务人称为破产人，债务人财产称为破产财产，人民法院受理破产申请时对债务人享有的债权称为破产债权。

破产宣告前，有下列情形之一的，人民法院应当裁定终结破产程序，并予以公告：①第三人为债务人提供足额担保或者为债务人清偿全部到期债务的，②债务人已清偿全部到期债务的。

对破产人的特定财产享有担保权的权利人，对该特定财产享有优先受偿的权利。该优先受偿权利未能完全受偿的，其未受偿的债权作为普通债权；放弃优先受偿权利的，其债权作为普通债权。

（2）变价和分配。管理人应当及时拟订破产财产变价方案，提交债权人会议讨论。变价出售破产财产应当通过拍卖进行。但是，债权人会议另有决议的除外。破产企业可以全部或者部分变价出售。企业变价出售时，可以将其中的无形资产和其他财产单独变价出售。按照国家规定不能拍卖或者限制转让的财产，应当按照国家规定的方式处理。

破产财产的分配应当以货币分配方式进行。但是，债权人会议另有决议的除外。破产财产分配方案应当载明下列事项：①参加破产财产分配的债权人名称或者姓名、住所；②参加破产财产分配的债权额；③可供分配的破产财产数额；④破产财产分配的顺序、比例及数额；⑤实施破产财产分配的方法。

破产财产在优先清偿破产费用和共益债务后，依照下列顺序清偿：①破产人所欠职工的工资和医疗、伤残补助、抚恤费用，所欠的应当划入职工个人账户的基本养老保险、基本医疗保险费用，以及法律、行政法规规定应当支付给职工的补偿金；②破产人欠缴的除前项规定以外的社会保险费用和破产人所欠税款；③普通破产债权。破产财产不足以清偿同一顺序的清偿要求的，按照比例分配。破产企业的董事、监事和高级管理人员的工资按照该企业职工的平均工资计算。

债权人会议通过破产财产分配方案后，由管理人将该方案提请人民法院裁定认可。破产财产分配方案经人民法院裁定认可后，由管理人执行。破产财产分配执行情况包括：①管理人按照破产财产分配方案实施多次分配的，应当公告本次分配的财产额和债权额。②管理人实施最后分配的，应当在公告中指明，同时，对于附生效条件或者解除条件的债权，管理人应当将其分配额提存。所提存的分配额在最后分配公告日，生效条件未成就或者解除条件成就的，应当分配给其他债权人；在最后分配公告日，生效条件成就或者解除条件未成就的，应当交付给债权人。③债权人未受领的破产财产分配额，管理人应当提存。债权人自最后分配公告之日起满二个月仍不领取的，视为放弃受领分配的权利，管理人或者人民法院应当将提存的分配额分配给其他债权人。④破产财产分配时，对于诉讼或者仲裁未决的债权，管理人应当将其分配额提存。自破产程序终结之日起满两年仍不能受领分配的，人民法院应当将提存的分配额分配给其他债权人。

（3）破产程序的终结。破产人无财产可供分配的，管理人应当请求人民法院裁定终结破产程序。管理人在最后分配完结后，应当及时向人民法院提交破产财产分配报告，并提请人民法院裁定终结破产程序。人民法院应当自收到管理人终结破产程序的请求之日起十五日内作出是否终结破产程序的裁定。裁定终结的，应当予以公告。

管理人应当自破产程序终结之日起十日内，持人民法院终结破产程序的裁定，向破产人的原登记机关办理注销登记。管理人于办理注销登记完毕的次日终止执行职务。但是，存在诉讼或者仲裁未决情况的除外。

自破产程序因对未到期的债务提前清偿或破产人无财产可分配、管理人最后分配完结而被人民法院裁定终结之日起两年内，有下列情形之一的，债权人可以请求人民法院按照破产财产分配方案进行追加分配：①发现有应当追回的财产，包括受理破产申请前六个月内，企业法人不能清偿债务且资不抵债或明显缺乏清偿能力，但是仍然对个别债权人清偿的财产；逃避债务而隐匿、转移的财产，以及虚构、承认不真实的债务；债务人的董事、监事和高级管理人员利用职权从企业获取的非正常收入和侵占的企业财产。②发现破产人有应当供分配的其他财产，但追回的财产数量不足以支付分配费用的，不再进行追加分配，由人民法院将其上缴国库。

破产人的保证人和其他连带债务人，在破产程序终结后，对债权人依照破产清算程序未受清偿的债权，依法继续承担清偿责任。

（三）《企业破产法》中的主要概念

1. 管理人

管理人制度是新破产法的一个重大变化。管理人由人民法院指定，其报酬由最高人民法院规定。债权人会议认为管理人不能依法、公正执行职务或者有其他不能胜任职务情形的，可以申请人民法院予以更换；对管理人的报酬有异议的，有权向人民法院提出。

管理人依照规定执行职务，向人民法院报告工作，并接受债权人会议和债权人委员会的监督。管理人应当列席债权人会议，向债权人会议报告职务执行情况，并回答询问。

管理人可以由有关部门、机构的人员组成的清算组或者依法设立的律师事务所、会计师事务所、破产清算事务所等社会中介机构担任。人民法院根据债务人的实际情况，可以在征询有关社会中介机构的意见后，指定该机构具备相关专业知识并取得执业资格的人员担任管理人。有下列情形之一的，不得担任管理人：①因故意犯罪受过刑事处罚；②曾被吊销相关专业执业证书；③与本案有利害关系；④人民法院认为不宜担任管理人的其他情形。同时，个人担任管理人的，应当参加执业责任保险。

管理人应当勤勉尽责，忠实执行职务，无正当理由不得辞去职务；管理人辞职以及聘用必要的工作人员需经人民法院许可。管理人履行下列职责：①接管债务人的财产、印章和账簿、文书等资料；②调查债务人的财产状况，制作财产状况报告；③决定债务人的内部管理事务；④决定债务人的日常开支和其他必要开支；⑤在第一次债权人会议召开之前，决定继续或者停止债务人的营业；⑥管理和处分债务人的财产；⑦代表债务人参加诉讼、仲裁或者其他法律程序；⑧提议召开债权人会议；⑨人民法院认为管理人应当履行的其他职责。

管理人实施下列行为，应当及时报告债权人委员会，未设立债权人委员会的，应当及时报告人民法院：①涉及土地、房屋等不动产权益的转让；②探矿权、采矿权、知识产权等财产权的转让；③全部库存或者营业的转让；④借款；⑤设定财产担保；⑥债权和有价证券的转让；⑦履行债务人和对方当事人均未履行完毕的合同；⑧放弃权利；⑨担保物的取回；⑩对债权人利益有重大影响的其他财产处分行为。

2. 债务人财产

债务人财产是指破产申请受理时属于债务人的全部财产，以及破产申请受理后至破产程序终结前债务人取得的财产。由债务人占有但不属于其的财产不包含在内，此外，人民法院受理破产申请前一年内，涉及债务人财产的下列行为，管理人有权请求人民法院予以撤销：①无偿转让财产的；②以明显不合理的价格进行交易的；③对没有财产担保的债务提供财产担保的；④对未到期的债务提前清偿的；⑤放弃债权的。同时，涉及债务人财产的下列行为无效：①为逃避债务而隐匿、转移财产的；②虚构债务或者承认不真实的债务的。

人民法院受理破产申请后，债务人的出资人尚未完全履行出资义务的，管理人应当要求该出资人缴纳所认缴的出资，而不受出资期限的限制。

人民法院受理破产申请后，管理人可以通过清偿债务或者提供为债权人接受的担保，取回质物、留置物。当质物或者留置物的价值低于被担保的债权额时，以该质物或者留置物当时的市场价值为限。

人民法院受理破产申请时，出卖人已将买卖标的物向作为买受人的债务人发运，债务人尚未收到且未付清全部价款的，出卖人可以取回在运途中的标的物。但是，管理人可以支付全部价款，请求出卖人交付标的物。

债权人在破产申请受理前对债务人负有债务的，可以向管理人主张抵销。但是，有下列情形之一的，不得抵销：①债务人的债务人在破产申请受理后取得他人对债务人的债权的。②债权人已知债务人有不能清偿到期债务或者破产申请的事实，对债务人负担债务的；但是，债权人因为法律规定或者有破产申请一年前所发生的原因而负担债务的除外。③债务人的债务人已知债务人有不能清偿到期债务或者破产申请的事实，对债务人取得债权的。但是，债务人的债务人因为法律规定或者有破产申请一年前所发生的原因而取得债权的除外。

3. 破产费用和共益债务

（1）破产费用。是指在破产程序中为破产债权人共同利益而从破产财产中支付的费用，具体包括人民法院受理破产申请后发生的下列费用：①破产案件的诉讼费用；②管理、变价和分配债务人财产的费用；③管理人执行职务的费用、报酬和聘用工作人员的费用。

（2）共益债务。是指破产程序中为全体债权人的共同利益而发生的债务。人民法院受理破产申请后发生的下列债务，为共益债务：①因管理人或者债务人请求对方当事人履行双方均未履行完毕的合同所产生的债务；②债务人财产受无因管理所产生的债务；③因债务人不当得利所产生的债务；④为债务人继续营业而应支付的劳动报酬和社会保险费用以及由此产生的其他债务；⑤管理人或者相关人员执行职务致人损害所产生的债务；⑥债务人财产致人损害所产生的债务。

（3）破产费用和共益债务由债务人财产随时清偿。债务人财产不足以清偿所有破产费用和共益债务的，先行清偿破产费用。清偿破产费用后还有多余，按照比例清偿共益债务。若债务人财产不足以清偿破产费用，管理人应当提请人民法院终结破产程序。人民法院应当自收到请求之日起十五日内裁定终结破产程序，并予以公告。

六、分拆上市

（一）分拆上市的含义

分拆上市是指一家母公司通过将其在子公司中所拥有的股份，按比例分配给现有母公司的股东，从而在法律上和组织上将子公司的经营从母公司的经营中分离出去。分拆上市有广义和狭义之分，广义的分拆包括已上市公司或者未上市公司将部分业务从母公司独立出来单独上市；狭义的分拆指的是已上市公司将其部分业务或者某个子公司独立出来，另行公开招股上市。分拆上市后，原母公司的股东虽然在持股比例和绝对持股数量上没有任何变化，但是可以按照持股比例享有被投资企业的净利润分成，而且最为重要的是，子公司分拆上市成功后，母公司将获得超额的投资收益。

2000 年，联想集团实施了有史以来最大规模的战略调整，对其核心业务进行拆分，分别成立新的"联想集团"和"神州数码"。2001 年 6 月 1 日，神州数码在香港上市。神州数码从联想中分拆出来具有"一箭双雕"的作用。分拆不但解决了事业部层次上的激励机制问题，而且由于神州数码独立上市，联想集团、神州数码的股权结构大大改变，公司层次上的激励机制也得到了进一步的解决。

顾名思义，分拆上市即将上市公司中具有独立盈利能力和稍加整合就具有上市机制的部分分拆，运作其上市。

（二）分拆上市的战略意义

1. 对融资渠道具有拓宽功能

分拆上市的诱人之处，首先在于其对融资渠道的拓宽功能。由于分拆上市具有"一种资产、两次使用"的效果，因而被许多上市公司当作再融资的工具，这对融资渠道单一的中国内地上市公司来说尤其具有吸引力。

2. 实现股东价值最大化的重要途径

分拆上市后，证券市场的价值发现功能将使母公司迅速获得超额资本利得和投资收益，带来业绩突变，使公司价值增值。这正是 1999~2000 年许多公司热衷于网络投资的主要动力，它们都憧憬通过分拆网络公司上市，取得资本利得改写上市公司的业绩。

而对公司原有股东来说，由于可能免费获得分拆上市子公司的股份，或对股份享有优先认购权,这样他们可以通过股份流通机制变现股份,获取高额回报。而且,母公司还可能将分拆上市所得到的特殊盈利以股息方式送给股东。此外,分拆也可望推动母公司股价上升,从而使股东获得更大回报。

3. 使核心业务和投资概念更显清晰

当公司业务越来越广泛时,往往会存在盈利水平及前景高于企业平均水平的战略业务单位,使其潜在价值不能被市场所充分体现。业务清晰的公司则容易被市场认同。这就是为什么综合性公司市盈率通常会低于专业性公司的重要原因。因此,上市公司通常借助分拆上市来突出优质业务单位的经营业绩和盈利能力,吸引投资者。20世纪90年代中期,长江实业把旗下发展中国业务的长江基建分拆上市就是考虑到,当时投资者习惯把长江实业视为地产股,如果继续把中国基建业务置于集团旗下,将会忽略这一业务的发展潜力。

4. 实现业务的专业化管理和发展

分拆上市在使公司的业务更显清晰的同时,也为业务的专业化管理和发展创造了条件。上实控股是香港证券市场的一家综合性企业,为积极拓展中药业务,1999年12月成功将旗下2家关系企业——上海家化、杭州青春宝分拆,组建上海实业医药科技(集团)有限公司在香港创业板首批上市,成为专注于中医药现代化与研发、生产、销售的专业中医药公司。

5. 创造资本市场和产品市场的联动效应

在资本市场分拆上市及其配套的推介路演活动容易引起公众和传媒的极大关注,可以起到先声夺人的作用,从而大大提高企业的知名度。许多跨国公司往往通过分拆其国内业务到海外上市或将其在当地控制的业务就地分拆上市,加深海外市场对其业务和产品的了解与认同,迅速建立品牌效应。上实医药科技在香港分拆上市后,大大提高了杭州青春宝及上海家化的知名度,使其系列产品在香港深入人心,树立了很好的品牌形象,为这两家企业在香港开拓产品市场、寻求合作机会打开了窗口。

6. 有利于引入新的合作伙伴

一些公司在整体资产上对策略和战略合作伙伴缺乏吸引力,但个别业务单位则因其增长潜力而可望吸引合作伙伴。因此一些上市公司为引入理想的合作伙伴,就会将对方感兴趣的业务单位分拆出来,吸引新股东加盟,从而为公司扩展业务注入新的血液和活力。

7. 分散投资风险

分拆上市使本身置于公司内部的业务单位成为公众公司,业务发展风险由母公司和新的合作伙伴、公众投资者共同承担。从目前全球资本市场分拆上市的发展趋势看,一个重要特点就是已上市公司越来越倾向于对其以风险投资形式参与的高成长项目进行分拆上市。这在高科技业务的发展中表现得尤为突出，因为这些业务在研究、开发、发展的每一个阶段都面临很大风险。

8. 拓宽资产经营的运作空间

分拆上市使上市母公司与分拆上市子公司在资产的转让、注入及融资活动等方面更为灵活，有助于公司在两个资本市场之间或同一资本市场两个市场主体之间的资本运作实现对接，大大扩展了资产经营活动的空间。

上实控股分拆上实医药科技上市后，目前正酝酿将其旗下的医药业务分阶段注入分拆子公司，这将不仅为上实控股带来特殊收益，更为投资者对上实医药科技的发展创造更大的想象空间。而且，分拆上市带来的资金和资本运营优势，也有助于公司优化资产质量，进一步培养新的高成长项目。此外，上市母公司还可利用分拆上市子公司的股份在没有现金流出的情况下，通过换股方式购并其他公司的业务。

9. 企业退出投资的重要战略

由于分拆上市往往伴随着控股权的稀释，因此其也被许多企业用于逐步退出非核心业务的重要战略。在通过资产拍卖或协议转让等方式退出有关业务的情况下，业务单位的价值往往会被低估，有时甚至低于其净资产价值。而分拆上市则可使企业通过股权出让以市场认可的价值套现，而且由于上市资产具有较强的流动性，企业更可在退出的时间上抢得先机。

此外，分拆上市在发达国家也常被企业用于回避反垄断法规的重要策略。美国电信龙头 AT&T 公司 1984 年分拆长途电话和地方电话公司，1994 年又将硬件设备、软件服务公司分成朗讯（Lucent）与另一家服务公司，2000 年再对行动电话实施分拆。系列分拆行动，不仅使得公司避免了相关反垄断法的困扰，更获得了明显的增值效应。

分拆上市也使一些上市公司调整上市地成为可能。通常，上市公司在一地上市后由于退市成本高昂，很难根据自己的战略需要调整上市地，而通过分拆上市则可以部分、最终甚至全部达成这一目标。

2010 年 4 月 13 日，我国证监会已明确允许境内上市公司分拆子公司到创业板上市，但是同时也设置了六个条件。在业务上必须满足：上市公司公开募集资金未投向用于发行人业务；上市公司最近三年盈利，业务经营正常；发行人与上市公司不存在同业竞争，且上市公司出具未来不竞争承诺。此外，还有具体的数据限制：发行人净利润占上市公司净利润不超过 50%；发行人净资产占上市公司净资产不超过 30%；上市公司及下属企业董、监、高及亲属持有发行人发行前股份不超过 10%。

（三）实施分拆上市战略应注意的问题

1. 不可视分拆上市为"圈钱"工具

上市公司固然可以通过分拆以股权为纽带达到以少量资产控制大量资产的目的，但这一方式对债务同样具有放大效应，即使母公司的名义负债很低，如果分拆子公司负债较高，母公司的实际债务也可能放大到惊人的地步。如果公司只希望通过分拆上市一味"圈钱"，而不注重负债的控制和分拆上市后的经营发展，最终可能作茧自缚。韩国不少企业集团正是由于背上了分拆上市子公司的沉重债务，而陷入债务危机中举步维艰。事实上，分拆上市仅仅是一种资产经营的手段，只是走向市场规范化经营的开始。公司唯有切实搞好经营，致力于提高经营业绩才能为市场所接受，再融资渠道才会畅通。

2. 分拆业务的市盈率不可低于母公司

除基于剥离或逐步退出非核心业务的战略考虑外，分拆上市的一个重要前提就是确保在可预见的一段时期内分拆业务的市盈率高于母公司。如果低于母公司的市盈率，分拆上市不仅无法获得特殊收益，而且势必成为亏本买卖。20世纪90年代中期，长江实业分拆长江基建时，地产股市盈率大致在10~14倍，而旗下发展中国业务的长江基建分拆上市后的市盈率则达到20多倍。这样，分拆就为股东及公司带来了丰厚的特殊收益。

3. 不可动摇母公司的独立上市地位

对母公司而言，分拆上市在本质上属于资产收缩范畴，势必会影响到母公司的业绩，对于原本业绩一般的公司来说，分拆优质资产后对母公司业绩的影响会更大。

虽然分拆可望带来超额投资收益，但由于各地证券市场对发起人出售股份通常有严格的规定，所以一定时期内只能是账面收益，并需随市价的调整而调整。因此，国际市场一般都对上市公司分拆前母公司的盈利有严格规定。

4. 不可忽视母公司与子公司现金流量的平衡

从分拆上市的实践来看，"母贫子贵"或"母贵子贫"等母公司与子公司现金流量不平衡的情况十分普遍。一部分公司视分拆为"圈钱"工具，使分拆子公司得不到正常发展；而另一部分公司分拆处于发展期的业务单位后，母公司为避免控制权易手而被迫不断投入大量现金和资产，结果导致"母贫子贵"。许多中资企业在海外分拆上市的实践中都或多或少受到过这些问题的困扰，个别企业甚至陷入这一现金流量不平衡的陷阱中无法自拔。因此，上市公司分拆资产上市时，应注意确保母公司与子公司现金流量的平衡。

5. 不可忽视股权稀释带来的外来威胁

分拆上市几乎不可避免地会造成一定程度的股权稀释，这些本来可由母公司完全控制的业务单位在分拆成为公众公司后将导致控制权的分散，从而使其被收购的可能性大为增加。如果公司分拆这些业务单位不是基于退出投资的考虑，而是视其为公司未来赖以发展的基石，那就应当为避免收购早作预案。

6. 不可沿用旧有的管理模式和经营机制

分拆上市作为一种金融创新，也需要有相应的管理创新与之配合。分拆上市使公司的股权结构和组织架构更为复杂，再加上新的合作伙伴的加入，往往会对企业的管理效率、管理水平和企业经营机制提出更高的要求，尤其是当国内上市公司分拆业务到海外上市时，往往还存在与国际规范接轨的问题。如果企业不及时作出调整，切实进行管理创新和经营机制转换，最终将由于管理和机制失效而导致分拆失败。

第四节　整合型企业重组

一、资产置换

（一）资产置换的含义

资产置换是指企业通过相互交换资产来实现企业资产结构优化的一种资源配置的方式。由于某些原因，企业一些非核心资产因效率低下而影响了企业的整体盈利能力，但这些资产却又是另一家企业所急需的。双方通过资产置换能够获得与自己核心能力相协调、相匹配的资产。这一过程通常是一个互惠互利的双赢行为。但在现实操作中，资产置换大多发生在上市公司的控股股东和上市公司之间，即控股股东将自己的优质资产置换上市公司的劣质资产、以主营业务资产置换非主营业务资产，以保持上市公司的稳定发展或者达到自身借壳上市的目的。

（二）资产置换的功能

1. 提高上市公司的竞争力

上市公司和其他控股公司在共同发展的过程中，如果上市公司业绩不佳，集团公司就可以将自己的优质资产和上市公司的劣质资产进行置换，或者变更上市公司的主营业务资产，使上市公司的主营业务更加突出和壮大，利润来源更加稳定，核心竞争力增强。

2. 实现再融资的目的

根据监管部门的要求，上市公司再融资必须满足一定的条件，其中财务盈利能力指标相当重要。通过大股东与上市公司之间或者新股东和上市公司之间的资产进行置换，可以使上市公司在短期内达到监管部门再融资的要求，实现再融资目的。

3. 实现间接上市

由于我国法律体制等原因，很多业绩好的公司要经过长时间的排队等候才能实现上市，使得很多公司无法在短期内实现申请新上市的目的。而资产置换为公司上市提供了另一种途径，即通过股权置换的方式，将自身的优质资产注入上市公司，并剥离出上市公司的劣质资产，逐渐控股上市公司，实现自身间接上市。如集团公司通过与上市公司资产置换以达到母公司整体上市的目的。

（三）资产置换的类型

1. 按资产置换中是否伴随股权的变动，可分为单纯的资产置换和股权—资产置换

单纯的资产置换表现为以一部分流动资产和固定资产为代价取得另一部分流动资产和固定资产，这种交换不涉及股权的变动。股权—资产交换是指伴随有股权变动的资产交换，通常表现为上市公司以一项固定资产换取一项长期股权投资，若是以一项长期股权投资换取另一项长期股权投资，则属于股权置换的内容，不包括在资产置换内。

2. 按资产置换的主体的不同，可分为集团内部资产置换和集团外部资产置换

集团内部资产置换主要是通过将上市公司的不良资产和集团内部其他子公司的优良资产进行置换来提高上市公司的业绩。然而这种不等价交换通常要以股权转让为代价，最终实现了母公司或者集团内部其他公司"借壳上市"的目的。集团外部资产置换是指非同一控制下的企业为了满足各自生产经营或者其他目的而双方进行资产的交换。一般表现为"买壳上市"，即非上市公司通过资产置换的方式换取上市公司的股权，然后将自身的优质资产注入上市公司，实现间接上市。

资产置换的具体方式如图 6-1 所示。

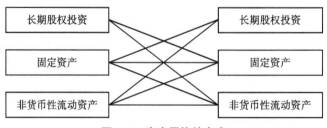

图 6-1　资产置换的方式

（四）资产置换的特殊形式

1. 整体资产置换

整体资产置换又称"净壳重组"，是指收购方在收购的同时或收购交易完成后，将其部分资产与上市公司全部资产进行整体置换，并由上市公司原大股东承担置换出上市公司全部资产的收购模式。一般该模式中收购方以其公司的股权与上市公司整体资产进行置换。

其操作步骤为：首先，收购方从上市公司的第一大股东收购其持有的部分或全部股份，从而获得上市公司的控制权。其次，收购方用其部分资产与上市公司的全部资产进行等额置换。最后，原大股东从收购方买下从上市公司置换出的全部资产。

2. 部分资产置换

部分资产置换是一家公司以其部分资产与另一家公司的部分资产进行等额置换。部分资产置换是上市公司经常发生的一种重组行为，由于资产置换比例超过 50% 时，要受到证券监管部门关于公司重大出售行为规范的制约，因此选择部分资产置换操作成本相对较低。

比较典型的部分资产置换的案例为联想与亚信的资产置换，2004 年 7 月28 日，联想集团与亚信科技在京签署协议，联想集团以其 IT 服务业务主体部分作价 3 亿元，置换亚信公司 15% 的股权。双方通过业务资产和股权置换的方式，实现了亚信公司与联想集团 IT 服务业务的合并。

二、股权置换

在我国上市公司的股权结构中，国有股、法人股占绝对比重，这些不能流通的股份让国有资产难以实现保值和增值。2005 年 5 月，上市公司的股权分置改革启动，国有股、法人股通过向流通股股东支付对价的形式逐渐取得了上市流通的权利。而在此之前，为了实现国有股、法人股的内在价值，确保国有资产保值增值，主要采取股权有偿转让和股权无偿划拨两种形式。例如，1997 年4 月，深圳粤海实业投资发展有限公司协议受让上海新亚（集团）有限公司和二纺机所持有的新亚快餐 41.78% 的发起人股，是法人股有偿转让的例子；同年7 月，上海上实（集团）有限公司受让上海仪电控股（集团）公司持有的15.48% 广电股份，转让价格为 2 元。

（一）股权置换概念

股权置换是指交易双方交换各自股权，其目的通常在于引入战略投资者或合作伙伴。一般股权置换不涉及控股权的变更。股权置换的结果是实现公司控股股东与战略伙伴之间的交叉持股，以建立利益关联。股权置换一般表现为两家以上的公司通过互换股权来达到降低有关公司的国有股比例、改善公司股本结构、促使投资主体多元化等目的。在股权互换的过程中，国有股东甲将其持有的乙公司的部分国有股与非国有股东所持有的丙公司的股份进行等价值地交换，即甲持有丙公司的股份，则原来乙公司的国有股比例得到了降低。

（二）股权置换的形式

股权置换主要有不涉及资产或现金的股权置换、股权置换与现金相结合两种形式，但股权置换与资产相结合属于资产置换的范围不包括在内。其实许多股权置换的并购，都涉及现金或资产的同步交易。即除了相互置换股权外，还要将一定的资产进行作价或支付一定数额的现金才能完成置换。根据实际情况采取具体的方式，其实这正体现了股权置换的灵活性。

国美与永乐是股权加现金并购的典型。随着 2007 年 1 月 31 日永乐从香港联交所正式退市，国美并购永乐画上句号。在这场"股权+现金"的收购案中，国美以 0.3247 股自身股票置换 1 股永乐电器股票，外加每 1 股永乐电器股票支付 0.1736 港元现金，总计付出 52.68 亿港元。

以股权置换方式进行的企业间并购，大都发生在内资企业之间，尤其是一些国有企业之间的置换。一般表现为一家国有企业拥有两家子公司 A 和 B，这两家企业之间进行股权置换；或其中某家子公司与另一家国有企业进行置换、实现相互参股。这些内资企业之间的股权置换一般容易操作，获得审批的可能性也较大。近年来，民营企业与国有企业之间，或民营企业之间通过股权置换方式进行并购的案例也呈逐渐上升之势。不论是国有企业之间，还是国有企业与民营企业之间的股权置换，这些交易多是双方采取"合同自治"（按照合同当事人意思自治）的方式，彼此的对价能获得对方同意才可实现交叉持股。

（三）股权置换的估值问题

估值是企业股权置换过程中的难点也是重点。股权置换双方或一方为上市公司还比较容易进行估值，一般双方约定以上市公司某天的股价（或一段时间的加权平均价）作为计算标准；而非上市公司的估值就需要另作处理。

相对于单项资产评估来说，目前我们一般采用整体资产评估方式（以企业所具有的整体获利能力作为评估对象）。所谓单项资产评估是一种静态评估方式，指一家企业在一定时期重新购建全部资产的价值；而整体评估则是根据企业的获利能力、市场竞争条件等各种因素计算确定的评估价值，是一种动态的反映方法。

对企业进行整体资产评估，目前我们主要采用重置成本法、现金收益法等评估方法。但这些方法有时并不能真正评估企业的价值。

(四) 股权置换与资产置换的区别与联系

股权置换与资产置换是企业重组中进行资源配置的两种方式，两者之间有时相互交叉，在现实操作中股权置换伴随着资产置换，资产置换伴随着股权置换，即股权—资产置换既可以是股权置换的范畴，也可以是资产置换的范畴。两者之间也有一些区别，首先，置换的目的不同，股权置换主要是以有引入战略性投资者或合作伙伴为目的，而资产置换是为了获得优质资产使资产处于最佳的配置状态。其次，置换的形式不同，股权置换主要是股权的相互交换，会引起股权的变动；而资产置换主要是资产间的置换，除了股权—资产置换形式外，一般不涉及股权的变动。

三、买壳、借壳上市

(一) 买壳上市

1. 买壳上市的含义及目的

买壳上市又称"后门上市"或"逆向收购"，是指非上市公司通过协议方式或二级市场收购方式获得一家上市公司一定比例的股权来取得上市的地位，在对壳公司的人员、资产、债务实行重组时，利用反向收购的方式注入自己的有关业务及资产，实现间接上市。

公司上市具有扩大资金来源、分散风险、提高知名度和享受税收优惠等优势。但受上市额度和上市节奏的制约，能如愿上市的公司只能是极少数的。这样，上市公司的"壳"便成了一种稀缺资源。买壳上市就是获取稀缺资源的一种方式。通过买壳上市进行融资已越来越受到企业家们的关注。同时，由于我国国有企业股权结构中国有股比重较大、股权单一、占用国有资本较多，既不能有效地实行公司治理结构，也不利于国有资本的有效利用，而买壳上市不失为一种盘活资产、改善国有资本结构的良方。

2. 买壳上市的操作程序

首先是选壳。这是买壳上市的第一步，也是非常关键的一步。理想的壳有两种标准：一是具有发展潜力的上市公司，但股权结构和资本结构比较合理，资产质量较好，与收购方业务相关联易于融合。二是业绩较差，但"干净"且股权分散的上市公司。所谓"干净"即上市公司没有债务和法律诉讼。买壳后把壳公司的现金之外的资产全部处理掉，再注入非上市公司的实体资产。

其次是买壳，即收购或受让股权。收购股权有两种方式：一是协议转让，即收购未上市流通的国有股或法人股。这种收购方式的成本较低，但是困难较大。要同时得到股权的原持有人和主管部门的同意。场外收购或称非流通股协议转让是我国买壳上市行为的主要方式。二是在二级市场上直接购买上市公司的股票。这种方式在西方流行，但是由于中国的特殊国情，只适合于流通股占总股本比例较高的公司或者"三无公司"（无国家股、无法人股、无外资股）。二级市场的收购成本太高，除非有一套详细的炒作计划，能从二级市场上取得足够的投资收益来抵消收购成本。

再次是价款支付。目前主要包括现金支付、资产置换支付、债权支付方式、混合支付方式、零成本收购、股权支付六种方式。前三种是主要支付方式。但是现金支付对于买壳公司实在是一笔较大的负担，很难一下子拿出数千万元甚至数亿元现金。所以目前倾向于采用资产置换支付和债权支付方式或者加上少量现金的混合支付方式。

最后是用壳。在将优质资产注入壳公司后，要不断提高壳公司的业绩，从而达到配股资格，合适的时候进行增发、配股以实现融资目的。

比较成功的买壳上市案例为香港创富生物科技集团有限公司的上市。香港创富生物科技集团有限公司在 2006 年 6 月 13 日，以 8.126 亿港元收购 Lead Sun 的 57% 股权而间接持有山西神利 51.3% 股权，获得了号称"全国第二大"的钛矿。2007 年 2 月 14 日该壳公司更名为中国矿业。在市场知悉壳公司将被注入矿业资产后，融资受到追捧，二级市场股价节节攀升，从买壳时的每股 0.415 港元飙升到 2.00 港元以上的高位，市值也从 5 亿港元暴涨到了 60 亿港元。

3. 买壳上市的积极影响和消极影响

对非上市公司而言，与原始上市相比，买壳上市具有一定的优势，主要表现在：一是买壳上市不必经过漫长的审批、登记、公开发行手续，因此办理买壳上市大致三个月的时间，而原始市场需要的时间较长，通常一年以上；二是买壳上市不受承销商和市场状况的影响，原始上市有时因承销不力或市场不力而遇到上市的困难，买壳上市无此问题。但不足之处主要表现在融资规模和上市的成本上。买壳上市收益的主要途径是配股融资，其融资规模是有一定限度的，而且买壳上市的成本总体上呈逐年上升趋势，成本收益比能否达到令人满意的水平，这是买壳进行上市的企业必须考虑的问题。

对宏观经济和股票市场而言，其积极作用表现在促进了宏观经济的健康发展和证券市场的有效运行。买壳上市合理地引导并配置了社会资源，把在市场筹集资金的权利提供于优势产业和公司，有利于增进社会的经济效率，对保持经济的持续稳定增长具有很大的积极作用。此外，买壳上市促进市场在"优胜劣汰"的基础上，健全"输血"机制，有利于证券市场的长期稳定和健康发展。其消极作用在于有些非上市公司买壳上市后通过二级市场炒作获取收益，从而影响股市的稳定。

（二）借壳上市

1. 借壳上市的概述

借壳上市是指上市公司的母公司（集团公司）通过将主要资产注入上市的子公司，从而实现母公司间接上市的目的。美国自1934年已开始实行借壳上市，由于成本较低及成功率甚高，所以越来越受欢迎。在经济衰退时期，有不少上市公司的收入减少，市值大幅下跌，这造就了机会让其他私人公司利用这个"壳"得以上市。

与一般企业相比，上市公司最大的优势是能在证券市场上大规模筹集资金，以此促进公司规模的快速增长。因此，上市公司的上市资格已成为一种稀有资源，所谓"壳"就是指上市公司的上市资格。由于有些上市公司机制转换不彻底，不善于经营管理，其业绩表现不尽如人意，丧失了在证券市场进一步筹集资金的能力，要充分利用上市公司的这一壳资源，就必须对其进行资产重组，而借壳上市就是更充分地利用上市资源的一种资产重组形式。由于壳公司本身已经上市，母公司不必花费金钱聘请审计师、承销商等，也不用印刷大量招股书以及经过上市聆讯，可以免去烦琐的程序以及时间便可上市买卖，节省金钱和时间。

2. 借壳上市的操作流程

从具体操作的角度看，当非上市公司准备进行借壳上市时，首先碰到的问题便是如何挑选理想的壳公司。一般来说，壳公司具有这样一些特征，即所处行业大多为夕阳行业，经营业务增长缓慢，盈利水平微薄甚至亏损。此外，公司的股权结构较为单一，有利于对其进行收购控股。在实施手段上，借壳上市的一般做法是：第一步，集团公司先剥离一块优质资产注入上市的子公司中；第二步，通过上市公司大比例的配股筹集资金，将集团公司的重点项目注入到上市公司中；第三步，再通过配股将集团公司的非重点项目注入上市公司实现借壳上市。与借壳上市略有不同，买壳上市可分为买壳、借壳两步走，即先收购控股一家上市公司，然后利用这家上市公司，将买壳者的其他资产通过配股、收购等机会注入进去。

3. 买壳上市和借壳上市的区别和联系

买壳上市和借壳上市是更充分地利用上市资源的两种资产重组形式。买壳上市和借壳上市的共同之处在于，它们都是一种对上市公司壳资源进行重新配置的活动，都是为了实现间接上市。它们的不同点主要表现在：第一，买壳上市的企业首先需要获得对一家上市公司的控制权，而借壳上市的企业已经拥有了对上市公司的控制权。第二，在实施手段上，与借壳上市不同的是，买壳上市可分为买壳——借壳两步走，即先收购控股一家上市公司，然后利用这家上市公司，将买壳者的其他资产通过配股、收购等机会注入进去。所以从某种程度上说买壳上市的过程也是借壳上市的过程。

4. 买壳、借壳应注意的问题

买壳或借壳前应作充分的成本分析，既要考虑短期投入，又要考虑长期投入。购买壳资源的成本包括三大块，即取得壳公司控股权的成本、对壳公司注入优质资本的成本以及对壳公司进行重新运作的成本。其中重新运作的成本又包括对壳公司不良资产的处理成本、对壳公司的经营管理作重大调整的成本、改变壳公司的不良形象取得公众和投资者的信任的成本、维持壳公司持续经营的成本，以及控股后保持壳公司业绩的成本。壳公司的质量直接决定了这部分成本的大小。买壳上市也不是一个简单直接的过程，其中充满了各种商业规则，如避免被当作新上市申请处理，回避全面收购、顺利获得各利益相关方的同意，尽职调查和资产估值等，买壳上市通常需要在专业的投行财务顾问专业机构的指导和协助下完成，当然这也是国家所要求的。

第五节　重组涉税问题

各重组方式的涉税问题按税种分析如下：

一、企业所得税

根据《企业重组业务企业所得税处理若干问题的规定》（财税〔2009〕59号通知），企业重组的税务处理区分不同条件分别适用一般性税务处理规定和特殊性税务处理规定。一般性税务处理就是普通重组税务处理，即根据《企业所得税实施条例》，企业在重组过程中，应当在交易发生时确认有关资产的转让所得或损失，相关资产应当按照交易价格重新确定计税基础。但对于一些特殊重组，则适用不同的计税基础和计税方法，特殊性税务处理约等于免税。

"59 号文件"第五条规定，企业重组同时符合下列条件的，适用特殊性税务处理规定：①具有合理的商业目的，且不以减少、免除或者推迟缴纳税款为主要目的。②被收购、合并或分立部分的资产或股权比例符合本通知规定的比例。③企业重组后的连续 12 个月内不改变重组资产原来的实质性经营活动。④重组交易对价中涉及股权支付金额符合本通知规定比例。⑤企业重组中取得股权支付的原主要股东，在重组后连续 12 个月内，不得转让所取得的股权。

(一) 并购

1. 并购的一般税务处理

从税收方面分析，对于并购方来说，主要是一种支付行为，所以一般不涉及税收问题（非货币性资产支付一般需要视同销售）；对于被并购方来说，企业被并购注销后，企业资产被兼并转移，企业股东获得收入，因此，被并购企业涉及资产转移的税收问题。企业重组，除符合"59号文件"规定适用特殊性税务处理规定的外，按以下规定进行税务处理：

（1）并购企业按公允价值确定接受被合并企业各项资产和负债的计税基础。

（2）被并购企业及其股东都应按清算进行所得税处理。

（3）被并购企业的亏损不得在合并企业结转弥补。

例如，甲企业并购乙企业，乙企业被并购时账面净资产为5000万元，评估公允价值为6000万元。乙企业股东收到并购后新企业股权4000万元，其他非股权支付2000万元。此并购中，甲企业接受乙企业的净资产按公允价值6000万元作为计税基础。乙企业资产评估增值1000万元需要按规定缴纳企业所得税，税后按清算分配处理。

2. 并购的特殊税务处理

企业合并，企业股东在该企业合并发生时取得的股权支付金额不低于其交易支付总额的85%，以及同一控制下且不需要支付对价的企业合并，可以选择按以下规定处理：

（1）并购企业接受被并购企业资产和负债的计税基础，以被并购企业的原有计税基础确定。

（2）被并购企业并购前的相关所得税事项由并购企业承继。

（3）可由并购企业弥补的被并购企业亏损的限额=被并购企业净资产公允价值×截至并购业务发生当年年末国家发行的最长期限的国债利率。

（4）被并购企业股东取得并购企业股权的计税基础，以其原持有的被并购企业股权的计税基础确定。

对交易中股权支付暂不确认有关资产的转让所得或损失的，其非股权支付仍应在交易当期确认相应的资产转让所得或损失，并调整相应资产的计税基础。

甲企业并购乙企业，乙企业被并购时账面净资产为5000万元，评估公允价值为6000万元。乙企业股东收到并购后企业股权5500万元，其他非股权支付500万元，则股权支付额占交易支付总额比例为92%（5500÷6000×100%），超过85%，双方可以选择特殊性税务处理，即资产增值部分1000万元不缴纳企业所得税。同时，甲乙双方的股份置换也不确认转让所得或损失。假设此比例不超过 85%，则资产增值部分在特殊性税务处理中，非股权支付额要纳税。

（二）资产置换

资产置换没有特殊税务处理，因为这里指的资产不包括股权的一般税务处理中，被购买方应当按照被购买资产的计税基础与所收到的非货币资产的公允价值之间的差额确认资产转让所得或损失；购买方取得被购买资产的计税基础为其所支付的非货币资产的公允价值。同时，购买方应当就其所支付非货币资产的计税基础与该非货币资产的公允价值之间的差额确认资产转让所得或损失。

A 公司用无形资产置换 B 公司所拥有的一处不动产，无形资产的计税基础为 1500 万元、公允价值为 1300 万元，该不动产的计税基础为 1000 万元。

在该笔交易中，B 公司应当确认资产转让所得为 300（1300-1000）万元。A 公司取得该不动产的计税基础为 1300 万元。同时，A 公司应当确认资产转让损失为 200（1500-1300）万元。

（三）股权置换

股权置换一般情况下，可以按照特殊企业重组来处理，不需要确认股权转让所得或损失。

特殊处理的条件为收购企业购买的股权不低于被收购企业全部股权的 75%，且收购企业在该股权收购发生时的股权支付金额不低于其交易支付总额的 85%，可以选择按以下规定处理：

（1）被收购企业的股东取得收购企业股权的计税基础，以被收购股权的原有计税基础确定。

（2）收购企业取得被收购企业股权的计税基础，以被收购股权的原有计税基础确定。

（3）收购企业、被收购企业的原有各项资产和负债的计税基础和其他相关所得税事项保持不变。

股权置换满足特殊企业重组不需要确认股权转让所得或损失。

如果 A 单位持有甲企业 100% 的股权，计税基础是 200 万元，公允价值为 500 万元。乙企业收购 A 单位的全部股权（转让股权超过了 75%），价款为 500 万元。支付乙企业股权为 500 万元（即 A 单位将甲企业股权置换成乙企业股权），股权支付比例达 100%（超过了 85%）。那么，股权增值的 300 万元可以暂时不纳税。因为不纳税，所以 A 单位取得乙企业新股的计税基础仍是原计税基础 200 万元，不是 500 万元。乙企业取得甲企业股权的计税基础，是以自己置换股权的成本 500 万元作为计税基础的。

（四）分立

1. 分立的一般处理

（1）被分立企业对分立出去资产应按公允价值确认资产转让所得或损失。

（2）分立企业应按公允价值确认接受资产的计税基础。

（3）被分立企业继续存在时，其股东取得的对价应视同被分立企业分配来处理。

（4）被分立企业不再继续存在时，被分立企业及其股东都应按清算进行所得税处理。

（5）企业分立相关企业的亏损不得相互结转弥补。

例如，甲公司以计税基础为8000万元、公允价值为9000万元的非货币资产与乙公司投资设立丙公司，乙公司出资3000万元现金。甲公司的股东A取得丙公司50%的股权，甲公司的股东B取得丙公司30%的股权，乙公司取得丙公司20%的股权。

在此，甲公司应当确认资产转让所得为1000（9000-8000）万元；A取得股权的计税基础为6000（12000×50%）万元；B取得股权的计税基础为3600（12000×30%）万元；乙公司取得股权的计税基础为2400（12000×20%）万元。

2. 分立的特殊处理

企业分立，被分立企业所有股东按原持股比例取得分立企业的股权，分立企业和被分立企业均不改变原来的实质经营活动，且被分立企业股东在该企业分立发生时取得的股权支付金额不低于其交易支付总额的85%，可以选择按以下规定处理：

（1）分立企业接受被分立企业资产和负债的计税基础，以被分立企业的原有计税基础确定。

（2）被分立企业已分立出去资产相应的所得税事项由分立企业承继。

（3）被分立企业未超过法定弥补期限的亏损额可按分立资产占全部资产的比例进行分配，由分立企业继续弥补。

（4）被分立企业的股东取得分立企业的股权（以下简称"新股"），如需部分或全部放弃原持有的被分立企业的股权（以下简称"旧股"），新股的计税基础应以放弃旧股的计税基础确定。如不需放弃旧股，则其取得新股的计税基础可从以下两种方法中选择确定：直接将新股的计税基础确定为零；或者以被分立企业分立出去的净资产占被分立企业全部净资产的比例先调减原持有的旧股的计税基础，再将调减的计税基础平均分配到新股上。

在企业吸收合并中，合并后的存续企业性质及适用税收优惠的条件未发生改变的，可以继续享受合并前该企业剩余期限的税收优惠，其优惠金额按存续企业合并前一年的应纳税所得额（亏损计为零）计算。

在企业存续分立中，分立后的存续企业性质及适用税收优惠的条件未发生改变的，可以继续享受分立前该企业剩余期限的税收优惠，其优惠金额按该企业分立前一年的应纳税所得额（亏损计为零）乘以分立后存续企业资产占分立前该企业全部资产的比例计算。

A 持有甲公司 40% 的股权，B 持有甲公司 60% 的股权。A 和 B 决定将甲公司的一家分公司独立出来成立乙公司。A 持有乙公司 40% 的股权，B 持有乙公司 60% 的股权。甲乙公司也不改变原先的经营范围和模式。乙公司净资产占分立前甲公司净资产的 30%。甲公司全部股权的计税基础为 1 亿元。

在上述交易中，甲公司分立后，原股东按原持股比例取得了分立企业（乙公司）的股权，甲公司和乙公司都未改变原实质经营活动。A 和 B 两个股东取得的股权支付额占交易总额的比为 100%，因此，属于特殊企业分立。

乙公司各项资产和负债的计税基础都按照该资产和负债在甲企业时的计税基础来确定。由于 A 和 B 均未放弃甲公司的股权，因此，可以按照两种方法来确定计税基础。按照第一种方法，A 取得乙公司股权的计税基础为零，B 取得乙公司股权的计税基础也为零。A 和 B 持有甲公司股权的计税基础不变。A 持有的甲公司股权的计税基础为 4000（10000×40%）万元；B 持有的甲公司股权的计税基础为 6000（10000×60%）万元。按照第二种方法，先将甲公司股权的计税基础调减为 7000 万元，同时将 3000 万元计税基础调整到乙公司，这样，A 持有的甲公司股权的计税基础为 2800（7000×40%）万元，A 持有乙公司股权的计税基础为 1200（3000×40%）万元；B 持有的甲公司股权的计税基础为 4200（7000×60%）万元。

A 持有乙公司股权的计税基础为 1800（3000×60%）万元。

（五）剥离、分拆上市，买壳、借壳上市中涉及的资产和股权的转让所得或损失遵循的规定

剥离、分拆上市，买壳、借壳上市中涉及的资产和股权的转让所得或损失遵循以下规定处理：

（1）被购买方应确认股权、资产转让所得或损失。

（2）购买方取得股权或资产的计税基础应以公允价值为基础确定。

（3）被购买方的相关所得税事项原则上保持不变。

被购买方应当按照被购买资产的计税基础与所收到的货币数额之间的差额确认资产转让所得或损失；购买方取得被购买资产的计税基础为其所支付的货币数额。

例如：A 公司用 800 万元现金购买 B 公司的一处不动产，该不动产的计税

基础为 600 万元。此时，B 公司应当确认资产转让所得为 200（800-600）万元；A 公司取得不动产的计税基础为 800 万元。

（六）破产重组

1. 债权转股权一般税务处理

一方面债权人应当按照债务计税基础与股权的公允价值之间的差额来确认债务清偿所得或损失；债务人按股权的公允价值与债务计税基础差额确认重组所得。另一方面债权人应当按照股权的公允价值核算对外投资，债务人应当按照股权的公允价值增加注册资本，不需要确认所得或损失。

例如，甲公司欠乙公司债务 1200 万元，甲乙达成协议，甲公司将其债权转化为对乙公司的 6% 的股权，该股权的公允价值是 1000 万元。则：

甲公司确认损失为 200（1200-1000）万元，乙公司确认所得为 200（1200-1000）万元。甲公司取得股权的计税基础是 1000 万元，乙公司增加注册资本 1000 万元。

2. 债权转股权特殊税务处理

特殊税务处理要满足以下五个条件：

（1）具有合理的商业目的，且不以减少、免除或者推迟缴纳税款为主要目的。

（2）被收购、合并或分立部分的资产或股权比例符合本通知规定的比例。

（3）企业重组后的连续 12 个月内不改变重组资产原来的实质性经营活动。

（4）重组交易对价中涉及股权支付金额符合本通知规定比例。

（5）企业重组中取得股权支付的原主要股东，在重组后连续 12 个月内，不得转让所取得的股权。

符合上述条件下的税务处理为，企业债务重组确认的应纳税所得额占该企业当年应纳税所得额 50% 以上，可以在 5 个纳税年度的期间内，均匀计入各年度的应纳税所得额。此时企业发生债权转股权业务，对债务清偿和股权投资两项业务暂不确认有关债务清偿所得或损失，股权投资的计税基础以原债权的计税基础确定。企业的其他相关所得税事项保持不变。

二、增值税

（一）并购

根据《中华人民共和国增值税暂行条例》及其实施细则的规定，增值税的征收范围为销售货物或者提供加工、修理修配劳务以及进口货物。转让企业全部产权是整体转让企业资产、债权、债务及劳动力的行为，因此，转让企业全部产权涉及的应税货物的转让，不属于增值税的征税范围，转让企业不征收增值税。

如果被并购企业的股东从并购企业取得了货物，并购企业视同销售，需要缴纳增值税。

例如，A公司并购B公司，B公司取得A公司的货物价值500万元，同时B公司转移1500万元的存货到A公司。此时，A公司需要缴纳增值税销项税额为85（500×17%）万元，B公司转移存货不需要缴纳增值税。

（二）分立

如果被分立出去的资产属于货物，被分立企业应当缴纳增值税。

例如，甲公司的乙分公司分立出去，甲公司分立出去的资产为公允价值1000万元的货物。甲公司需要计算增值税销项税额为170（1000×17%）万元。

（三）资产置换、资产剥离、买壳借壳上市、破产重组

对于在以上企业重组过程中涉及货物转让的，视同销售货物，应当按照相关规定缴纳增值税。在资产置换中涉及以物易物，双方都应作购销处理，以各自发出货物核算销售额并计算销项税额，以各自收到的货物按规定核算购货额并计算进项税额。

甲公司在企业重组中，甲以价值1000万元的货物置换乙公司的无形资产，价值900万元。在该笔交易下甲应该缴纳增值税为170（1000×17%）万元。

（四）股权置换、股份回购、分拆上市

股权置换、股份回购和分拆上市不涉及货物的转让，不需要缴纳增值税。

三、营业税

（一）并购

由于吸收合并时合并企业的全部产权，包括资产、负债和人员，这不同于一般的企业资产转让行为。根据《国家税务总局关于转让企业产权不征营业税问题的批复》（国税函〔2002〕165号）文件的规定，"根据《中华人民共和国营业税暂行条例》及其实施细则的规定，营业税的征收范围为有偿提供应税劳务、转让无形资产或者销售不动产的行为。转让企业产权是整体转让企业资产、债权、债务及劳动力的行为，其转让价格不仅仅是由资产价值决定的，与企业销售不动产、转让无形资产的行为完全不同。因此，转让企业产权的行为不属于营业税征收范围，不应征收营业税。"

若被合并企业的股东从合并企业取得了无形资产、不动产，合并企业需要缴纳营业税。

例如：A合并B公司，B公司取得A公司的不动产价值2000万元，同时B公司转让价值1000万元的无形资产到A公司。此时，A公司需要缴纳营业

税额 = 2000 × 5% = 100 万；B 公司不缴纳营业税。

（二）分立

在分立中涉及企业转让无形资产或者销售不动产，不属于《营业税暂行条例》规定的有偿销售不动产、转让无形资产的征税范围，不征营业税。

（三）资产置换、资产剥离、买壳借壳上市、破产重组

在以上企业重组过程中涉及销售无形资产和不动产时，应按照相关规定缴纳营业税。

例如：甲公司在企业重组中，甲以价值 1000 万元的无形资产置换乙公司的货物，价值 900 万元。在该笔交易下甲应该缴纳营业税为 50（1000 × 5%）万元。

（四）股权置换、股份回购、分拆上市

以上企业重组过程中不涉及营业税的纳税范围，不需要缴纳营业税。

四、契税

（一）合并

从 2009 年 1 月 1 日至 2011 年 12 月 31 日，两家或两家以上的企业，依据法律规定、合同约定，合并改建为一家企业，且原投资主体存续的，对其合并后的企业承受原合并各方的土地、房屋权属，免征契税。

（二）分立

从 2009 年 1 月 1 日至 2011 年 12 月 31 日，企业依照法律规定、合同约定分设为两个或两个以上投资主体相同的企业，对派生方、新设方承受原企业土地、房屋权属，不征收契税。

例如，甲公司持有乙公司 100% 的股权，甲公司决定将乙公司分立为两家企业——丙公司和丁公司，同时撤销乙公司。乙公司的土地、房屋分别过户到丙公司和丁公司，在这个过程中，不征收契税。

（三）资产置换、资产剥离

在以上重组中发生土地使用权、房屋权属转移的，应由产权承受人缴纳契税。如果发生土地使用权、房屋交换，按所交换的土地使用权、房屋的价格差额，由多支付的一方缴纳契税。

（四）破产重组

从 2009 年 1 月 1 日至 2011 年 12 月 31 日，经国务院批准实施债权转股权的企业，对债权转股权后新设立的公司承受原企业的土地、房屋权属，免征契税。破产重组中涉及的资产剥离、资产置换，涉及土地使用权、房屋权属发生转移的，应由产权承受人缴纳契税。

（五）股权置换

在股权转让中，单位、个人承受企业股权，企业土地、房屋权属不发生转移，不征收契税；如果房屋权属发生转移，仍要按照相关规定缴纳契税。

（六）分拆上市、买壳借壳上市

企业改制重组过程中，同一投资主体内部所属企业之间土地、房屋权属的无偿划转，包括母公司与其全资子公司之间、同一公司所属全资子公司之间、同一自然人与其设立的个人独资企业、一人有限公司之间土地、房屋权属的无偿划转，不征收契税。

例如：甲公司是乙公司的全资子公司，2009年6月，乙公司决定将甲公司的部分土地和房屋无偿划转给自己，在上述过程中，不需要缴纳契税。

（七）股份回购

此种重组不涉及契税的征收。

五、印花税

（1）货物的销售涉及"购销合同"税目，按购销金额0.3‰贴花。

（2）技术转让涉及"技术转让"税目，按所载金额0.3‰贴花。

（3）财产所有权和版权、商标专用权、专利权、专有技术使用权、土地使用权出让合同、土地使用权转让合同的转移涉及"产权转移书据"税目，按所载金额0.5‰贴花。

通常在资产置换、剥离中会涉及货物的转移、财产所有权和版权、商标专用权、专利权、土地使用权转让合同的转移，按相关规定贴花。

根据财政部、国家税务总局《关于企业改制过程中有关印花税政策的通知》（财税〔2003〕183号）的有关规定，企业因改制签订的产权转移书据免予贴花。企业的分立、合并属于公司改制行为，故不征收印花税。

（4）生产经营用账册涉及"营业账簿"税目，记载资金的账簿，按固定资产原值与自有流动资金总额0.5‰贴花，其他账簿按件贴花5元。

关于资金账簿的印花税规定包括：①实行公司制改造的企业在改制过程中成立的新企业（重新办理法人登记的），其新启用的资金账簿记载的资金或因企业建立资本纽带关系而增加的资金，凡原已贴花的部分可不再贴花，未贴花的部分和以后新增加的资金按规定贴花。②以合并或分立方式成立的新企业，其新启用的资金账簿记载的资金，凡原已贴花的部分可不再贴花，未贴花的部分和以后新增加的资金按规定贴花。③企业债权转股权新增加的资金按规定贴花。

（5）股份回购、股权置换一般不会涉及印花税的征税范围。

六、土地增值税

在没有免征政策的前提下，企业重组过程中如果涉及土地使用权或者房地产资产的转让，转让方就需要缴纳土地增值税。

在分立中分立企业涉及转让国有土地使用权、地上的建筑物及其附着物，不属于《土地增值税暂行条例》规定的有偿转让房地产的行为，不征土地增值税。

《财政部国家税务总局关于土地增值税一些具体问题规定的通知》（财税〔1995〕48 号）中规定，一家公司吸收合并另一家公司，另一家公司的房地产转移到合并方，免征土地增值税。

在企业兼并中，对被兼并企业将房地产转让到兼并企业中的，暂免征收土地增值税。

在资产置换中，一方以房地产与另一方的房地产进行交换的行为，交换双方取得了实物形态的收入，其属于土地增值税的征税范围。

股份回购、股权置换一般不会涉及土地增值税。

思考题：

1. 企业重组的分类标准及其分类结果有哪些？
2. 扩张型企业重组包括哪些具体方式？各适用于什么情况？
3. 剥离与分立的动机何在？其对企业价值影响如何？
4. 股份回购的意义何在？其实现的方式有哪些？
5. 新《破产法》下破产重组的一般程序是什么？
6. 整合型企业重组有哪些具体方式？
7. 企业重组中税法有哪些规定？

第七章　资本运营风险管理

学习目的：掌握资本运营风险的概念及特征，理解资本运营风险产生的原因，熟悉资本运营风险的主要类别；掌握并购风险的特征及分类，熟悉并购风险的防范策略；了解资本运营风险的计量模式；以并购风险防范策略为基础，理解资本运营风险规避的战略思路与具体做法。

第一节　资本运营风险的理论概述

一、资本运营风险的概念及特征

资本运营风险是指资本运营主体在资本运营过程中，因外部环境的复杂性和变动性以及资本运营主体对环境的认知能力的有限性，而导致的资本运营未来收益值与期望值的偏差或变动程度。资本运营风险具有一般风险的特征，也具有其特殊之处，主要表现为：

1. 客观性

资本运营风险是不以人的意志为转移的，是客观存在的。风险不仅存在于资本运营前、运营过程中，而且涉及资本运营以后。这就要求资本运营操作者必须正视风险的存在，要有风险意识，而不能抱有侥幸心理，以主观感觉代替客观存在的风险，必须从战略高度出发，从长计议。

2. 随机性

风险的产生是随机性的，它的发生带有极大的偶然性和不确定性，没有特定的规律可循。但是，相当一部分风险的发生通常具有前兆，环境中发生的某次随机事件一般都与其他一些因素密切相关。因此在资本运营过程中，企业要在充分考虑风险的基础上，制定相应策略，随时监控环境，以便一旦发生风险前兆时，立即采取措施，排除或减少风险的干扰和影响。

3. 动态性

资本运营活动中的风险是一种动态风险，依条件的变化和时间的推移而变化。其动态性的表现是，在资本运营的各个时期、各个环节、各种条件下，风险发生的概率、影响程度、影响范围都不尽相同。

4. 连带性

企业资本运营过程中，在某一阶段、某一环节发生风险，会直接纵向影响以后的运作环节，同时横向影响其他经济活动。

5. 较强破坏性

资本运营一般涉及范围广，操作过程复杂，涉及大量人、财、物，其操作成功可能会为企业带来巨大收益，但一旦发生风险，也可能使企业遭受巨大损失。这种损失比商品经营损失要大得多，而且来时时间短促，不仅会危及企业运营资产的安全性，而且可能制约企业未来的发展和生存。

二、资本运营风险产生的原因

1. 运作者对环境认知能力相对有限

运作者对环境认知能力相对有限是导致资本运营风险的一个重要因素。由于风险是客观存在的不确定事件，运作者无法完全精确地认知、预测客观环境，因而资本运营操作中存在一定的盲目性。运作者认识能力不足的原因有三个：①人类认识客观世界的主观能力有限，这是无法避免的。②运作者本身能力不足，发生应预见而未预见的情况。这是人本身素质问题，在不同的人之间会存在差别。③所运用的方法体系本身存在不精密性。人们通常对资本运营过程中可能发生的不利因素不仅予以定性分析，还采用一些数字模型或专家分析判断等方法进行定量分析，但这些方法本身存在的不足或欠缺，必然使分析的结果出现偏差，从而引发风险的产生。

2. 环境自身的动态变化

环境自身的动态变化是资本运营风险的主要原因。它包含以下三层含义：①突发事件的发生，如战争、地震等，这是不可控的环境变化；②在不同条件和不同时刻环境呈现不同状态下，对环境变化的趋势认识不足，因此在分析环境变化时，应由表及里、深入细致地考察事物本质内涵；③环境变化过程中，变化方向往往取决于某些关键的环节和条件，因此在资本运营过程中应注意关键、要害因素，以减少环境随机变化的影响。

三、资本运营风险的分类

资本运营风险主要来源于环境的不确定性，构成风险的种类很多，从风险涉及的范围而言，可以将其归纳为系统风险和非系统风险两大类。

（一）系统风险

系统风险是指由于政治、经济及社会环境的变动影响所有经济单位收益的风险。它的特点是由共同的因素所致，影响所有经济单位的收益，不能通过投资多样化来分散。这些经济、社会或政治等因素的变动主要来自于各种可变的因素诸如利率、现行汇率、政府货币与财政政策以及经济和政治体制等方面的变动。系统风险对市场所有企业的收益都有影响。只不过有些企业可能比另一些企业对系统风险的敏感程度低一些。系统风险对所有企业来说都是存在的，无法用投资多样化的方法加以避免和消除。因此，系统风险又称为不可分散风险，主要包括：

1. 政策法规风险

政策法规风险是指由于国家宏观政策及法律法规的调整及变化给企业资本运营所造成的负面影响。这种政策调整变化越频繁、力度越强，企业资本运营所面临的风险就越大。在市场经济条件下，企业一切经营行为必须合法。以产权资本运营为主的资本运营行为所涉及的政策法规最为广泛，因此企业必须深入研究国家宏观经济政策和法律法规，并判断其变化趋势。违背政策法规或不明确政策法规未来变化趋势，则企业资本运营注定要蒙受巨大的经济损失。

2. 经济风险

经济风险是指市场经济运行过程中所产生的风险，包括市场风险、利率风险和购买力风险等。市场风险是指那些超过企业自身适应和控制能力，影响企业市场占有失衡和动荡所导致的收益损失，诸如战争导致市场破坏经济衰退、金融危机导致市场波动等。利率风险是指由于利率水平发生变化而引起的资本运营风险。资本运营过程会涉及资金的筹集，因此不可避免会涉及利率风险，一般而言，长期资本的利率风险要大于短期资本的利率风险。购买力风险是指发生非预期通货膨胀时，资本运营主体实际收益的货币购买力下降而造成的风险。

3. 体制风险

体制风险是指一国（地区）因政治体制或经济体制发生重大变化而给企业带来的风险。体制的形式及体制改革常会引起原有经济运行的变化，进而会影响资本运营的质量。

4. 社会风险

社会风险是指由于社会因素（如文化、宗教、道德、心理因素、就业与失业等）而引起的资本运营风险。进行资本运营，尤其是跨国经营，不能忽视异域文化习俗和风土人情，要在实际调查的基础上对异域社会因素进行归纳整合，以避免冲突。

（二）非系统风险

非系统风险是指企业资本运营过程中种种不确定因素所引起的（如工人罢工、经营失误、投资者偏好变化、资源短缺等）个别企业的风险。它的特点是由单个因素造成，只影响个别企业的收益，可以通过多样化投资来分散风险。企业可以通过投资多样化的方式将非系统风险化解并且能够有效地进行防范。因此，非系统风险又称为可分散风险，主要包括：

1. 经营风险

经营风险是指企业在资本运营过程中由于经营状况的不确定而导致的风险。如经营方向选择不当、经营行为与市场脱节、突发事件、商业信用等导致的风险。

2. 行业风险

行业风险是指资本运营过程中，资本流入的行业高度竞争所带来的风险。市场经济机制下，资本总是流入高回报的行业，进而使得资本过于集中某些行业导致行业竞争加剧，使资本运营面临利润下降和优胜劣汰的风险。

3. 技术风险

在现代社会中，科学技术的飞速发展，使得新技术产业及产品层出不穷，科技含量的大小已成为评价产品功能的主要标准，也是产品竞争能力的重要因素。因而资本运营过程中必须充分考虑技术因素，尤其是资本流向高科技产业，现有技术可能因新技术的出现成为明日黄花，由于技术的落后或消失，必然为企业资本运营带来损失，这就是技术风险。

4. 财务风险

财务风险是指在资本运营过程中，由于出资方式而导致股东利益损失的风险。在企业资本运营的过程中，尤其是产权资本运营中通常都伴随着融资活动，如发行股票或贷款等，进而会改变原有资本结构，并影响到股东利益的变化。资本运营追求的目标是使资本增值最大化，若进行资本运营可能反而使资本增值缩小甚至减值，这就形成了财务风险。如企业采用负债融资，则存在着资金利润率小于贷款利率的可能性，这种可能性即财务风险。财务风险的构成因素主要包括两方面：一是导致股东利益损失的可能性，二是因过度负债导致企业破产的可能性。比如企业兼并一家负债极高的企业，会导致本身负债率升高，进而加大财务风险。

财务风险还包括企业在资本运营过程中，因资金筹集不足而导致资本运营中断的可能性。企业进行产业资本运营，虽然未必都需支付现金，但一旦支付现金，支付数额可能很大。企业能否达到预期的资金筹集目的，如果无法确定，便构成了资本运营的一种风险。这种风险一旦形成必然或多或少给企业带来损失，甚至导致企业的全线崩溃。

5. 管理风险

管理风险是由于企业管理层本身原因而造成的风险。企业所有的经营活动，包括资本运营活动在内，能否达到预期的目标，最主要的是管理，因此，管理风险是企业经营最基本、最常见的风险。从宏观控制来看，管理风险主要来自于国家对企业资本运营的监控系统还未形成和政府主管部门过分干涉；从微观过程来看，管理风险主要来源于资本运营主体的管理素质及运营后对新企业的再造和与新企业的管理协调等。

第二节　并购风险

一、并购风险的含义和特征

（一）并购风险的含义

并购风险是指企业在并购活动中达不到预先设定目标的可能性以及由此给企业正常经营管理所带来的影响程度，是企业并购活动所面临的各种风险的集合。它主要包括并购半途而废，运作成本付诸东流；并购后企业的盈利无法弥补其为并购所支付的各种费用；并购后企业的管理无法适应其营运的需要，导致企业管理失效，增加企业的成本等。

（二）并购风险的特征

1. 客观性

并购环境的不确定性使得并购风险客观存在，不以人的意志为转移。企业不论大小，只要是并购活动，都存在风险，因此企业并购风险具有客观性。

2. 长期性

并购风险是企业并购过程中各种风险因子积累和孕育的结果，风险因子从产生、积累到外在地表现出来需要一定的时间，有些直至在并购数年后才显露出来。例如，众多研究认为我国上市公司在并购当年和并购后第一年的业绩有所改善，但在接下来的年份中业绩又显著下降，这就印证了企业并购风险的长期性。

3. 潜伏性

并购双方之间的文化差异较大、目标企业的设施陈旧及大龄员工较多等风险因子易于发现和查明。但诱发并购风险的因素并不总是暴露在外的，有些还会潜伏一段较长的时间。在此期间，风险因子自身也处在不断变化的过程中。在法律不健全、市场发育不成熟和信息不对称的情况下，目标企业的法律纠纷、坏账损失和未决诉讼等或有负债都是不容易发现的风险因素。

4. 差异性

企业并购类型的不同，使得并购过程中存在的主要风险种类不同。如在杠杆收购中，财务风险最为突出，在企业并购中，往往借入大量现金或启用银行存款，以便处理被收购企业的债务、职工福利工资、受牵连担保资产等，如此就会大量影响企业的现金流，就有可能陷入大量的"债务陷阱"危险，制约了收购方经营融资和偿债能力；而在国内并购中，不容忽视的则是体制风险。

5. 动态性

构成企业并购风险的各种因素总是处于运动变化中。在并购过程的各个阶段或环节，因多种因素的综合作用而使并购风险发生的频率、影响的强度以及作用的范围都是不同的。随着并购过程的推进，一部分风险因子消失，一部分风险因子得到控制，同时还会有新的风险因子产生，导致不同阶段并购风险的产生机理、表现形式和特征各异，对并购效果产生不同的影响。因此，对企业并购不同阶段、不同环节的风险应采取不同的处理策略和措施，要有针对性。也就是说，对企业并购风险应实行动态管理。

6. 传导性

在并购过程中，从时间角度讲，风险影响具有从前向后的单向传导特征，即前一并购阶段的风险因素将对后续并购阶段产生影响，如目标调研不足、决策失误会给企业并购的后续阶段带来致命的风险。企业并购的风险传导可能是完全传导，也有可能是部分传导。例如，并购谈判交易阶段的报价过高，不会传导至并购整合的具体工作中。同时，上一阶段传导过来的风险还会与当前阶段的风险因素共同作用于当前阶段，致使并购风险的运动更复杂。

7. 层次性

按并购风险的影响程度及影响范围的大小，可将其划分为不同的层次。例如，根据对并购过程的影响程度，可以把并购风险分为战略风险和操作风险，战略风险还可进一步分为并购方向风险、并购时机风险和并购规模风险；根据影响层面，把并购风险分为宏观风险和微观风险等。因此，可以对并购风险进行多层次分析。

8. 多源性

多源性是指企业并购风险有多个来源。按来源渠道划分存在：来自并购方的风险，如战略制定不当；来自目标方的风险，如提供虚假信息；来自并购环境的风险，如法律约束。此外，还有一些由综合因素引起的风险，如保密风险既可能来源于并购企业，又可能来源于被并购企业。

二、并购风险的分类

根据企业并购活动通常所要涉及的各个要素环节以及并购操作流程，常见的并购风险大致划分为并购前的风险、并购中的风险和并购后的风险三大类别。具体来讲，并购前的风险包括战略选择风险、体制风险、法律风险和投资风险，并购中的风险包括估价风险、融资与支付风险，并购后的风险包括经营风险和整合风险。

（一）并购前的风险

并购前的风险是指由于并购前对战略决策、宏观政策和法律以及投资决策方面的信息掌握不够充分而导致的风险，主要风险形式如下：

1. 战略选择风险

战略选择风险来自两个方面：一是动机风险；二是信息不对称风险。

2. 体制风险

在我国，国有企业资本经营过程中相当一部分企业的并购行为，都是由政府部门强行撮合实现的。尽管大规模的并购活动需要政府的支持和引导，但是并购行为毕竟是一种市场化的行为。政府依靠行政手段对企业并购大包大揽不仅背离市场规则，而且往往还会给企业并购带来风险。

3. 法律风险

各国政府都制定了一系列的法律法规，以规范和监管各企业在并购活动中的行为。我国目前还没有统一的《企业并购法》，有关并购的规定在《企业法》、《证券法》、《上市公司章程指引》、《关于规范上市公司重大购买或出售资产行为的通知》及《上市公司收购管理办法》中有所体现。由于我国相关法律法规不完善，在某种程度上给企业并购埋下了法律隐患。

4. 投资风险

企业并购是一项直接的对外投资。一般都需要较多的资金投入，其目的是为了取得预期的回报。企业并购后能否产生协同效应，能否取得预期投资收益，会受许多因素的影响，其结果具有不确定性，这种不确定性构成企业并购的投资风险。

（二）并购中的风险

企业并购中的风险是指并购过程中由于对应该支付的价格、资金来源和支付方式方面运作不合理而导致的风险，主要风险形式如下：

1. 估价风险

由于我国资产评估行业处于发展阶段，在评估的技术或手段上尚不成熟，这种误差可能更加明显。此外，资产评估部门也有可能在多方干预或自身利益的驱动下不顾职业道德，出具虚假的评估报告。

2. 融资与支付风险

一般而言，并购行为需要大量的资金支持。企业无论选择哪种融资途径，都存在着一定的融资风险，如果收购方在收购中所付代价过高，可能会导致企业在收购活动后，资本结构恶化，负债比例过高，付不出本息而破产倒闭。

（三）并购后的风险

企业并购后的风险是指并购活动完成后对整个企业集团的经营管理和各方面的整合没能达到预期效果而产生的风险，主要风险形式如下：

1. 经营风险

经营风险是指企业并购后，如果无法使得整个企业集团产生预期的协同效应，难以实现规模经济与优势互补，或者并购后规模过大而产生规模不经济，未能达到预期目标而产生的风险。

2. 整合风险

整合风险主要包括企业并购后，在经营、生产和技术上不能达到预定的协同效果而导致的风险，这种风险容易导致破产；企业并购后，在人事、制度和文化上不能按照预先设计的并购规划有效整合，使得新老企业运行相互抵触，产生内耗，从而拖累优势企业带来的风险。

三、并购风险的防范

（一）并购前的风险防范措施

1. 明确并购的战略目标

客观地分析企业并购战略形势，是降低并购风险的基础和前提，主要可以从以下两个方面着手：

（1）进行行业战略形势分析。行业战略形势分析主要是考察企业有关行业的结构、趋向、长期利润潜力和长期吸引力。表明行业结构和状况的原始资料主要有：卖主个数及其相对地位、市场的买主结构、从制造商到最终使用者的分销渠道、业内前向和后向一体化程度、进出难易程度、行业规模及其地域边界及其他表明行业基本特征的材料。通过对上述信息、材料的整理分析，发现行业经营特征、确认本行业企业的关键成功因素。在大多数情况下，关键的成功因素都是企业战略的基石，企业的竞争优势大多数是通过重点抓住一个或几个关键成功因素并运用比对手更好的方式利用它而建立起来的。建立或转移这种竞争优势是行业内企业的重要运营目标。行业战略形势分析还可以帮助企业把握整个行业的发展趋势，找到引起这一趋势的动因，预测它对企业未来的发展有什么样的影响，决定并购进入这一行业重组发展机会如何，转移退出会不会丧失机会等，这些是企业是否实施并购战略的基本依据。

（2）进行竞争战略形势分析。行业战略形势分析是一种总体分析，仅以此作为企业并购行为决策依据是不够的，还必须把这一分析深化，进行竞争战略形势分析。竞争战略形势分析是对总体战略形势分析的深化，重点分析现存的竞争力量及其强度、主要竞争对手在行业中的相对地位和竞争地位，并预测主要竞争对手下一步的打算。这一分析对于企业并购决策的意义在于，可以为企业并购的产业选择、成本的预测、并购成功的把握估计等提供理论依据。

2. 充分了解宏观政策

对宏观经济的关注，主要包括经济景气度和经济周期等方面。经济景气度的研究包括宏观经济的研究和行业波动的分析。经济周期的研究是宏观经济研究的主要内容，经济周期处于不同的阶段，企业并购的成本和成功率也不一样。通常在一个经济周期的启动初期和调整末期，企业并购的成功率相对大些，成本也相对较低。

3. 认真研究相关法律法规及政策

研究政府的法律法规，及时掌握新的政策，对企业并购也相当重要，企业并购必然要受到法律法规的限制，只有研究有关法律依法办事才能减少诉讼方面的麻烦，提高并购的成功率。对待并购目标的资产状况等问题，一定要高度警惕。并购方在做出并购决定前应对并购资产进行评估、审计，而不要过分依赖对方所提供的数据，以免给自己带来不必要的法律麻烦。

4. 建立科学的风险管理机制

在并购过程的每个阶段都要建立由风险预警、风险监测、风险评价、风险控制和风险防范组成的完整体系，在风险管理的人员组织、操作程序、管理手段、运行制度等方面要有严格的保障，使企业并购活动的每个环节都处于可控状态，将各种潜在的风险消灭在萌芽状态。尤其是企业在进行多元化经营为目的的混合并购中要保持清醒的头脑，对新进入的行业一定要做到心中有数，有把握后才可以实施并购，避免盲目进入新领域而进退两难，背上沉重的包袱。

（二）并购中的风险防范措施

并购方在完成了并购前的各项准备工作后，将与被并购方展开激烈的角逐，这其中的每一个环节都是防范风险的关键。

1. 定价风险防范

在企业并购中，定价包含两个基本步骤：一是对目标企业进行价值评估，二是在评估价值基础上进行价格谈判。由于评估价值是价格谈判的主要依据，因此，能否客观、公正地评估目标企业的价值是定价风险控制的关键。在通常情况下，目标企业价值评估是聘请中介机构进行，因为中介机构专业化的评估知识和丰富经验能够提供相对比较客观的价值判断，不过，其前提是中介机构本身具有客观、公正的态度和中间立场。即便如此，在目标企业价值评估中仍然存在两个方面的风险：一是来自目标企业的财务报表，二是来自评估过程和评估方法的采用。目标企业的财务报表之所以存在风险，是因为企业可能利用会计政策和会计方法的差异进行财务欺诈。评估过程和评估方法之所以存在风险，是因为中介机构可能在自身利益驱动下进行虚假评估，或者选用了不恰当的评估方法和技术路径导致评估结果失真。为了防止在评估过程中可能出现的价值风险，收购方同时也需要对目标企业进行独立的价值判断，重点针对预期现金流的估计和风险贴现系数的计算，尤其是要对协同效应价值及其来源进行分类预测。一旦评估价值偏离真实价值太大，就会使得其后的价格谈判建立在一个不公平的平台上，为并购后的整合和预期价值实现埋下隐患。

当然，价格谈判还要受谈判技巧、双方所掌握信息的完全程度、市场环境、竞争实力、双方财力大小、买卖动机和政策筹码等因素的影响。而当双方所掌握信息的完全程度相差较大时，就有可能导致价格谈判严重背离公正，产生谈判风险。针对定价过程的两种风险来源，动态风险控制需要采取两个层次的风险控制策略：一是在目标企业价值评估中进行不确定性风险控制，二是在价格谈判过程中进行信息不对称性风险控制。目标企业价值评估中不确定性风险控制的基本途径是运用资本资产定价模型进行资产定价，具体表现为风险贴现率的确定。即在有效市场假设条件下通过股东要求收益率与风险之间的正相关关系来估计股权资本成本，从而确定不同财务杠杆企业的加权平均资本成本并以此作为风险贴现系数。由于较小风险贴现系数的变化会导致较大评估价值的波动，因此，风险贴现系数的确定成为评估风险控制的着眼点。而风险贴现系数的确定又集中体现在对 β 系数的估计上，这就使反映资产收益水平对市场平均收益水平变化敏感性程度的 β 系数成为评估风险控制的关键。而 β 系数是一个衡量资产承担系统性风险水平并受资本市场完善程度影响的指标，这就决定了资本市场完善程度直接影响到系数的估计和风险价格的大小，从而影响到风险—收益—价值的配对关系，并进而影响到评估价值的风险。所以，在一定程度上，目标企业价值评估中进行不确定性风险控制的关键取决于是否具有一个完善的资本市场环境。由于评估价值只是并购定价的依据而不是最终的交易价格，最终的交易价格还需要经过价格谈判。所以，动态风险控制还必须包含以信号博弈为手段的价格谈判过程中的不对称信息风险控制。

在正常情况下，一方面，价格谈判是在以评估价值为下限的空间中进行。由于被收购方知道自己企业的真实价值而不会让评估价值低于真实价值，因此评估价值是真实价值的上限却成为被收购方讨价还价的底线；另一方面，收购方以协同效应为依据确定了一个预期价值并以此作为价格谈判的上限。这样，价格谈判的空间在评估价值与预期价值之间。但在信号定价博弈条件下，由于处于信息劣势方的收购方会根据处于信息优势方的被收购方所发出的报价信号不断调整自己的还价策略，使得价格谈判的空间变为真实价值与预期价值之间，价格谈判的底线变为真实价值，而真实价值一定低于评估价值。所以，信号定价博弈的底线低于正常谈判条件下的底线而起到了定价风险控制的作用。不过，这里的信号博弈包含了一个基本的前提是，博弈双方必须以各自利益最大化为谈判动机，双方的战略决策是建立在最大化目标函数基础上。如果一方谈判人隐含了个人利益或第三方利益而违背本方利益目标，则信号博弈从根本上不可能使谈判价格底线接近真实价值，从而也就不可能最大限度地控制不对称信息风险。

2. 融资风险防范

企业并购需要大量的资金，任何一家收购企业都难以完全依靠自有资金来完成并购交易，因此，借助外部融资支持是企业并购资金的常用来源渠道。收购方在选择并购融资工具时需要考虑两个方面内容：一是现有融资环境和融资工具能否为企业提供及时、足额的资金保证；二是哪一种融资方式的融资成本最低而风险最小，同时又有利于资本结构优化。在成熟和发达的资本市场条件下，融资环境的便利性和融资工具的多样性为企业灵活选择融资方式创造了有利空间，融资成本表现为市场机制硬约束条件下的显性成本，因此，企业融资依据融资成本而遵循"啄食原理"，即按照内部融资—债券融资—信贷融资—股权融资的顺序选择具体的融资方式，融资的风险主要表现为债务风险。

根据现代企业财务理论，对债务风险控制的主要方法是在成本—收益均衡分析框架内进行最优资本结构决策。成本分析侧重于债务融资的利息成本和破产成本。收益分析侧重于债务融资的节税价值。利息成本和破产成本与节税价值两者的均衡点即为最优资本结构的债务比例。不过，从本质上看，以利息成本和破产成本与节税价值两者的权衡所决定的资本结构事实上只基于不确定性风险控制问题，而对于并购融资实践中所存在的由于不对称信息所产生的风险却无能为力。动态风险控制理论认为，不对称信息条件下的最优资本结构决策逻辑地表现为股权代理成本与债务代理成本的均衡决定，风险控制的途径应以最大化地减少代理成本为依据。在成熟市场条件下，代理成本最小化可以利用融资信号博弈在达到市场信号均衡条件下得以实现。因此，收购方减少融资代理成本从而实现融资风险控制的途径只在于融资信号的选择和融资信号的传递。对处于信息优势方和融资方的收购方来说，信号选择同样框定在负债比例，通过负债比例的选择来向出资者传递有关企业获利能力和质量的信息，从而减少出资人的逆向选择行为降低融资代理成本。不过，由于受市场和企业自身条件的约束，在信号选择和传递过程中，收购方还需要进一步考虑企业自有资金、代理成本和并购方案成功的概率等因素，从而使得融资风险控制落脚于自有资金约束条件下的最优融资结构设计。

因此，从根本上讲，融资风险控制最终表现为以融资成本为主题、以债务杠杆为标尺的资金来源数量结构和期限结构的匹配关系。在这一关系确定过程中，资本市场的完善程度起着重要的作用。资本市场越完善，可供选择的融资工具就越多，融资渠道越畅通，资金来源数量结构和期限结构的匹配就越灵活；同时，资本市场越完善，股权融资和债务融资的替代关系就越便利，股权融资与债务融资的制衡作用越强，克服融资委托代理问题就越容易。这样，资本市场的完善程度直接通过融资资金成本和融资代理成本影响到融资风险控制的难易程度。

3. 支付风险防范

企业并购定价和融资的最终落脚点是支付，因此支付和支付方式的选择是企业并购风险控制的又一重要环节。支付方式包含支付方式类型、支付时间和支付附加条款等内容，但实践中人们更多关注的是并购所选择的支付方式类型给企业未来获利能力带来的影响。常用的支付方式类型有现金支付、股票支付、杠杆支付和衍生金融工具，每一种支付方式类型都有其利弊。现金支付能迅速而简捷地取得对目标企业的经营控制权，但会增加收购方的资金压力和债务负担，容易引起资金流动性困难和破产风险；股票支付减轻了现金支付压力和债务负担，并可能带来一定的税收好处，但又会导致股权稀释而降低对目标企业实际经营控制权的力度；杠杆支付能以较少的资本取得对较大资产的控制权，但高负债比例却将并购后的目标企业置于一种资金周转困难和高杠杆风险的境地；衍生金融工具支付能延迟现金支付压力，给并购双方留有保留选择权的余地，但期权转换的不确定性在一定程度上又加大了收购方资金风险管理的难度。因此，并购究竟选择哪一种支付方式，需要经过风险收益的权衡。从理论上来说，收购方可以通过分析不同支付方式的支付成本和支付边界确定合适的支付方式的支付极限，进而分散即期风险并化解潜在风险。然而，现实中的并购交易不是由收购方单方面设计完成的，需要经过并购双方的一致同意，最终的支付方式是由并购双方基于各自的利益和风险权衡而达成的一致妥协。因此，现实的支付风险控制需通过混合支付结构设计来完成。

（三）并购后的风险防范措施

对目标企业能否进行有效整合，在相当大的程度上决定着并购活动的成败。并购方企业按照并购协议取得对目标企业资产的所有权、股权或经营控制权，仅仅是完成了整个并购过程的第一步——资产调整和转移过程，其后对目标企业进行全方位的整合，才是并购中最复杂和艺术化的过程。如何对并购后的企业进行整合，改善其经营管理，以期达到效益最大化，是企业并购后所面临的艰巨任务，也是并购风险防范的必不可少的主要环节。

1. 人事整合

人是任何企业生产经营的主体，企业人才主观能动性的发挥，是企业能够维持生存发展并取得优良业绩的根本保证。如何处理好并购后的人事问题是并购企业管理层首先需要考虑的问题。一般可以从以下三个方面着手：

（1）选派适宜的被并购企业主管人员。企业并购后并购方虽然可以通过各种报表了解目标公司的运营状况，但最直接有效的控制方法，则是派少数核心人员担任目标公司的主管直接掌握控制目标公司，并依靠这些少数核心人员去团结目标公司的管理者和员工，一起做好并购后的整合工作。

（2）及时与并购后的人员沟通。企业并购完成后，被并购企业内部原先的工作人员往往士气不振，或有离职打算，或对前途感到悲观，因此，需要进行人际沟通，尽量消除员工的悲观情绪以保证不流失人才。并购完成后，并购方应该派人到目标企业与该企业人员进行交谈沟通，并努力取得他们的认同，消除双方企业因文化差异所造成的障碍，培养员工的自我认识，共同建设企业文化，以充分发挥整合效果。

（3）进行必要的人事调整。一般来说，并购后企业中最可能离职的是那些富有才能的管理人员和技术人员。因此，在进行人事调整的决策时，首先应考虑留住这些对企业发展有用的人才，并委以重任，出台一些具有实质性、操作性较强的激励措施以便留住人才；而对那些没有能力和特长的人员，则要根据企业的实际情况，在保持稳定的前提下，适当予以裁减，尤其是要注意逐步推进，避免大的震动。

2. 文化整合

企业文化是企业通过其长期的生产、经营、组织和生活所形成的基本价值观、目标、信念、道德标准和行为规范等，它是企业的凝聚力，时刻潜移默化地影响着企业每个人的行为。不同企业文化的融合是一个涉及多方面的复杂过程，在整合前首先需要对两个企业的文化进行比较分析，保留目标企业文化的优势和长处，并予以吸收和借鉴，然后再将优势企业的企业精神、价值观念、行为方式、工作作风等，作为主导文化引入到目标企业。需要注意的是企业文化的引入应与其他整合工作相互结合，并渗透到并购后的其他具体工作中去（如人事调整、制度整合、经营整合等各方面工作），以通过文化理念来激发目标企业的活力。

3. 管理整合

加强企业管理，搞好优势企业与目标企业的管理整合，是改变目标企业面貌，巩固和发展并购成果的重要手段。成功的企业并购，关键是优势企业的先进管理模式与目标企业的内部管理制度有机融合，并使优势企业的管理优势在目标企业生根、开花、结果。否则，并购将给优势企业背上沉重的包袱。

4. 经营整合

经营整合可以降低企业的生产成本、存货成本、销售成本等，从长期来看，它对企业的整体利益非常有用。经营整合过程中一个十分重要的方面就是供销整合，它是并购协同效应最为直接的实现途径。在供销策略上要从整体利益出发进行调整和安排。对于目标企业原来的供应商和客户应通过各种有效途径向其说明公司的经营思想和政策的稳定性，使他们消除顾虑继续与企业合作。

第三节　资本运营风险的计量

资本运营是一项充满风险的企业活动，为了规避资本运营风险，必须对风险进行计量。资本运营风险计量主要是借助概率和数量统计的方法对某一个或几个特定风险发生的概率，以及风险发生后所造成的损失程度作出定量分析。

一、风险要素

1. 风险强度

风险强度从风险可能给并购者带来最大损失的角度对并购风险进行衡量。它用预期并购成本与预期并购收益的比例进行衡量。当预期并购收益为 0 时，风险强度为 1；当预期并购收益等于预期并购成本时，风险强度为 0；当预期并购收益大于预期并购成本时，风险强度小于 0。通过计算风险轻度，确定可能导致的最大风险损失程度，进而针对风险强度较大的因素或者环节进行防范。

2. 风险分布

风险分布即风险发生的概率，是从风险可能给并购者造成损失的最大可能性的角度对并购风险进行衡量。并购者通过分析某些具有一定规律的风险，计算其发生的概率，进而采取一定的方式进行化解和防范。

3. 风险频率

风险频率是从规定的时间内风险出现次数的角度对并购风险进行衡量，出现的次数越多，其风险就越大。风险频率在风险衡量过程中引入了时间因素，使并购风险的计量更为全面合理。

二、资本运营风险的计量模型

资本运营涉及因素复杂且不可预知事项较多，目前对其评估还处于初级阶段，主要基于企业家个人的经验、知识、阅历和能力等。其中，并购风险一般可以利用以下几个模型进行探讨：

$$R = P(r < r_0) \qquad\qquad 7-1$$

公式中，R 为企业并购风险的概率，r 为企业并购的投资收益率，r_0 为企业并购前的投资收益率。这一模型认为企业并购是一种投资行为，要求企业通过并购实现投资收益率的提高，并将投资收益率下降的概率作为企业并购的风险。此模型在企业并购的早期阶段具有广泛的使用价值。

$$R = P(a) \qquad\qquad 7-2$$

公式中，R 为企业并购风险的概率，a 为随机事件，表示企业并购失败。这一模型适用于有丰富的实践经验、思维敏锐、善于捕捉时机的企业家，凭借其主观经验与客观条件直接对并购风险作出判断。

$$R = 1 - \alpha_1\alpha_2 \qquad\qquad 7-3$$

公式中，R 为企业并购风险的概率，α_1 为企业并购初期的成功率，α_2 为企业并购磨合期的成功率。这一模型从企业并购的成功率来考虑并购风险，兼顾了企业并购两种不同时期的成功率，要求企业家从更长远的角度考虑并购风险问题。从公式可见，企业要想降低并购风险就应该提高并购初期和并购磨合期的成功率。

$$R = 1 - \beta_1(1 - \beta_2) \qquad\qquad 7-4$$

公式中，R 为企业并购风险的概率，β_1 为主并购企业支持率，β_2 为被并购企业反对率。这一模型表明企业要想取得并购成功，离不开主、被并购企业双方的支持，主并购企业的支持率越高且被并购企业的反对率越低，并购风险就越低；反之，并购风险就越大。这就要求并购行为应符合双方的利益。

第四节　资本运营风险的规避

一、树立正确的资本运营理念

为了提高资本增值水平，企业应在经营过程中，根据具体情况，调整资本投向、资产结构、经营对象等，不应把正常的经营活动排斥在"资本运营"范畴外，不应将收购合并、股权置换、资产重组、项目融资等置于企业正常的经营活动之上。首先，企业应将经营理念从"实物"转向"价值"。资本运营要求企业重视技术更新、产品换代、需求变化等市场（社会）动向，及时调整技术结构、产品结构和市场结构，淘汰将步入衰退期的技术、设备和产品，从而运用最有效的手段（如技术、设备、产品、市场等）来保障资本价值的保值增值。其次，企业还应将理念从"规模"转向"效率"，把资产数量、结构等放置在为资本增值服务的地位上。长期以来，相当多的企业重资产规模扩大、轻资产效率提高，结果每年支付的利息几倍于利润，导致经济效益快速下落，甚至落入亏损境地。资本运营要求企业以提高资本效益为筹募资金和使用资金的基本准则，以实现资本增值为目的。例如，利息是对利润的扣除，只有在利率低于资金利润率的条件下，借入资金才有利于企业利润率的提高。

二、改善资本运营的外部环境

资本运营是一项系统性的工程，它要求相应的政策环境、法律环境、社会环境、市场环境、人才环境等，为资本运营的顺利开展提供服务，以降低资本运营风险。美国经济学家马斯·格雷夫把市场经济中政府的经济作用归纳为保持宏观经济稳定、收入再分配和在"市场失灵"情况下干预资源配置三个方面。笔者认为，政府应该运用发展计划、经济杠杆、产业政策调控资本运营，还应以法律、行政、动员全社会等手段监督资本运营。

1. 进一步完善资本运营的各项法规

近几年，我国陆续颁布了同行企业兼并的相关法律、法规，但未考虑产权交易的特殊性，针对性不强，并且原则性规定多，具体规范少，因此在依照执行中出现操作上的困难。笔者认为，除对业已出台的《公司法》、《破产法》、《劳动法》、《反垄断法》等严格执行外，还要根据需要尽早出台《房地产法》、《购并管理办法》等，构建完善的法律监督保障体系。

2. 积极发展和完善资本市场和产权市场

首先，进一步扩大资本市场的规模，发展多种金融工具和交易形式，为企业资本运营提供更大的空间。其次，选择适当时机，让国家股、法人股上市流通，增强企业资产的流动性，在遵循"同股同价、同权"原则基础上，促进企业跨行业、跨所有制、跨地区兼并与收购。最后，规范机构投资者，一方面允许更多的基金作为投资者参与资本市场；另一方面加强对资本市场的监管，维护资本市场的正常秩序。

3. 健全社会保障体系

完善社会保障制度是与资本运营配套的一项必要的改革措施。当前，我国应致力于建立和完善该体系，范围应覆盖全部职工，费用由国家、单位、个人三方面合理负担，将失业救济与再就业紧密结合。国家要立法强制实施失业保险制度，并根据失业状况，调整保险基金的标准，保障资本运营中失业人员的基本生活并促进其再就业，以此推进企业资本运营更深入、更广泛地开展。

4. 完善用人机制

我国目前缺乏促进充分发挥人才作用的制度环境，以及有效的激励约束机制。为此，要采取有效措施，造就一批新时代资本运营战略型企业家。这主要包括：①创造企业家队伍成长的社会氛围，形成尊重企业家及促进其走向职业化的社会氛围；②形成企业家竞职与流动的市场机制，建立竞争性的经营人才市场；③完善激励和约束机制，鼓励经营者增加企业利润。同时，为保证出资者的利益，必须对经营者的行为有所约束，避免出现"内部人"控制。

三、健全企业内部资本运营的管理制度

1. 建立现代企业制度，加强风险的科学管理

企业在进行资本运营的同时，必须注重内部管理体制的改革，以保证资本运营的健康、有效实施。每家企业都要外抓市场，内抓管理，重视结合实际学习国外的科学管理经验，花大力气搞好成本管理和资金管理，挖掘内部潜力，把深化内部改革和加强企业管理有机地结合起来，以促进生产力发展，促进企业整体素质不断提高。同时，企业还应有战略风险的观念，开发并利用集团内的风险管理官（CRO），让他们参与并讨论未来经营和业务领域中的风险问题。

2. 慎重考虑行业的选择

企业资本运营要涉足某一行业时，一定要量力而行、慎重考虑。对某一特定企业来说，暂时的高盈利不一定在未来就代表着高回报。需结合未来经济的发展和企业自身实力，慎重对待优势行业的前景，这样的选择才是稳妥而长远的。

3. 培养核心竞争力

核心竞争力已成为西方经营战略不可缺少的内容，它是企业重要的战略资源，也是企业竞争优势的根源。目前，我国不少企业更多关注兼并与收购的短期财务效益，而较少考虑对企业核心竞争力的培养。事实上，不少具有显著短期财务效益的兼并对象，由于不能对培养企业核心竞争力做出显著贡献，从长远发展来看，并没有多大价值。所以，企业资本运营应注意获取对培养和发展核心竞争力具有重要意义的资源。

4. 实施稳健操作，重视尽职调查

资本运营中的尽职调查包括资料的搜集、权责的划分、法律协议的签订和中介机构的聘请。它贯穿于整个收购过程，是现代企业资本运营环节中的重要组成部分，直接关系到资本运营的成功与否。其主要目的是防范资本运营风险、调查与证实重大信息。在实际操作中，尽职调查应注意以下三点：

（1）由资本运营方聘请经验丰富的中介机构，包括经纪人、会计师事务所、资产评估事务所、律师事务所，对信息进行进一步的证实，并扩大调查取证的范围。

（2）签订相关的法律协议，对资本运营过程中可能出现的未尽事宜明确其相关的法律责任，对因既成事实而追加的资本运营成本要签订补偿协议，如适当下调资本运营价格等。

（3）我国企业可根据自身情况，引用、借鉴和学习国际上先进的资本运营理念和方法，以推动我国企业资本运营的发展。

思考题：

1. 资本运营风险的特征是什么？其类别有哪些？
2. 以并购为例说明资本运营风险的防范策略与具体措施。

第八章 政府资本运营

学习目的：理解政府的职能，了解政府资本运营的类型及政府在资本运营中的作用；掌握政府资本运营的主要内容；了解英国、法国、俄罗斯及我国政府国有资本配置的实践进程；理解我国政府资本运营的意义所在及其市场化趋势的必然性。

第一节 政府资本运营的概念

一、政府职能

政府职能是指政府根据国家形势和任务而确定的政府的职责及其功能，反映政府在一定时期内的主要活动的方向、方式和作用。它主要包括政治职能（或称阶级职能）、管理社会经济和公共事务的职能。在现代社会，经济职能和社会职能在各国政府职能中越来越占据重要的地位。现代社会政府职能包括政治职能、经济职能、文化职能及社会保障职能。政府的政治职能主要体现在作为政治秩序和社会秩序的维持者，作为社会发展的决策者和公共政策的制定者，作为社会利益的调节者以及作为政治一体化的工具等方面。政府的经济职能主要体现在对市场的培育作用，对经济活动的调节和干预作用，经济活动的协调者和仲裁人作用等。政府的文化职能体现在作为社会意识形态的倡导者以及社会科技、文化、教育等领域的公共政策的制定者。政府的社会保障职能主要体现在制定社会保障的法律、制度，建立完善的社会福利和社会保障体系。

我国计划经济体制下政府的职能是直接管理企业，以行政手段为主，如直接拨付资金给企业，运用"关、停、并、转"等行政手段进行国有企业的改造与重组，任命企业高层管理人员，指定产品任务等，具有计划管理、微观管理、中央集权、条块管理等特点。在市场经济条件下，政府职能有所调整和转变，大致方向是由直接管理到间接管理，由微观管理到宏观管理，由命令式管理到协调、监督与服务。对关系国家经济命脉的国有资本，政府仍然代表着全国人民进行管理，在宏观领域对国有资本进行统筹、规划与运作。

在西方发达资本主义国家，最早的古典经济学家推崇完全市场经济，主张由市场这只"看不见的手"来自我调节经济，政府只能作为公共管理者维护正常的市场秩序而不应该去干预市场。直到20世纪二三十年代，一场深重的经济大萧条，让经济学家及政府官员认识到单纯靠市场机制的自我调节并不能保证经济的健康运转，政府的力量是不可或缺的。这样，西方国家的经济运行不再是纯粹的市场经济了，而是加上了政府调节的混合经济。政府除了作为"守夜人"外，还肩负稳定经济的重任，稳定经济已经成为某种必要的公共品。虽然现代市场经济配置资源和调节利益关系的基本机制是市场机制，但市场也会在某些方面存在缺陷，即出现市场失灵。弥补市场缺陷是政府在市场经济中扮演的角色，这为政府资本运营提供了土壤。

二、政府资本运营及其分类

政府资本运营是指政府对以资本为代表的社会资源的配置（重置）活动，是政府对国有资本的统筹、规划与管理活动的统称。政府资本运营着眼于中观层面的产业结构调整，依据国家的产业政策，有步骤、有目标地进入和退出某些领域，引导社会其他资本在相关领域中进行扩展和压缩，最终实现政府调节、优化经济结构的目的。它与企业资本运营不同之处在于其依托的不一定是资本市场，还可能是政府行政功能。

因此，政府资本运营按其途径，可以分为行政性政府资本运营和市场化政府资本运营。行政性资本运营体现的是政府用其社会管理职能进行国有资本的配置，即政府管理、监督其行政区域内由当地管理的全部国有资产。而市场化政府资本运营是指政府在明确和落实资本运营主体的基础上，按照资本的效率规律的要求，在市场的引导和配置下，通过运用市场手段，进行资本配置的行为。如市场主导的国有企业之间的并购重组等。

早在1996年，我国在第八届全国人大四次会议通过的《国民经济和社会发展"九五"计划和2010年远景目标纲要》中就明确指出，"按照国家统一所有、政府分级监管、企业自主经营的原则，建立权责明确的国有资产管理、监督和营运体系"，"按照政企职责分开、出资者所有权与企业法人财产权分开的国有资产管理、监督原则，建立与社会主义市场经济相适应的国有资产出资人制度、法人财产制度"。以此为基础，1997年3月通过《国家体改委关于城市国有资本营运体制改革试点的指导意见》，具体提出了建立适应社会主义市场经济体制的国有资本营运体系。并明确指出，国有资本是资本性质的经营性国有资产，是国家投资的企业中属于国家所有的净资产，即国家所有的所有者权益。国有资本是一种特殊形态的国有资产，国有资本国家统一所有，由国务院行使所有权，县及县以上各级地方政府分级行使出资人职能。国有资本营运是指国有资本出资人和由其投资设立的国有资本营运机构配置、运用国有资本，维护国有资本权益，实现国有资本保值增值的行为。国有资本营运体系由国有资本出资人和国有资本营运机构共同组成。出资人和营运机构之间以资本为联结纽带，是出资人与被投资企业的关系，不是国有资产授权经营管理的关系。在营运体系中，政府行使的是出资人的职能，营运的是本级政府所属或所投资企业的国有资本。落实国有资本出资人责任，应该坚持政府的社会经济管理职能和国有资产所有者职能分开，国有资产的行政管理职能与国有资本的营运职能分开，加强国有资产行政管理，放活国有资本营运。

三、政府在国有资本运作过程中的作用

（一）积极作用

1. 维持市场秩序

各种法律法规、规章制度以及一些政策资源由政府来提供。政府尤其是中央政府，是全社会利益的代表，它应该站在中间的立场上，为经济发展提供一套公正、公平的规则体系。如 20 世纪 80 年代中期以来，1987 年 9 月国务院发布了《中华人民共和国价格管理条例》，明确规定国家现行的三种价格形式，即国家定价、国家指导价和市场调节价，并规定企业在价格管理方面享有的权利，主要是赋予企业对一部分价格的定价权；财税（企业财务通则、企业会计准则）、金融、投资、外贸体制配套改革措施也相继出台；改革外贸、外汇管理体系；在社保制度改革方面，陆续出台养老保险、医疗保险、住房制度等政策。

2. 稳定宏观经济

市场经济是一种在资源配置中起基础作用的经济模式，它主要靠市场规律自发调节。但市场也具有较大的盲目性，政府通过产业政策引导投资正好可以减少投资者的盲目性，避免投资失误；政府通过财政和货币政策调节各种总量关系，减少了经济的波动；政府通过引导国有投资向基础产业投资，为国家发展提供优良的装备，从而提供一个稳定的宏观经济环境。如在 20 世纪 80 年代中期，国家建设项目投融资体制从拨款改为贷款，国家不再给新建企业投入资本金。在监管体制上，1988 年 4 月，为了加强对国有资产的管理，理顺国家与企业的财产关系，国务院直属的国有资产管理局成立，行使国有资产所有者的代表权、监督管理权、投资和收益权、处置权。

3. 提供各种公共服务

政府提供公共服务中最重要的是提供信息，使民间经济组织在决策中掌握更全面的信息，做出正确的决策，减少因信息不全造成的效率损失。政府应该利用它所处的特殊地位，及时地搜集、分析、整理各方面的信息，并及时传递，提高全社会的信息分享程度，降低因信息不完全造成的无效率。

4. 组织协调经济基础设施的建设

经济基础设施的建设包括基础科学研究、市政设施建设和公共交通及通信系统的建设等。这些基础设施服务于全社会，工程浩大且复杂，政府利用其特殊资源进行组织，可以节约成本，避免资源浪费。

这些作用体现在国企改革中就是国有资产的战略性调整初见成效，国企户数大幅减少，亏损企业大幅减少，一般竞争性行业的企业户数减少；国有资产的规模有了较快增长，经营效益逐步好转。破产兼并、债转股等措施都有效地改善了国有大中型企业亏损状态。

(二) 消极影响

1. 产权主体虚化

产权主体虚化是指政府直接管理与经营国有资产，却无法行使产权及相关权利。

企业已成为独立的市场主体，政府对企业的控制权大大弱化。过去政府任命经营者，但这使得超级大国营企业经营者由于各自利益不同加上没有有效的激励与约束机制，以权谋私，不能代表国有资产的产权。而有些企业的经营者身份和地位已明确但缺乏来自所有者及其产权代表的有效监控和约束。

2. 主体异化

主体异化是指代理人用被代理人的名义和被代理人委托的权利从事有损于被代理人利益的活动。以权谋私就是代表。

3. 产权代表功能分解

在管理层面，所有者及其产权代表功能被多个政府部门分解，国有资产占有权、使用权、收益权、处置权，企业经理人员的考察任免权、经营方针和重大投资方案决策权等分别被企业行政主管部门、财政与国有资产管理部门、组织人事部门等分割，形成管财的不管人、管人的不管事、管事的没权现象，且既相互制约又缺乏有效的联系纽带，导致多头控制和干预以及不求有功但求无过的自由主义态度。

4. 行政垄断

在我国，有些时候生产要素是通过政府科层组织进行分配的，其基本特征是非竞争和排斥市场关系。行政配置要素的制度和方式人为地将生产要素分割为相互隔离的状态，使市场的作用不能发挥，企业的规模效应难以实现，人的积极性难以调动。资源的大量浪费不可避免。

5. 官僚主义

代理国家产权中产生的官僚主义的现象主要表现通常是对国有资产的营运不负责任，瞎指挥、草率行事和麻木不仁等。导致的原因可能有权力过分集中而力不能及、权责不对等、民主监督不完善等。这些不利影响表现为在国企改革中国有资产流失严重，20 世纪 90 年代，平均每年流失 800 亿~1000 亿元人民币，国企的呆坏账及银行不良资产损失至少 12 万亿元，其中每年的吃喝 1000 亿元，偷漏税损失 1100 亿元，决策失误损失 1000 亿元。

6. 地方利益强化

地方政府在代理归地方政府管理的国有资产产权时，存在为追求地方利益而损害国家利益的现象。从根本上国家和地方利益两者是统一的，但短期或局部来看可能产生矛盾。其不良影响主要是形成条块分割、地区封锁和流动不畅。

第二节 政府资本运营的内容

一、国有资本的战略结构调整

国有资本的战略结构调整一般包括国有资本的积聚和集中、国有资本的退出两个主要方面。

（一）国有资本的积聚和集中

在关系国家安全的特殊行业（军事工业、造币工业、航天工业等）、大型公益性基础性建设（城市基础设施、大江大河、重点防护林工程等）、自然垄断性的行业（石油、天然气、大型煤矿等）、国家支柱产业（机械电子、汽车工业、石油化工、建筑业等）以及对国家长期发展具有战略意义的高新技术开发、大型集成电路的研制、重大技术设备制造等行业实施国有化，保证国有资本的积聚和集中。国有资本在积聚和集中时，需要根据行业特点，灵活选择绝对控制与相对控制等不同形式，同时随着国际环境的变化，国家确保的领域和重点也应随之而调整。

（二）国有资本的退出

国有资本在退出时应该注意三个问题：第一，优质或劣质国有资本退出一般竞争性领域的比重需要合理确定。所谓劣质国有资本是指在经营过程中竞争能力较差、不断贬值的国有资本。第二，保证有序地退出，即经营利润尚有但不能支付工资的最先退出，能支付工资但不能缴税的第二位退出，能缴税但不能盈利的最后退出。这样可将对社会与经济的震动和冲击降到最低。第三，慎重对待劣质资本的合理估价和变现。选择重置价值或收益现值方法进行价值评估，更多采用竞标的形式进行转让，防止半卖半送。总之要灵活选择整体出让、兼并重组、售股变现、破产清算、改制改组等适当的方式和退出力度，逐步、平衡、经济地退出一般竞争性领域。

二、公共产权与产权多元化

（一）公共产权

1. 产权与公共产权

产权是对财产行为的法律界定。产权与所有权既有联系又有区别：所有权偏重于人与物之间的关系，说明物的归属性；产权不仅说明物的归属性，更进一步强调物的归属性引起的相互之间认可的行为规范，它侧重于人与人之间的行为关系，即所有者之间行为权利的关系。可见，产权比所有权的外延广泛。

产权可以分为私人产权和公共产权。前者是将某种财产的相关权利分配给一个特定的人，具有排他性和可交换性。后者则是公共的、共享的，其产权具有不可分性，即任何一个社会成员都不能声称其对该财产拥有所有权；其使用权具有非排他性，即任何人都可以使用，但现时无权排斥他人使用。公共产权还具有外部性，即每一成员对公共财产行使权利时，会影响和损害别的成员的利益；产权具有不易转让性，即公共产权所有者无法随便转让其对公共财产的所有权。国有资产的产权正是公共产权。

2. 公共产权与私有产权的效率比较

一种产权制度是否有效主要是看它在解决外部性问题上交易成本的大小。产权界定越明确，越具有排他性，则交易成本越低，效率越高。公共产权不具有排他性因而其效率较低。国有资产在经营上缺乏竞争优势，具体表现在：

（1）产权的全民所有决定了所有者缺乏盈利动机和监督动机，搭便车的心理普遍存在。

（2）产权的全民所有导致所有者缺位，作为所有者都是一个整体的概念，没有能力真正发挥其作为所有者的权利并承担相应的责任。

（3）层层代理的委托经营模式还提高了国有产权的代理成本。为了解决国有资产所有者缺位问题，大量的国有企业进行股份制改造，从而使国有资产的委托代理关系变为"全民（社会成员）—国家（政府）—政府授权机构—政府授权投资机构—公司管理者"，太长的代理链意味着代理成本增加，同时监督成本也会增加，层层汇报还导致了企业行为僵化。但公共产权也并非完全无效率。它可以借助政府的强制力减少无限制的讨价还价所带来的浪费，从而降低交易成本。此外，公共产权可以实现有些社会价值很大而私有产权无法实现或不愿实现的方案。

(二) 产权多元化

产权多元化包含产权结构多元化和产权组织体系合理化两个层次的内容。所谓产权结构多元化，是相对于产权结构一元化来说的，是指企业的出资者或投资主体不是只有一个而是有多个。企业财产由众多的出资者投资组合而成，对股份公司来说就是股权的多元化。其实现的途径包括：

1. 法人之间相互持股

这种方式在日本得到了很成功的运用。日本企业的法人相互持股产生的架空机制，成功地弱化了最终所有者的干预，形成了经营者集团控制企业的格局。

2. 引进外资

这种途径既可以引入资金，又可以带来新的理念、新的机制和新的市场。

3. 债转股

债转股是指将债权人对企业的债务转化为债权人的对债务企业的持股或控股权。国务院于 1999 年 8 月上旬通过了《关于实施债权转股权的若干意见方案》，同意剥离商业银行的不良资产，将其转化为信达、华融、长城、东方四大资产管理公司对债务企业的持股或控股权。债转股后的企业由原来的向银行还本付息改为按股分红给资产管理公司。尽管债转股的方向和初衷都是要从"呆账经济"走向信用经济，但在债转股过程中极有可能出现道德风险，其来源主要有三：一是企业尽最大可能原本可以还款的，也竭力赖债将之变为投资，变为投资后又不思进取，使银行股权降值。二是经办银行为降低不良资产比率，有可能把一些较好的资产或回收希望较大的不良资产转成了股权。三是地方政府协助企业舞弊将债权变股权，日后在银行与企业就股权发生争议时，又偏袒企业，致使银行股东权益得不到保护。这会使得债转股成为"债务大赦"变相豁免企业债务，甚至有导致"赖账经济"的危险。

4. 在资本市场上出售部分国有股股权

在资本市场上出售部分国有股股权，即通过国有股股权转让、国有股流通进行产业结构的转移、上市公司治理结构的优化等。我国 A 股公司的股份被区分为"非流通股"和"流通股"两类，是由过去的"股市为国企服务"的指导思想造成的历史遗留问题。由于上市公司的大部分股份不加入流通，抑制了供给，自然就逼升了股价，造成所谓"流通股溢价"。

5. 经营者持股

经营者持股具体包括高层经理人员股票期权制和管理层收购（MBO）。经理股票期权（ESO，Executive Stock Option）是指公司授予经理人员在未来的一段时间内，以一个约定的行权价格购买一定数量本公司股票的选择权。这种选择权不能转让，行权价格与股票售出价格之间的差额就成为经理人员的收入。即使经理人员在行权后离开企业也可以通过期权分享公司的成长，实现经理人员利益的长期化。在我国，MBO 的推动力主要有三方面：一是通过改变目标公司的产权结构来获取控制权；二是解决国有企业或集体企业产权不清、出资人不到位的问题；三是确认管理层人力资本价值或者说激励管理层。

6. 职工持股（ESOP）

ESOP 是员工激励计划的一种。它是指由企业内部员工出资认购本企业部分股权，委托一个专门机构（员工持股会）作为社团法人托管运作、集中管理，再由该专门机构作为社团法人进入董事会参与管理、按股份分享红利的一种新型股权安排形式。按照西方的经验和我国的实践，在典型的 ESOP 中，持股人或股票认购者一般为企业正式员工；员工所认购的本企业的股份不能自由转让和交易，也不能继承。企业员工可以通过以下四种途径持有本企业的股份：

（1）以现金认购本企业股份。

（2）从员工持股专项贷款资金获得贷款认购本企业的股份。

（3）由企业将历年累积的公益金转化为员工股份划转给员工。

（4）由企业以奖金股票化形式形成员工股份。在 ESOP 中，员工参与企业利润分享计划是通过二次分配来实现的，即先由职工持股会以社团的法人名义参与公司利润分配，再由员工持股会按员工个人持股额数进行二次利润分配。

当然这些多元化不是一刀切（一元结构的国有独资企业有其生存必要），多元化有一个度的问题，即多元化是一个循序渐进的过程，要重视多元化后的整合。

（三）国有资本运营的方式

1. 整体出售变现

我国中小国有企业数目众多，大都处于一般竞争性领域，规模小、技术含量低、抵御市场风险的能力差。在一般性竞争领域及所属行业中，非国有经济能够并且已经发挥着作用，而国有经济与之相比，不仅不具有明显的优势，反而因体制原因效益明显低于民营企业。因此，应当本着"有进有退"、"有所为有所不为"的改革精神，考虑通过把这些中小国有企业整体出售，实现国有资本从这些领域及行业中适度退出。基本操作方法是：首先，通过资产评估确定国有资本的出售底价，所得资金除用于职工养老、安置及社会保障外，全部投入国有资本应当投入的公益性事业及基础设施建设方面。其次，企业整体资产出售后，对企业的经营管理层进行大幅调整，引入新的经营管理方式，转换企业机制。国有资本的重新投入加强了基础设施等部门建设，优化了国民经济结构。

2. 股份制改造

对于一些国有资本应当部分或逐步退出的大型企业，根据国有资本控股、参股的需要，由资本经营公司作为发起人对其进行股份制改造，通过对国内企业和个人以及国外企业和个人发行股票，或者直接引入外国大企业的资金，使原先国有独资的产权结构改变为控股以及参股的产权结构。股份制改造可采取两种方式：一种是"就地改造"，即在保持原有企业产权（含股权和债权）结构大体不变的条件下，将企业资产划分为若干部分，分别划归它们的所有者持有，从而组成多个股东持股的公司。另一种是"引资改造"，即在对国有企业进行公司化改造的同时，除了国有企业的原有资本之外，还从国内外引入新的资本，从而把企业改造成为国有持股机构、其他公有制法人组织和国内外个人和法人共同持股的公司。通过股份制改造，引入新的投资者，实现投资主体多元化，调整企业资本结构，同时引入新的经营机制和管理人才，改善企业内部治理结构，优化企业资产结构，为搞活企业打下坚实的基础。

3. 企业并购

目前存在国有资本的企业，其并购形式主要包括：具有优势的上市公司并购非上市公司；非上市的优势企业并购上市公司；上市公司之间的并购；将中资企业到国外（境外）注册、上市，融资后再来并购国内企业；外资并购国有企业；国有企业进入国外资本市场，到国外收购和兼并企业。

4. 企业托管

见前面第六章第二节，托管的特点是在目标企业的产权不变情况下，优势企业获得对目标资源的实际控制权。其好处在于优势企业输出的主要是管理、技术、营销渠道、品牌等软件，基本上不需要资金等投入，降低了优势企业的扩展成本。在企业并购有难度时，托管的优点更加明显。对被托管的企业来说，可以减少抵触情绪和产权剧烈变动引起的摩擦。经验表明，成功的托管往往是并购的前奏。

5. 股权与债权互换

国有资本有股权和债权两种形式，对某些领域应该以股权形式进行独资、控股、参股，对某些领域应当以债权形式进行引导即可。过去我们多数采取国家独资的形式投资办企业，实践证明这往往是效率不高的，为此，在对某些国有企业进行股份制改造的同时，还可考虑国有股权和债权互换，由非国有资本取代国有资本获得对企业的控制权，原先的国有股权转化为国有债权，由相应的国家政策性银行来负责这些国有资本的保值增值。

6. 国有股权转让或增购

国有股权的转让是指国有股持股单位或股东为了降低或放弃对某一股份公司的国有股比例，将所持有的部分或全部国有股份按一定的价格出让给他人。国有股权的增购是指国有股持股单位或股东为了增加对某一股份公司的持股比例，收购该公司的股份，以实现国家对该股份公司具有绝对或相对的控制权。股权转让或增购既可以通过场外协议的形式进行，也可以通过股票市场进行。目前我国主要通过国有股股权实现减持国有股，转让的方式主要采用场外协议的方式。减持国有股和股权分置的其他改革方法也在不断探索和完善中。

三、产权效率与产权流动

（一）产权效率的前提是产权流动

任何自然人或法人持有产权的最终目的都是为了通过产权获取产权的最高利益。因此，产权的持有者必然会在产权高回报原则的作用下，调整自己所拥有产权的投向。产权的效率也正是依靠着它对市场主体交易边界的界定和明确，对市场主体交易行为的规范，从而提高不同市场主体的合作和交易效率而得以实现的。因此，产权的流动性也就成为了现代企业制度下产权效率充分发挥其内在要求的重要前提。产权不能流动就限制了持有人的持有动机，对微观企业而言，产权的流动性和可交易性更是其长期保持生机与活力的重要条件。首先，只有在产权具有流动性和可交易性的条件下，企业才能有效地规避投资风险与经营风险，实现风险与收益的对称性，这是企业保证自身能够继续发展的重要前提；其次，产权有流动性和可交易性，是企业能够进行资本运作的根本性条件，而资本运作又是企业充满活力和快速发展的重要保证；再次，产权具有流动性和可交易性是企业根据现实经济状况进行产业选择和投资区位选择的必要前提；最后，当产权具有流动性和可交易性时，企业才能实现人力资本和生产资本的有效结合，使最有活力的企业家掌握企业的发展。

（二）产权流动需要健全的产权市场

在市场经济条件下，国有资产的产权流动不能再依赖于行政划拨的方式，必须通过市场化的交易和运作来实现。因此，交易场所的建立和完善就成为国有企业产权流动的前提与基础。它既包括证券市场，也包括非证券化的企业产权交易市场。我国证券市场目前仍处于探索阶段，并且还存在着一系列的问题和争议，以下针对我国目前的产权市场进行介绍：

1. 我国产权市场的现状

广义的产权市场指从事产权交易活动的所有场所，这里则专指股票交易市场外的由国有资产管理部门组建的产权交易市场。它的职能是为国有企业和社会其他自愿进入该交易机构的企业及个人的产权交易提供包括产权转让信息、资产评估、结算等服务，以及开展展销、调剂、兼并、拍卖和招标等活动。其宗旨是为社会提供一个公开、公平、公正的交易平台，从而起到优化社会资源配置、促进经济发展的作用。

我国的产权市场是在改革的不断深化中出现的。自 1988 年 5 月起在武汉、南京、郑州等地相继建立了产权交易所以来，现在已在全国范围内的部分省、市、自治区陆续成立了 200 多家产权交易机构，其中有 40 多家是技术产权交易机构。这些交易机构可以划分为三个层次：第一层次是三个中心机构，即北京、天津、上海的产权交易所；第二层次是省一级的产权交易机构；第三层次则是各市、县（区）一级的产权交易机构。目前，这些产权交易机构之间也出现了横向联合的趋势。1997 年形成了以上海为龙头的长江流域产权交易共同市场；2002 年 4 月由北京、天津、河北、河南等 7 家产权交易机构共同发起并组建了北方产权交易共同市场，接着，青岛市产权交易中心发起组建了黄河流域产权共同市场；2004 年 7 月底又由贵州、陕西、新疆、四川、云南、甘肃、重庆 7 省区市共同发起组建了西部产权共同市场。这四家共同市场的组建已经初步架构起我国区域性产权交易市场的格局，使我国基本建立起了覆盖全国的产权市场体系，有利于全国统一产权市场的形成。此外，2004 年 8 月，第一个面向海外投资者的中国产权纽约交易市场有限责任公司正式在纽约挂牌营业，为以美国为中心的各国投资者提供中国的产权交易信息。同月，北京产权交易所首次在中国香港举办了北京产权交易论坛暨跨境产权交易项目推介会。这些都预示着我国正在向世界敞开中国产权交易市场的大门，将有更多的境外投资者可以借助专业化的市场中介机构的力量，获取国内并购信息和市场支持，从而寻找到合适的项目资源，并推动我国国有资本的战略结构调整。

2. 我国产权市场存在的缺陷

受多方面因素影响，我国产权市场在发展过程中还存在以下问题：

（1）产权市场建设失控，作用有限。交易机构过多过滥，使一些地方出现了大场小市甚至有场无市的局面，有些市场低效无序运作；存在浓厚的地方保护主义和行业保护主义；"炒产权"现象使得市场功能和性质异化。

（2）产权交易主体不明。这里的产权主体专指进入产权市场的企业财产所有者本身或其委托的法人。产权交易主体不清主要指的是国有产权主体的"虚位"和"错位"。国有企业的产权关系虽然是清楚的，但在实际转让过程中并没有一个具体明确的国有产权代表部门。企业、政府的各有关企业主管部门和综合经济行政主管部门都可以行使其资产的处置权，使得国有资产转让时缺乏统一协调和管理，直接影响了企业产权交易的微观运作和资产交易的市场价值体现。

（3）产权交易方式和程序不规范，缺乏明确统一产权交易规则。目前全国已有几百家产权交易组织，但是在交易方式、交易程序、定价方法等方面尚没有一套规范的模式。2004 年 2 月 1 日开始实施的《企业国有产权转让管理暂行办法》虽然被有关部门及某些人士认为是我国产权交易建设事业的一个里程碑，但该办法也仅仅针对国有产权的转让，无法涵盖整个产权市场的交易。此外，目前我国也缺乏涉外产权交易的战略规划及有序的实施步骤，同外商的谈判也基本上是各地方政府部门或各企业同外商的个别接触和谈判，使国有企业在选择交易对象时难以尽可能挖掘潜在购买者，在议价地位上往往处于劣势。

（4）产权交易法制不健全。目前我国对企业产权交易起协调与管理作用的法律法规中，除了《公司法》由国家立法机构制定和颁布外，其他均是以"条例"、"暂行办法"、"指导意见"等名称出现的行政性法规，缺乏一定的力度。

（5）产权交易的中介组织不完善。产权交易的中介组织包括产权经纪机构和产权交易中心（产权交易所）。其不完善主要表现在：其一，机构建制不完善，挂靠行政主管部门，使其公正性受到严重影响；其二，布局不合理，许多地级市至今未有这类中介组织；其三，内部管理不完善，一些中介机构内部管理松弛，规章制度不健全，人员素质不高，不能适应复杂多变的产权交易业务；其四，一些中介组织没有改变行政机关的不良作风，坐等客户上门；其五，一些中介机构收取费用较高，却不能提供到位的服务。

（6）产权交易的主管部门不统一。目前我国对由哪个部门代表政府监控产权交易，以及如何监控尚未有统一规定。事实上，有的地区由国有资产管理部门负责，有的地区由工农部负责，成立集体资产委员会负责乡镇企业的产权交易管理。这种部门争相负责、权利分割的情况，严重削弱了对企业产权交易的管理，从而形成了政策不统一、管理方式不统一、调控力度不统一的状况，也不利于产权交易业务的开展。

（7）产权交易的外部环境不协调。首先，部门间配合尚不默契。企业产权交易需要国有资产管理机构、工商、审计、税务、银行之间通力协作，需要政策上的优惠和工作上的相互支持才能顺利进行。其次，产权交易信息网络尚未形成。这一网络有利于及时提供交易信息，降低交易成本，其建立需要整个社会，包括计算机管理部门、生产厂家以及各企业的重视，但现在不少地区都还未入网。最后，企业产权的界定尚未到位。近几年来，我国只对国有企业和行政事业单位进行了产权登记和界定，对市属、县属的集体以及乡镇、街道企业很少进行产权的界定和管理。

3. 推动产权市场的建设、规范与完善

（1）规范产权交易主体和审批机关。首先，要明确产权交易主体。除了把政府作为产权交易的主体外，还要将主要精力用于培育和发展企业集团、控股公司、经营公司等，以其作为产权主体，受政府委托进行产权交易。其次，要明确企业在产权交易中的地位。尽快建立企业法人财产权制度，转换企业经营机制使企业真正成为自主经营、自负盈亏、自我积累、自我约束的法人实体和市场竞争主体，充分调动企业参与产权交易的主动性。最后，产权市场应置于政府的监督下，产权转让中双方转让的国有资产要经过政府国有资产管理部门的批准。

（2）规范产权交易程序。产权交易的一般程序为：由交易双方分别向产权交易机构提出申请；产权交易机构审查后，双方填写相关登记表，并按各自意愿进行协商或挂牌公布；双方达成意向协议，并在成交价及其他交易条件确定后，在产权交易机构的主持下按国家的有关规定签订产权转让合同；合同经双方法定代表人签字、盖章并经产权交易机构签署意见后生效。关于国有产权的转让程序，还要参照2004年2月1日开始实施的《企业国有产权转让管理暂行办法》中的具体规定予以执行。

（3）规范国有资产评估体制，对国有资产合理定价。目前，国有资产评估的基本方法有收益现值法、重置成本法、现行市价法和清算价格法四种。在实践中，我国以重置成本法为主，但这种方法只能静态地反映资产的历史价值。而收益现值法则是目前国际上通行的方法，它从资产的收益上来确定价格，能够动态地反映资产的真实价值，更有利于资产的可交易性和流动性，因此应该逐渐向后者转化。同时，国有资产在具体评估、定价时，应根据不同的评估目的和对象，选用一种或几种方法进行评估计算，并结合资产原值、净值、新旧程度、重置成本、获利能力等因素加以综合考虑。如选用几种方法进行评估，应对各评出结果进行比较和调整，进而选出最优的评估价值。还应考虑竞争因素，即采用竞价方式来确定交易价格。

需要说明的是，在实践中要注意遵从以下三条原则：一是评估标准一定要客观、公正、合理，必须要有科学的依据，注意作价和效益的平衡，尽量避免高估或低估国有资产；二是国有资产经过几十年的变动，定价要做到完全公平合理是不可能的，但总的原则应该是考虑到企业和职工可能的承受能力，照顾各方利益；三是目前我国的产权市场还不发达，所以国有资产的交易价格只能依靠资产评估机构的评估认定，并辅之以职工代表大会的表决以及政府审批等办法。

（4）加强产权交易法律法规建设。国家应尽快制定和颁布有关产权交易的法律法规，如《产权交易法》和关于产权交易所（中心）的规章制度，使全国的产权交易都能在统一的法律尺度下规范进行。此外，还应修订有限责任公司和股份有限公司产权交易的法规，制定集体企业资产转让、评估等方面的法规，制定商业银行促进产权交易的配套法规等。

（5）规范产权交易中介组织。从事产权交易中介服务活动的机构包括两种类型：一种是产权交易机构，如产权交易所；另一种是从事一般中介服务的社会中介机构，如证券公司。对于产权交易机构的资格要严格把关，并要求其建立法人登记制度、完善内部管理制度、形成自我约束机制，并加强行业自律性管理。对于产权交易中介机构、产权交易中心会员单位等要加强监管，并规范其设立条件、经营范围和交易行为，逐步建立起行之有效的监管制度。

（6）建设产权交易的信息网络。要加强信息化管理，加快建立统一的产权交易信息网络和数据库的步伐，实现资源共享。一方面要实现全国产权市场的联网，充分挖掘国内资源。另一方面也要与全球联网。一些重大项目交易要通过网上进行，降低交易成本，引入更多的投资者。

（7）培育和完善要素市场。要使要素市场与产权市场相辅相成，为产权交易的规范和发展提供条件和保障。就资本市场而言，需要改变现行的计划管理方式，实行以满足资金供给者和需求者要求为目的、以法律法规为准绳的管理方式；建立证券交易所与证券交易中心分层次相互协调的证券交易市场；积极拓展资本市场的规模、品种，并提供相应的制度保障和政策支持。培育完善的劳动力市场，使其成为解决职工安置问题的有效途径。应当明确劳动力市场主体的地位，培养劳动力的就业风险意识和竞争意识；健全劳动力市场机制，在竞争中使劳动力资源得到合理配置；为劳动力市场运行创造良好的社会环境。

第三节　各国资本配置和政府资本运营实践

前已述及，国外并没有资本运营这个概念，因此也不会有政府资本运营的概念。但与中国相同的是，一些西方国家，其政府也控制着一定程度的国有资本，肩负着对全社会资本的配置任务。为便于横向比较国外政府与我国政府对国有资本配置的差异，我们把国外政府对其国有资本的配置纳入到政府资本运营范畴。

一、英国

作为世界上第一个市场经济国家，各种不同的经济理论都曾强烈地影响过英国的经济政策和经济实践。从亚当·斯密主张的自由放任市场经济，到凯恩斯主义诞生后的国有化措施，再到撒切尔夫人的自由化改革，使英国成为不同经济政策的实验室。

英国国有资本调整的过程可以追溯到第二次世界大战之前，那时候，英国经济基本上是自由的市场经济，产权方面的私人占有几乎占绝对的统治地位。亚当·斯密向以重商主义为代表的传统国家干预经济理论的政策发起了挑战，认为国家根本没有必要去处理资本配置问题，而应交给市场这只"看不见的手"，去自动调节社会经济生活的比例与秩序。从18世纪到19世纪中期，官方接受该理论，支配着英国的经济。

但1929~1933年的经济危机给包括英国在内的西方各国的经济造成了严重损失，同时对亚当·斯密的经济理论提出了严峻挑战。凯恩斯主义应运而生，其认为，自由放任的市场经济不可能自动实现均衡，必须借助国家政权的力量。此后又逢第二次世界大战爆发，英国大大加强了国家对经济的管制和调节，市场和竞争的作用暂放到从属地位。当时的英国工党推行政府干预，国有化浪潮迭起。但交替执政的保守党却主张非国有化即恢复私人企业制度，并强调竞争的作用。

1979年撒切尔夫人领导的保守党重新执政，实行了以私有化来促进市场竞争的产业政策。这主要包括：经济自由化，取消了一些领域内法律所赋予企业的垄断地位或政府对进入的限制，如放松对电信业的管制，允许私人企业租用英国电信公司的网络提供服务；将财产所有权部分或全部出售给私有企业或个人，或将集团企业的外围企业售出，如将有线和无线通信公司的部分股份出售给私人，英国铁路业私有化，但英国铁路公司仍属国有；将公共部门所需的并由国有企业提供的商品及服务承包给私有企业，如教育、医院等公共部门。

私有化的效果非常明显，20世纪60~80年代，英国制造业的劳动生产率年增长率只有1.6%，在西方七个工业大国（美、日、德、英、法、意大利、加拿大）中排在最后。但1980~1988年，该数字猛增到5.2%。到20世纪80年代末，英国政府即宣称，汽车、钢铁这类昔日被养懒了的工业已彻底扭转颓势一举成为欧洲最有效率的工业，而大型服务企业，如英国航空公司也成为了全球最有竞争力的航空公司。20世纪80年代末至90年代初，西方许多航空公司连年出现亏损，而英国的航空公司却一直盈利。

二、法国

法国是国有经济比重较大的西方国家。经济大萧条后，政府干预一直处于主导地位。从 1936 年起，法国政府发起了一系列的国有化运动，把军火、电力、煤气煤炭、保险都收归国有，在核能、石油和基础设施建设方面创建了许多新的国有企业。1958 年戴高乐将军设计的第五共和国诞生后，一直是右翼政府执政，没有大的国有化运动，但没有中止国有化趋势。1981 年密特朗任总统，左翼政党联合政府上台，实行了大规模的国有化运动，目的是保证利益分配更加公平。但问题也明显，即国有经济经营上不思改善、长期亏损。社会党政府改组后，法共退出了政府，新社会党实行放开国有企业的自主权的政策，国有企业也采纳了私有企业的管理方法。但 1986 年右翼政府联合组阁，希拉克任政府总理，与社会党总统密特朗共治，以美英为榜样强调要私有化，但其后社会党政府二度执政时没有国有化但也中止了私有化。1993 年右翼再上台再度掀起私有化高潮，理由是减少财政负担，增加法国经济的竞争力。总体来说，在国有与私有化中法国政府的做法很谨慎，在逐步放开的同时控制大量竞争性公共性行业。

三、俄罗斯

俄罗斯是由高度集中的计划经济向市场经济过渡的国家。以叶利钦为首的俄联邦在否定了戈尔巴乔夫领导的苏联后便开始了广泛的以私有化为核心的改革。经历了证券私有化（无偿送股票）和现金私有化（有偿出售）两个阶段，私有化的方式包括拍卖、租赁者购买。私有化的效果使得国际权威机构对俄罗斯的评价由"适合投机国家"转变为"适合投资国家"，并使俄罗斯进入了八大最具投资吸引力的国家之列。其较好的物质基础、比较公平的私有化、弱势群体普遍享有良好的免费医疗教育等减轻了居民对私有化的反对，但这种激进的"休克疗法"也有弊端，比如，私有企业微观效率未立即显著提高，忽视了企业产权转制后的公司治理结构完善及市场环境改善，导致了在私有化企业占据了 2/3 的股份的新主人——内部人（指经理与职工）要么无力进行新的投资，要么将廉价获得的企业资产抽逃；外国投资者又因为缺乏公开竞争和透明度而被挡在竞标外，从而难以对私有化企业通过第二手交易进行重组，少数外商即使买到少量股份也往往被非法稀释或取消；大多数居民通过证券私有化得到的股份一钱不值，一些企业处于停产状态或缺乏经营与生存的具体对策，生产效率低下；连续 7 年的经济滑坡，表现为居民收入下降 60%，GDP 总量下降

42%；由于缺乏透明度和竞争机制、私有化初期无偿转让或低价转让、官商勾结攫取国有资产等原因使得国有资产大量流失；社会阶层分化，居民收入差别和财富鸿沟更加扩大，一部分新经理层在私有化过程中通过重新洗牌获得大量股票而成为新俄罗斯人和垄断寡头。俄罗斯的国有资本私有化过程给予世界一个启发：立比破更重要。

四、中国

我国也经历着从计划经济到市场经济的演变，对国有资本的管理主要包括四个阶段：

（一）1949~1956年，对近代资本主义企业进行没收和国有化改造

对旧中国留下的近代资本主义企业进行没收和国有化改造，通过三个途径完成：

1. 将官僚资本转化为国有资产

征用和接管帝国主义的在华财产，没收官僚资本，强制转化为国有资产（1949~1953年，中国的外资企业由1192家下降至563家，所属职工由12.6万人减少至2.3万人，所有资产由12.1亿元人民币下降到4.5亿元人民币。没收的官僚资本主要是国民党各级政府经营的企业和国民党各大官僚分子所经营的工厂、矿山、银行、商店、铁路、邮政电报、电话、电力、船舶、码头、自来水、农场等）。

2. 将公营企业转化为国有资产

将人民政府领导下所兴办的公营企业资产直接转化为国有资产。这主要是指中共领导的人民政府在革命根据地兴办的公营企业。

3. 将民营资本转化为国有资产

改造民族资本，将其以和平方式转化为国有资产。资本主义金融业（银行、钱庄）改造为公私合营，资本主义商业全行业合营。

（二）1957~1977年，国有经济在曲折和波动中持续发展

加快以重工业为中心的工业建设，新建扩建了鞍山钢铁公司、武汉钢铁公司、包头钢铁公司、唐山钢铁公司、大庆油田；"文化大革命"期间国民经济被破坏但还是新建了一批技术先进的大型国有企业，如胜利油田、大港油田、攀枝花钢铁厂、酒泉钢铁厂、"二汽"等。但国有经济的发展是以牺牲其他经济成分和国民生活甚至是国民经济整体发展为代价的。

（三）1978~2003年，社会主义市场经济总体框架内的国有企业改革

党的十一届三中全会后，改革基本上经历三个阶段：

1. 1978~1987 年，对国有企业实行放权让利

对国有企业实行放权让利包括：

（1）扩大企业自主权的试点，效果明显，这些企业占当时的全国预算内工业企业的 16%，产值和利润分别占到 60% 和 70%，产量、产值和上缴利润增长幅度都超过了试点前水平，也高于非试点企业。

（2）1980~1982 年，试行经营责任制。借鉴农村的联产承包责任制，进行以利润包干为主要内容的企业经营责任制试点。

（3）1983~1987 年，实行利改税和深化企业内部改革。在国家得大头、企业得中头、个人得小头的原则下设计了利改税的改革方针，盈利的国营大中型企业按利润的 55% 缴纳所得税，税后利润一部分上缴给国家，另一部分按国家核定的留利水平留给企业，但"鞭打快牛"的效应影响了企业和职工的积极性。国务院第一次以行政法规的方式明确了企业经营管理的自主权，形成了"厂长（企业法人代表）全面负责、党委监督保证、职工民主管理"的管理体制。但是，由于信息不对称，出现了企业为扩大自销比例而压低计划指标、不完成调拨任务和财政上缴任务等问题，结果是形成了"内部人"控制，出现了"工资侵蚀利润"和行为短期化问题。实践效果与改革预期出现了一定程度的背离。在这种情况下，1982 年中央推广实行工业经济责任制，旨在解决放权让利中暴露的问题，处理好国家和企业之间的分配关系，解决"大锅饭"问题，在硬化企业预算约束、强化企业内部管理等方面收到了成效，尤其是国家财政赤字大幅减少。但是由于企业外部环境不平等，企业内部条件也千差万别，该政策很难找到可操作化的指标来规范国家与企业之间的责、权、利，企业激励不足问题十分严重。1983~1984 年先后又两次推出利改税，但结果都很不理想。

2. 1987~1991 年，推行承包责任制

以前的放权让利政策使得财政收入严重滑坡，所以在这个阶段国家推行承包责任制，并在少数有条件的全民所有制大中型企业中开始了股份制改造和企业集团化的改革试点。到 1987 年底，全国国有大中型企业普遍实行了承包制，同年，中共十三大报告肯定了股份制是企业财产的一种组织形式，试点可以继续实行，到 1988 年底，全国共有 3800 多家股份制企业，其中 800 家由国有企业改制而来，60 家发行了股票，其余 3000 家原是集体企业。大中型企业 95% 都实行了承包经营。1988 年 2 月国务院更加明确了企业承包制在国有企业改革中的地位，规定了"包死基数、确保上交、超收多留、欠收自补"的承包原则。同时，全国人大颁布了《全民所有制工业企业法》，从而将扩权试点以来取得的改革成果用法律形式规定下来。

虽然承包制在当时取得了一定的成功，但是承包制的问题也逐渐暴露出来。1991 年 9 月中央工作会议强调要转换企业经营机制。1992 年后国务院就不再鼓励企业搞承包。1992 年 7 月国务院公布了《全民所有制工业企业转换经营机制条例》。该条例根据两权分离的思路明确了企业经营权、企业自负盈亏责任、企业和政府的关系、企业和政府的法律责任等问题。但是很快人们就发现，仅靠企业内部转换机制，难以达到改革的预期目标。

在社会科学文献出版社出版的《发展与改革蓝皮书》中，将 1978~1992 年改革过程称为国企改革的初步探索。这一阶段国企改革在不断地探索中前进，具有十分鲜明的试验特征，是解决我国经济短缺问题的客观需要，是由中央理论指导研究和地方企业实践相结合而推动的改革，是在"摸着石头过河"的过程中逐步调整改革的方向的。

3. 1992~2003 年，建立现代企业制度

20 世纪 90 年代初，社会主义制度下计划和市场的关系问题使改革陷入发展的僵局。同时，最大的社会主义国家苏联的解体对社会主义制度形成了巨大冲击，触及计划体制本身的改革势在必行。中共十四大和中共十四届三中全会均明确指出，我国国有企业的改革方向是建立"适应市场经济和社会化大生产要求的、产权清晰、权责明确、政企分开和管理科学"的现代企业制度，要求通过建立现代企业制度，使企业成为自主经营、自负盈亏、自我发展、自我约束的法人实体和市场竞争主体。在这一过程中具体开展了如下工作：

（1）进行了以市场和产业政策为导向的国有企业战略性改组与国有经济布局调整，搞好大的，放活小的，把优化国有资产分布结构、企业结构同优化投资结构有机结合起来，择优扶强、优胜劣汰。截至 1997 年底，国家集中抓了 1000 家重点企业，各地采取改组、联合、兼并、股份合作、租赁、承包经营和出售等多种形式，把小企业直接推向市场，如山东诸城、四川宜宾、黑龙江宾县、山西朔州、广东顺德、河南桐柏、江苏南通、福建宁德等许多地区一大批小企业机制得到转换，效益得到提高。

（2）中央推出了兼并重组、主辅分离及债转股等多项政策为国企解困。与非公经济相比，国有企业由于高负债率、冗员多、社会负担重、摊派严重、员工积极性不高等原因，效益逐年下滑，亏损面逐年增大。据不完全统计，1996 年上半年亏损的国有企业达到 43.3%，1998 年第一季度出现了全国性的亏损，国有资产的损失数额也逐年上升。其中，影响最大的是结合国有商业银行集中处理不良资产的改革，成立四家专门的金融资产管理公司，对部分符合条件的重点困难企业实施债权转股权改革。到 2000 年，最后确定了对符合条件的 580 户国有大中型企业实施债权转股权，涉及债转股总金额 4050 亿元。已实施债

转股的企业，资产负债率明显下降，由原来的 70% 以上下降到 50% 以下，这些企业每年减少利息支出 200 亿元。

（3）股份制和公司制试点的推进。1992 年国务院颁布了《股份制企业试点办法》、《股份有限公司规范意见》、《有限责任公司规范意见》、《股份制试点企业财务管理若干问题的暂行规定》等 11 个法规，引导股份制试点走向规范化。1994 年，为了落实《中共中央关于建立社会主义市场经济体制若干重大问题的决定》的精神，原国家经贸委、原体改委会同有关部门，选择 100 户不同类的国有大中型企业，进行建立现代企业制度的试点。随后，全国试点企业达 2500 多家。1997 年，试点企业普遍进行了公司制改造，经过一年的实施，全国 2343 家现代企业制度试点企业，共有 84.8% 的企业实行了不同形式的公司制，法人治理结构已初步建立。在现代企业制度试点企业中，改制为股份有限公司的有 540 家，占 23%；改制为国有独资公司的有 909 家，占 38.8%；尚未实行公司制的国有独资企业有 307 家，占 13.2%；其他类型企业有 47 家，占 2%。

（4）利用与发展资本市场。在国有企业改革中，仅靠银行的间接融资已难以满足其巨大的资金需求。因此，通过资本市场发展直接融资是必然的出路。要利用资本市场积极稳妥地发展债券、股票融资。在利用资本市场解决国企改革的融资问题的过程中，一方面大力发展国内的资本市场，另一方面让一些企业走出去，在国际资本市场上进行融资。截至 2001 年初，我国境内上市公司从 1990 年的 14 家增加到 1063 家，其中包括 114 家境内上市外资股公司和 52 家境外上市公司，境内上市公司市价总值达 46061.78 亿元，流通市值达 15492.49 亿元，投资者开户数达到 5683.88 万户。

（5）国企改革与整个国民经济改革相结合。在所有制结构上确立了非公经济的重要地位；在分配制度上确立了按劳分配为主，多种分配形式并存的分配方式；价格体制改革进一步深化，提出了建立社会主义市场价格体制的目标；为企业解除后顾之忧，企业富余人员、下岗失业职工再就业政策给解困工作创造条件；国债补贴技改，促进了企业的技术进步等。

1992~2003 年被称为国企制度创新阶段。它是在邓小平南方谈话后，在国有企业生存与发展的客观需求以及理论探索与实践经验总结的共同作用下完成的。邓小平南方谈话明确了社会主义的本质是解放生产力，发展生产力，消灭剥削和两极分化，最终实现共同富裕。谈话完全消除了人们的疑虑和担心，极大地解放了人们的思想，彻底解除了长期以来困扰理论界和社会各界的姓"资"和姓"社"的问题，指明了深化改革的方向和目标。国有企业面临的生存困境成为国企改革创新的客观原因，其背后隐藏的是企业制度上的问题。基于两权分离理论的承包经营责任制和只承认国有企业有经营权而不承认企业作为法人应该有的财产权,认为所有权全部属于国家的经营机制,决定了国有企业不可能真正实现自主经营、自负盈亏、自我发展、自我制约,即不可能成为真正的企业。此外,国企改革的实践经验证明不涉及产权和计划体制本身的国企改革,只能是停留在经营管理层面,不能触及企业的核心,因此,建立现代企业制度成为水到渠成的选择。

(四) 2004 年至今:国企改革向纵深推进

中共十六大之后,现代企业制度建设的继续深化、国有资产管理方式的变化和资本市场的改革使我国的国企改革进入了一个新的阶段。

2002 年 11 月,中共中央要求中央和省、直辖市、自治区两级政府设立国有资产管理机构,成立专门的国有资产管理机构,改变部门分割行使国有资产所有者职能的状况。2003 年 3 月,中央和地方国有资产监督管理委员会分别成立,统一了管人、管事和管资产的权力。2003 年 10 月,中共十六届三中全会也提出,要建立健全归属清晰、权责明确、保护严格、流转顺畅的现代产权制度,产权是所有制的核心和主要内容,包括物权、债权和知识产权等各类财产权。要建立健全国有资产管理和监督体制,国资委成立后明确所管辖的大型国有企业要吸引外资和社会资金,实行产权多元化,可以上市募集资金,而且鼓励整体上市,以保持和增加企业的整体实力,许多大型企业正在剥离社会职能部分,过去一个阶段是剥而不离,仍由企业自己管理,现在有的正逐步移交社会;在企业内部实行主辅分离,使各部门面向社会,成为独立经营的实体,企业同国资委分别签订责任书,对领导班子进行考核。

1. **各种所有制企业关系的处理**

这一阶段,如何处理非公经济与公有制经济的关系问题成为了理论探讨和政策制定的重点。非公经济经过多年的发展,逐步壮大起来,在许多领域占有绝对优势,非公经济的地位和作用在改革中得到了进一步提升,出现了个体、私营、外资与公有制经济相互渗透、相互融合的趋势,如非公经济在行业分布上从以制造、建筑、运输、商贸和服务业等领域为主,已经开始向基础设施、公共事业等领域拓展。非公经济与公有制经济之间的冲突时有发生,如石油行业的民营资本问题。此外,外资企业在我国的发展也迅速膨胀,外资的并购问题成为了各界关注的热点。非公经济遇到了重新定位和判断的问题,发展面临巨大的挑战。为了正确处理非公经济与公有制经济的关系,2005 年 2 月国务院发布《关于鼓励支持和引导个体私营等非公有制经济发展的若干意见》(简称"非公 36 条")。该政策一定程度上给予了非公经济更大的发展空间,并扫除了人们对非公经济去向问题的担忧。

2. 国企改革与资本市场的改革同步进行

建立现代企业制度，实现国有经济的战略性重组，迫切需要资本市场提供有力的金融支持与有效的金融服务。资本市场对于国企改革而言非常重要。一方面，改革开放的深入，非公经济的发展，经济全球化推动的国际资本的流动，使民间积累了大量资本。另一方面，"拨改贷"后，国企直接融资渠道越来越窄，资本市场是国有企业理想的融资平台。此外，资本市场有利于国有企业治理结构的完善，有利于现代企业制度的建立。但是，我国资本市场中股权分置的先天缺陷严重制约其健康发展，投资、融资、定价和资源配置的功能逐渐被弱化，面临边缘化的危机。对资本市场先天缺陷的改革对于国有经济改革越来越重要，其中最主要的就是股权分置改革。2005 年 4 月中国证监会启动了股权分置改革试点工作。到 2006 年末，股权分置改革基本完成，资本市场的功能逐渐回归。资本市场的功能回归，吸引了大量沉睡已久的民间资本，强烈的投资需求必然会引来更多的优质资产和公司进入资本市场，以获取资本，实现资本的增值。因此，股权分置改革成功后，随着资本市场体制的逐渐完善，资本市场将成为一个全国优质资产的吸纳器，为国企改革提供了一个全国范围的资源配置平台，企业之间的大额换股并购有了可能。这对于国有经济的战略性结构调整，非公资本参与国企改制，产业整合以及上市公司做优做强，都有积极的影响。而且，国有资本的市场价值和市场价格可以在资本市场获得公允的定价，股价有条件成为新的绩效考核标准。一直以来无论是考核国有资产保值增值，还是进行国有资产转让，最重要的参考指标都是净资产。但这一指标并不能反映国有资产的真实价值。因此，资本市场的巨大变革，将非常有利于国企改革向纵深推进。

第四节　我国政府资本运营的意义与市场化趋势

一、我国政府资本运营的现实意义

1. 有利于降低国有企业的运营成本，提高经济效益

政府通过资本化市场运营的种种操作方式，逐步退出通过竞争可以解决激励和约束问题的企业，并依靠市场中介组织，在市场规划的规范下用市场化的手段和技术对国企进行重新配置，将国企及其股权作为商品推向资本市场，并将国企的资本、经营、产品等全面推向市场。

2. 有利于防止国有资产流失

通过尽快建立国有资产市场经营主体，让政府从交易主体的位置上摆脱出来，回到"裁判者"的位置上，有助于解决国有资产所有者缺位问题。伴随着国有资产管理从实物形态管理到资本形态管理的彻底转换，可以实现竞争性部门的国有资产进入资本市场进行流动和交易，从而客观地确定其市场价值。在此基础上，国有资产的所有者代表就能够充分利用资本市场的运作与资产经营者签订体现各种资产所有权激励机制和约束机制的合约，从而保证国有资产的保值和增值。通过制定国有资产管理的基本法和配套制定国有资产各单项法律法规，依法实现上级监督下级、政府行政监督、中介机构监督、社会舆论监督的"四监督"机制。

3. 有利于维护国有资产所有者、资产所有者代表、资产经营者等各方的合理权益，实现国有资产的保值增值

作为国有资产的所有者代表方，国有资产管理机构按投入企业的资本额代理收取和掌管所有者权益，对企业的债务承担有限责任；作为国有资产的经营方，企业行使资产的使用权和处置权。国有资产应该被不断地投入生产经营，在不断反复进行的过程中，国有资产才能不断保值增值。这是保障国有资产所有者、资产所有者代表、资产经营者等各方权益的基础。

4. 有利于提高国有经济的综合水平，发挥国有经济的特有功能

转型阶段的中国，为了实现国家发展目标，必须在相当大的程度上利用政府的力量来保证整体经济的发展，即运用行政手段或者其他带有国家行政干预色彩的手段。但随着社会主义市场经济的建立和完善，政府会更多地通过市场手段来参与国有资本的运作，实现国有资本在宏观和中观层面的战略结构调整，从而带动全社会资本在行业间的优化配置。在这个过程中，国有资本的整体实力也会因营运效率的提高而得到提升。

二、政府资本运营中的行为失灵

在我国所处的特殊经济发展阶段和社会背景下，政府是资本运作的主体。但政府毕竟不是企业，在运作资本的过程中，不仅需要考虑经济利益，还必须维护社会利益。这使它不自觉地将本应市场化的资本运作行为行政化，导致了政府资本运营失灵。

（一）社会目标与经济目标兼顾——公平与效率的双重损失

政治、社会目标取代经济目标，行政干预取代"优胜劣汰"的自然法则，政府在两种职能模糊不清、政企难分时，就会用社会管理职能去支持所有权职能，也会利用所有权职能来实现社会管理职能。想实现共同富裕共同进步，结果是保护落后一起落后。

（二）多重行政代理下的政府资本运营行为失灵

在我国，全国人民是国有资本的所有者，但国有资本的运作，不能直接由全国人民来进行，只能委托政府采用多层次代理的方式进行。这种代理关系一般涉及全国人大—国务院—有关行政部门（如财政部）—相应级别的国有企业四大环节，各个环节的代理职能又广泛分布在政府职能部门中，形成了条中有块、块中有条，层层授权、层层代理，多头管理、无人负责的局面。代理链条的过长和对行政管理体制的过分依赖，加上各个环节之间缺乏实现双方目标均衡的经济契约和监督机制，导致了道德风险和效率损失，具体表现为资本运作行为中内部人控制现象突出，常常成为经营者牟取私利的渠道，短期行为甚至造假、操纵股价等。

（三）地方政府行为差异所导致的行为失灵

在我国，关系国计民生和国家安全的大型企业、基础设施和自然资源由中央政府直接管理，其他各类企业由地方政府进行管理，从理论上讲，这是对中央政府控制幅度局限的有利补充，但随着上下级政府之间的财政包干、国有资产分级管理制度的落实，地方政府还成为管辖区内国有经济的真正剩余利益索取者和控制者，地方政府的双重身份在一定程度上使得政府资本运营行为发生偏离。对跨越行政边界的资本运作行为会以地方经济为主导而忽视整体利益；在监督机制和政绩考核制度不完善时地方政府重复投资、高筑壁垒、随机干预等不理性行为也导致了政府行为的失灵。总之，资本运作行为以政府导向为主，市场导向不足，违背运作初衷。

三、政府资本运营行为的市场化

（一）政府市场化资本化运作行为的实现途径

1. 政府资本运营主体的市场化

美国的社会保障基金，可视为国有资本，但通过基金投资公司实现了有效运作；新加坡的海外投资主要是国有资本，其收益也不差。在我国，由于政府身兼两职，很难做好。主要是两个问题：一是政府资本运营通过行政层面上的委托代理关系进行造成了所有权职能虚位；二是政府在进行资本运作的同时还承担着市场制度建设和市场秩序维持的社会职能。这样，政府资本运营具有"行政+市场"的性质，既靠行政庇护获得垄断利益，又在经营中承担政策任务。

政府资本运营的市场化，要求其主体是一个脱离了政府行政框架的市场主体。根据《国有资产法》草案的规定，国有资产经营公司作为国家授权机构，对授权范围内的国有资产行使出资者所有权，主要是控股方式从事资产经营活动，并对国有资产的安全和增值负责。在一定程度上国有资产经营公司正是政府市场化的资本运作主体。具体有三种方式：对具备条件的国有大企业或企业集团公司进行授权，组建国有资本运作主体即大企业和集团公司成为国有资本运作主体；直属企业较多的经济部门改建为资本运作主体（要慎行行业垄断，因为这些直属企业基本上是一个行业内的）；对企业实际行使部分出资权的行业总公司授权为主体。

2. 政府资本运营客体的市场化

由于政府资本运营主要针对中观产业层面上的结构调整，因此政府资本运营的客体，我们可以将其定义为，政府资本运营所作用的对象，具体而言就是目前国有资本在产业范围内的群体，其表现形式是产业内综合性的国有资本存量载体。

传统计划经济体制下，粗放型经济增长方式生成的一个重要因素就是大量投资沉淀为凝固化国有资产，经济增长又加剧了对新投资的需求，从而加大了凝固化资产的总量。在这样的形势下，政府资本运营客体的市场化就涉及了两个方面的颇为棘手的问题：一个是必须保证其客体的流动性；另一个是要恢复客体作为资本的基本属性，即竞争性和逐利性。

政府资本运营目标是通过其要素在市场价格信号引导下，进行有效配置而实现的。这里的基本前提就是，市场化配置的要素是不能凝固化的，而必须保持流动性。因此，要把凝固的国有资产转化成国有资本，实现在产业间的优化配置，完成产业结构的调整，就必须将其纳入市场运行的轨道，赋予其流动性。首先，要对企业进行产权改革，实行出资者的多元化，并将出资者所有权与企业法人财产权相分离。只有这样，国有资本才能以价值形态在产业中运动，才具有产业集中和退出的前提。其次，必须进行市场化的产权交易活动采取的方式包括在产权市场和资本市场进行对企业的兼并、收购、参股、控股等。最后，政府应运用政策手段打破部门间、地区间和行业间的条块分割和垄断行为，以产业关联、市场关联和提高经济效益为基础，为国有资本在产业间的流动起到"穿针引线"的作用。对于国有资本来说，除具有一般资本的逐利性外，还具有发挥国有经济主导作用和实现国家对经济调控的特殊职能。长期以来，政府在资本运作中的资本属性被片面化了，即不顾国有资本自身的收益，而片面强调实现其社会功能，扼杀了资本的逐利性，致使大量的国有资本在产业中沉淀。我们在保证国有资本自由流动的基础上要求其不断回归追求效益最大化的资本本性，通过不断的产权经营，最大化地实现既定经济目标。只有这样，社会主义市场经济才能以国有资本为主导，也才能实现其社会职能。

3. 政府资本运营目标的市场化

从理论上讲，资本运作的最终目标都是为了实现资本最大程度上的保值增值。但是，政府资本运营还体现着政府自身的经济管理职能，包括创造良好的市场环境、保证经济活动的公平和效率等。我们在这里将市场化的政府资本运营的目标定位为："以资本保值、增值为前提，通过市场信号引导，根据国内各产业发展和禀赋状况，组织国有资本在相关产业中的进入或退出，进而实现国内经济良性循环、促进产业结构的优化和调整，最终实现政府经济职能。"

树立市场化的政府资本运营目标，必须纠正政府资本运营中的两个误区。一个是政府资本运营决策时的不理性。如今，从中央到地方，各级政府都在以多种方式积极进行资本运作，这本身当然是好事，有利于国有资本保值增值，然而，却出现了许多"半截子工程"、"烂尾巴工程"。究其原因，在于许多官员在监督尚不完善、政绩考核制度还不健全的背景下，出于自身利益考虑，大搞形象工程，疯狂炒作资本运作概念；而当其调离后，资本运作便很难在继任者那里保持连续性，运作行为变成了名副其实的短期行为，国有资本变成了沉没成本。我们认为，为了避免资本运作的短期行为，就要求政府官员以长远的眼光进行理性决策。另一个是政府资本运营要考虑社会的承受力。政府不顾社会承受能力而进行的资本运作给了我们许多沉痛的教训（如国有股减持）。从整体上看，国有资本从某些领域退出，民间资本尚不能完全接下国有资本的盘子；而且也不能保证民间资本进入这些领域后，对整个国家就一定有积极的影响；不能保证所有制变迁后，就一定会形成一个市场化的环境。因此，政府资本运营要符合既定目标，还必须考虑社会承受力，重视社会和经济的协调发展。

4. 政府资本运营方式的市场化

对于政府来说，资本运作方式的市场化强调摒弃传统上的国家行政干预和计划手段，转而利用市场化手段进行国有资本在产业间的重组和配置。这就意味着资本运作的主体要在市场信号的引导下，根据信号做出正确的反应，使之符合政府经济目标。这里隐含了一个假设，就是政府资本运营的主体与一般的市场主体地位相同，对于市场信号的获得和反应同样迅速。这意味着政府必须独立于市场之外，其对于国有资本的运作方式应是市场性的，不能使用行政手段。

那么，市场化方式的具体种类有哪些？我们认为，企业合并、产权拍卖、国资参股控股、资产重组等市场化产权运作方式可以适用于现阶段的政府资本运营。因此，衡量市场化行为方式的关键就在于，政府是否通过市场交易下的产权交易来实现在各产业中重新配置国有资本，而带有行政色彩的政府运作行为，将不属于这一范畴。

(二) 政府资本运营与经济管理职能的协调

政府在资本运作中具有保证国有资本保值增值与实现宏观调控的双重功能。那么，如何在遵守市场游戏规则的前提下，通过政府资本运营来实现宏观调控的经济管理职能呢？对此，我们提出两点建议：一是要利用国有资本自身的资本属性，作用于社会资本；二是要加强政府资本运营对社会总资本的控制。

1. 利用国有资本自身的资本属性

国有资本也是资本，在资本的层面上也能对社会资本产生作用。借助资本间的相互作用，政府的经济管理职能在一定程度上可以得到实现。首先，国有资本在重要产业的资产中所占比重很大，它的变动对于社会资本的配置和选择具有带动效应，这使得其配置状况对于整个国家产业结构的形式有着重要的决定作用。其次，政府资本运营对其他资本具有挤压效应，即在国有资本重点投入一些产业后，会迫使一部分进入者改变投资方向，退出该产业而转入其他产业，从而间接引起产业结构的变动。再次，政府通过资本运作在一个产业中进行资本扩张，通过上下游产业之间的相互关联，必然直接引起相关产业结构变化。最后，当政府通过资本运作对某一产业进行扶持，鼓励其创新活动，创造更为有利的市场或盈利机会时，通过示范效应，就能引导社会资本对该产业部门的进入，从而形成新的产业群体和产业优势。

2. 加强对社会资本的控制力

社会主义市场经济中，要通过政府资本运营实现既定的经济管理目标，从一定意义上说，就是要求国有资本对社会资本有较强的控制力。国有资本控制力的扩大与加强，意味着国有资本不应当再单纯成为生产资金投向企业，而是应通过各种形式的产权交易向众多企业投资，形成国有资本的乘数效应。同时，在政府资本运营过程中，应尽量放大国有资本的乘数效应，使其支配和控制尽可能多的社会资本，发挥政府资本运营的资本调控作用。政府资本运营对社会资本的控制力，主要体现在两个方面：一是政府资本运营着力于关系国计民生的重要领域和产业，为社会资本运作提供外部环境和硬件支持，进而间接控制社会资本。二是通过在产业中的绝对控股和相对控股，实现对社会资本有效的市场化控制。这种有效控制，并非要进入所有的部门，而是取决于对投入产业的选择，取决于对企业控股方式的选择。若要加大对社会资本的控制力度，则可对更多的企业进行控股；反之，则更多地实行参股。

此外，今后政府资本运营对社会资本控制将不是依赖于国家财政或银行的投入，而是靠有效的资本扩张和收缩，并保持对社会资本的有效控制。

四、对我国政府资本运营的深入思考

（一）对政府资本运营的哲学思考

国有资本并非以公有制为基础的社会主义国家所特有。其实，只要存在政府，政府就必然会掌握一定的国有资本，并将其以各种形式投入一国的经济体中，通过政府资本运营来实现政府的经济职能和社会职能。换言之，只要政府存在一天，政府资本运营行为就会持续一天。马克思曾经给我们勾勒了未来的社会形态，他指出，未来的世界是一个共产主义社会，没有政府，政府作为一个历史范畴必将消亡。那么，我们有理由认为，政府资本运营也是一个历史范畴，它将随着政府的消亡而不复存在。然而单纯地对政府资本运营行为本身的范畴进行分析，会因为其高度的抽象性而让人觉得乏味，毕竟它的产生和发展是一种必然，它的生命也将延续几个甚至几十个世纪，任何空洞的臆断和推测将不会产生任何学术价值。综上所述，我们把着眼点进一步聚焦在中国政府资本运营的独特之处，即纯粹的政府主体参与资本运作。

虽然西方国家也在进行政府资本运营，但无论是在美国、新加坡还是在法国的资本运作中，其真正进行资本运作的主体都并非政府及其职能部门本身，而是与政府存在严格的委托—代理关系的市场主体，但在中国，政府却直接成为了政府资本运营的主体。这不能不说是中国的特色。

当我们将目光锁定在中国以政府为主体的资本运作行为时，不难得出结论，以政府为主体的资本运作行为，作为资本运作的一种方式，也必定是一个历史范畴，必然有走向终结的一天。但问题的关键在于，究竟以政府为主体的资本运作是先于政府消亡还是两者同时消亡？它们的关系何在？

在对我国目前以政府为主体的资本运作行为进行深入分析的基础上，我们认为，在中国，政府作为资本运作的主体，有其自身存在的合理性，这也正是反映了我国由计划经济向市场经济体制转换的过程中，国有资产运行和管理体制变革的暂时要求。但在一系列的改革完成后，政府会将资本运作的主体地位让渡给纯粹的市场主体，由它们在委托—代理关系的约束下进行政府资本运营。以政府为主体的资本运作行为必将消亡。

（二）政府作为主体的资本运作的产生和发展趋势

我们再来回顾一下中国政府作为资本运作主体的产生和发展过程。以政府为主体的资本运作产生于新中国成立初期，由于经济处于战后的恢复阶段，国家通过对农业、手工业和资本主义工商业的三大改造，积聚了大量的国有资本。第一个五年计划到20世纪80年代初的将近30年的时间中，政府作为资本运作的绝对主体，集中了资本运作的一切决策权和经营权，政府资本运营行为在严格意义上说是国有资本在产业间的行政划拨，从来没有产生出市场化的资本运作行为，政府资本运营具有政资不分、政企不分、封闭型的色彩。1984年，党的十二届三中全会通过并颁布了《中共中央关于经济体制改革的决定》，政府资本运营开始逐步规范化、市场化。一方面，它突破了将政府资本运营与政府经济职能实现混为一谈的传统观念，政府利用行政指令性计划从事资本运作的行为大大减少，利用市场调节和运作的范围不断扩大；另一方面，根据政府资本运营市场化的原则，明确了政府的行为目标，包括转变其工作职能，从利用资本运作对企业进行直接干预，转向通过产业结构调整对企业进行间接调控。1992年后，随着邓小平同志的南方谈话发表以及党的十四大对社会主义市场经济改革目标的确定，政府资本运营开始了主动的、系统的、有序的市场化过程。具体体现在政府利用市场手段，努力推进国有资本在产业间的重新配置，加强了国有资本对社会总资本的控制。一些地方政府，如上海、深圳，都主动进行了政府资本运营的市场化改革，逐步用市场主体取代政府在政府资本运营中的主体地位，并不断加快政府资本运作行为方式和目标的市场化进程。

结合政府目前的举措，我们认为，在今后一段时间内，政府资本运营有以下发展趋势：首先，继续减少行政化的政府资本运营，积极转向利用市场主体从事市场化资本运作。其次，政府将逐步分离经营性国有资本和非经营性国有资本，针对经营性国有资本进行运作，以经济收益为首要目标。在2003年3月举行的十届全国人大一次会议上，国务委员兼国务院秘书长王忠禹代表国务院对适应这种体制变化而进行的政府机构改革做了具体解释。随着改革的进一步深入，我们有理由相信，两种不同经济属性的资本必然会实现运作分离，政府资本运营行为将更趋市场化。最后，政府资本运营的市场化环境将进一步得到营造。政府在不断加强资本市场建设的同时，还在积极推进法制建设，完善社会保障体系，利用外部因素作用和服务于政府资本运营的全过程，实现其经济效益和社会效益的双丰收。

思考题：

1. 政府在资本运营中的作用表现在哪些方面？

2. 政府资本运营的内容包括哪些？

3. 我国政府资本运营的实践经历了哪些阶段？其发展趋势是什么？为什么？

参考文献

[1] 赵炳贤：《资本运营论》，企业管理出版社，1997 年版。

[2] 李风云：《资本经营》，中国发展出版社，1997 年版。

[3] 陈东升：《资本运营》，企业管理出版社，1998 年版。

[4] 郭元晞：《资本经营》，西南财经大学出版社，1997 年版。

[5] 缪合林：《资本营运》，经济科学出版社，1997 年版。

[6] 邓明然：《资本运营》，高等教育出版社，2006 年版。

[7] 阚凯力：《市场经济中的政府作用》，在中改院主办的"价格制度与垄断部门改革研讨会"上的发言，2008 年 9 月 27 日。

[8] 黄速建、胡玲：《企业并购方略》，广东经济出版社，1999 年版。

[9] 慕刘伟：《资本运营》，西南财经大学出版社，2004 年版。

[10] 曹洪军：《资本运营新论》，经济管理出版社，2004 年版。

[11] 蔡昌、黄克立：《资本运营》，西安交通大学出版社，2004 年版。

[12] 吴振信：《资本管理》，经济管理出版社，2006 年版。

[13] 王先庆：《现代资本经营》，经济管理出版社，2006 年版。

[14] 夏乐书：《资本运营：理论与实务》，东北财经大学出版社，2000 年版。

[15] 徐洪才：《中国资本运营经典案例》，清华大学出版社，2005 年版。

[16] 邹东海：《发展与改革蓝皮书》，社会科学文献出版社，2008 年版。

[17] 樊丽明：《政府经济学》，经济科学出版社，2008 年版。

[18] 潘勇辉：《外资并购的动机与风险对应分析》，《管理世界》，2008 年第 10 期。

[19] 何小锋、黄嵩：《投资银行学》，中国发展出版社，2008 年 2 月，第 2 版。

[20] 栾华：《投资银行理论与实务》，立信会计出版社，2006 年 8 月，第 1 版。

[21] 深圳市中兴通讯股份有限公司（筹）股票发行公告，《巨潮资讯》，2001 年 1 月 11 日。

[22] 崔沛英：《美国纳斯达克证券市场简介之二：电子交易系统和做市商

制度》,《证券时报》电子版,2000 年 11 月 22 日。

[23] 崔晓美、张滨颖:《论我国投资银行国际化发展问题》,《商业经济》, 2007 年第 9 期。

[24] 李尔华:《跨国公司经营与管理》,清华大学出版社,2005 年版。

[25] 王谦才:《中国企业海外并购行为研究综述》,《商业经济》,2009 年第 11 期。

[26] 徐振东:《跨国并购的风险及其控制的主要途径》,《中国工业经济》, 2000 年第 5 期。

[27] 潘爱玲:《跨国并购中文化整合的流程设计与模式选择》,《南开管理评论》,2004 年第 6 期。

[28] 杨大鹏:"集团企业内部资本市场行为研究",硕士学位论文,2006。

[29] 国家统计局官网:www.stats.gov.cn。